弗布克人力资源管理操作实务系列

培训课程开发实务手册

（第 3 版）

课思课程中心　编著

人民邮电出版社

北　京

图书在版编目（CIP）数据

培训课程开发实务手册 / 课思课程中心编著. -- 3
版. -- 北京：人民邮电出版社，2017.8（2024.1重印）
（弗布克人力资源管理操作实务系列）
ISBN 978-7-115-46455-2

Ⅰ. ①培… Ⅱ. ①课… Ⅲ. ①企业管理－职工培训－
手册 Ⅳ. ①F272.92-62

中国版本图书馆CIP数据核字(2017)第170417号

内 容 提 要

培训课程开发是指企业在设计培训课程和具体指导时所做的全部工作，它探讨的是培训需求分析、课程设计、培训实施和培训反馈的方式与方法。

本书不仅讲述了培训需求分析、课程整体设计、阶段性评价与修订、实施培训课程、培训课程总体评价等内容，而且针对每一项内容都提供了操作范本和培训课程设计开发实例，企业可结合自身的实际情况进行个性化修改。这是一本关于员工培训课程开发的实用手册。

本书适合企业人力资源管理人员特别是培训课程开发人员、企业培训师、咨询师以及高校相关专业师生阅读和使用。

◆ 编　　著　课思课程中心
　　责任编辑　刘　盈
　　责任印制　焦志炜
◆ 人民邮电出版社出版发行　　　　北京市丰台区成寿寺路 11 号
　　邮编 100164　　电子邮件　315@ ptpress. com. cn
　　网址 http://www.ptpress. com. cn
　　北京虎彩文化传播有限公司印刷
◆ 开本：787×1092　1/16
　　印张：15　　　　　　　　　　2017 年 8 月第 3 版
　　字数：180 千字　　　　　　　2024 年 1 月北京第13次印刷

定　价：55.00 元
读者服务热线：（010）81055656　印装质量热线：（010）81055316
反盗版热线：（010）81055315
广告经营许可证：京东市监广登字 20170147 号

人力资源管理操作实务系列
专家委员会成员

以下名单按姓氏笔画顺序排列

总序

伴随着"互联网＋"和人工智能的崛起，人力资源在企业中所起的作用也发生了重大的变化。人力资源部门所扮演的角色，将伴随着这些变化不断调整。

第一，在人员招聘上，正逐步从招人走向找人。未来找人将成为人力资源招聘的常态。

第二，在人员培训上，正逐步由技能培训走向领导力开发。人力资源开发将变得非常重要，提升员工的领导力将是未来人力资源部门重要的工作任务之一。

第三，在组织设计上，未来人力资源将基于平台开展组织设计的各项工作。"平台＋个人"将成为未来组织的常态。

第四，在雇佣关系上，雇佣时代逐步退去，合伙时代正在开启。

第五，在人员管理上，随着智能机器逐步取代一些蓝领岗位，未来的人员管理将更多地集中于对高知型人才的管理。

不管组织如何变革，技术如何发展，在企业管理中，人依然是最重要的资源，而对人的管理也依然是企业管理中永恒的主题。

在企业中，不管是"招人"还是"选人"，不管是"育人"还是"用人"，人力资源管理工作者仍将发挥着重要的作用。将企业的人力资源转化为企业的竞争优势仍将是人力资源管理工作者主要的工作。

企业人力资源管理工作者在培训、人员开发、人才盘点、绩效薪酬、员工关系等工作上，仍会基于企业的人力资源战略，不断落实企业人力资源管理的各项工作，并做到求真务实；同时在管理实践中仍需要使用人力资源管理的各种工具、方法、方案和模板。

人力资源管理工作是一项实务性很强的工作，仅有战略而缺少实施战略的方法和工具是无法达到预期效果的。如何把人力资源管理的工作落到实处；如何从实际出发，设计出行之有效的方案和工具；如何把人力资源各项工作加以细化；如何执行人力资源各项具体的工作……这些都是亟需解决的问题。

这套图书从人力资源管理实务的角度出发，针对某一个部门、某一类人员、某一类事项的管理问题，提供了细节化、工具化、方案化的解决策略，体现了很强的实用性和工具性。

因此，这套图书既可以作为人力资源管理工作者的工具书和操作手册，也可作为高校人力资源管理专业教材，尤其适用于职业院校人力资源管理专业。

北大方正集团方正商学院执行院长

李原淑

2017 年 5 月

再版前言

在激烈的市场竞争中，为了提高员工的职业素质、工作能力和工作绩效，改善员工的工作方法、工作态度及价值观，推动组织和个人的不断进步，实现组织和个人的双重发展，企业有计划、有系统地开展一系列的培养活动和智力投资。这就是企业培训。

企业在设计培训课程和授课指导方面所做的工作，都可称作培训课程开发。它包括培训需求分析、课程整体设计、阶段性评价与修订、实施培训课程、培训课程总体评价等内容。

《培训课程开发实务手册（第3版）》是"弗布克人力资源管理操作实务系列"图书中的一本。本书将培训课程的开发工作流程化，对每个步骤都进行了详细的说明，并提供了课程开发模板、工具以及部分课程开发案例，是培训课程开发人员进行课程开发的实用工作手册。

《培训课程开发实务手册》前两版上市几年来，赢得了大量读者的关注与喜爱。他们对本书给予了高度评价，同时针对书中存在的问题提出了客观的批评和有效的改进建议。在此，衷心感谢广大读者多年来对弗布克的大力支持！

在对读者反映的问题、提出的意见进行充分研究的基础上，我们结合市场调研的结果以及企业的实际需求，对《培训课程开发实务手册》进行了再一次改版。此次改版，我们将原书中的部分内容进行了替换、补充和更新，其目的就是使本书更加符合读者的实际工作需求，更好地实现我们**"拿来即用"**的承诺。

在编写《培训课程开发实务手册（第3版）》时，我们在第2版的基础上做了如下修订。

1. 结合时代发展需求，此次改版将"大数据""移动互联网"这些新思维、新技术运用到培训需求分析、培训课程实施、培训课程评估等工作中，帮助企业改善培训工作。

2. 基于各种创新的商业模式不断涌现这一时代特征，此次改版增添了电商、移动互联网两大新型行业热门培训课程设计的内容，使本书更贴近读者的实际工作需要。

在本书修订的过程中，孙立宏、刘井学、孙宗坤、王淑燕、程富建负责资料的收集和整理，贾月、周海静负责图表的编排，王伟华参与修订了本书的第一章，王瑞永参与修订了本书的第二章，张天骄参与修订了本书的第三章，权锡哲参与修订了本书的第四章，孙宗虎参与修订了本书的第五章，李艳参与修订了本书的第六章，毕春月参与修订了本书的第七章，程淑丽参与修订了本书的第八章，洪冬星参与修订了本书的第九章，全书由课思课程中心统撰定稿。

弗布克 HR 研究中心

2017 年 5 月

目　录

第一章

培训课程开发模型与流程

第一节　培训课程开发模型

一、ISD 模型

（一）ISD 模型介绍

ISD（Instructional System Design）即教学系统设计，它是以传播理论、学习理论、教学理论为基础，运用系统理论的观点和知识，分析教学中的问题和需求并从中找出最佳答案的一种理论和方法。

（二）ISD 模型应用流程

ISD 模型应用流程包括五个环节，即分析、设计、开发、实施和评价。具体内容如图 1-1 所示。

1　**分析**：对培训课程需求、培训内容、培训课程目标、培训对象特征进行分析

2　**设计**：对培训资源、培训情景、认知工具、培训策略、培训管理与服务进行设计

3　**开发**：根据设计阶段确定的各种培训策略，对培训内容进行课程开发与设计

4　**实施**：根据培训课程开发的成果实施培训

5　**评价**：评估开发的培训课程并形成评估报告；修改学习目标

图 1-1　ISD 模型应用流程

(三) ISD 模型示意图

ISD 模型注重对培训活动的分析、设计、规划和安排。ISD 模型如图 1-2 所示。

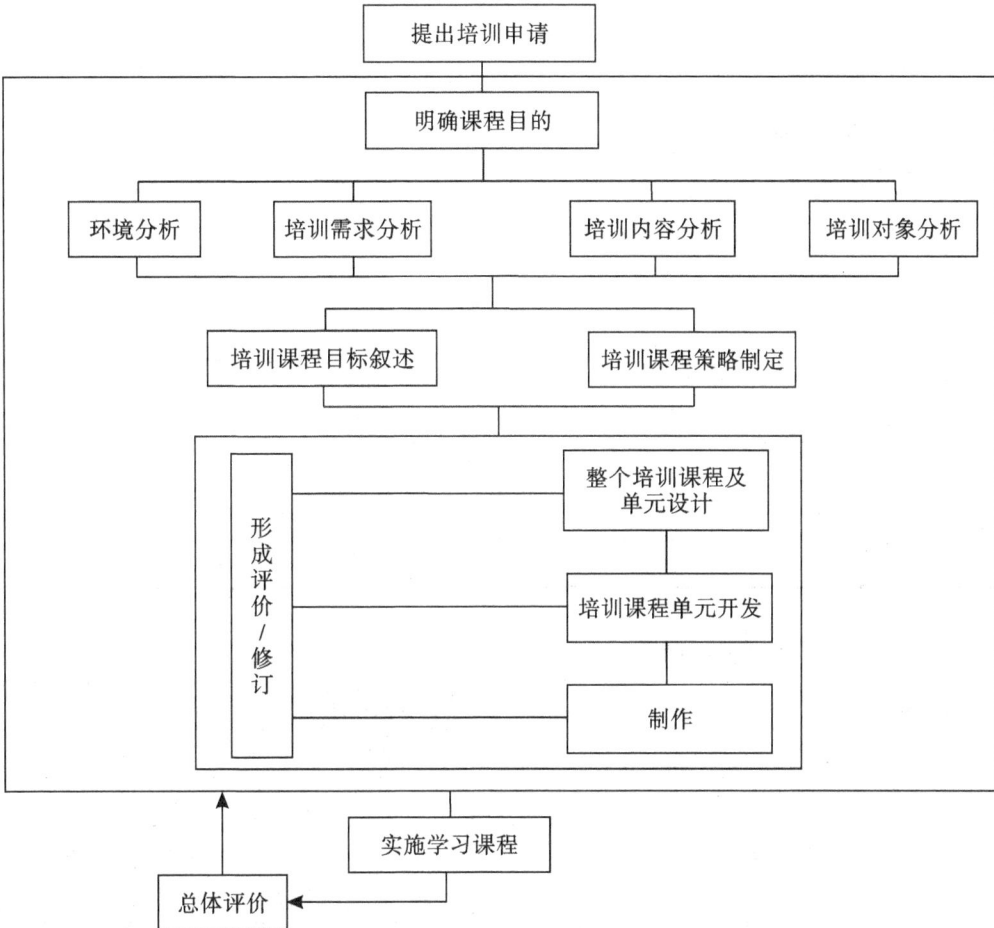

图 1-2　ISD 模型示意图

(四) ISD 模型应用工具

1. 培训需求确认记录表

部门名称		部门经理	
一、部门培训目标概述			
二、培训内容			
项目	要求具备的	现已具备的	应被开发的

（续表）

知识			
技能			
态度			
行为方式			

三、培训对象与培训形式

培训对象岗位名称	计划参加人数	参加培训项目名称	培训形式

四、培训时间、地点与培训讲师

培训项目名称	计划培训时间	计划培训地点	培训讲师来源

2. 培训课程开发方案评价表

培训课程编号		培训课程名称	
培训课程开发者		培训对象	

评价项目	评价标准				得分
	优 （5分）	良 （4分）	中 （3分）	差 （2分）	
培训课程目标的表述					
对培训对象特征的分析					
培训知识和能力结构框架的建立					
各知识点目标体系的结构					
培训课程重点和难点的确定					
培训材料的编制					
培训对象学习活动的安排					
符合课程标准的要求					
信息技术在培训课程设计中的体现					
对培训对象创新思维和创造能力的培养					

（续表）

培训课程设计方案在培训过程中的实践					
培训课程设计方案的实践效果					
得分合计	一				
培训课程设计方案的特点	您认为该设计方案最有价值和最吸引人的方面有哪些？				
对培训课程设计方案的改进意见	1. 您认为该设计方案的不足之处有哪些？ 2. 请提出您的建设性意见。				
对培训课程设计方案的总体评价	您的总体感受和建议是什么？				

二、HPT 模型

（一）HPT 模型介绍

HPT（Human Performance Technology Model）即人员绩效技术模型，它涉及行为心理学、教学系统设计、组织开发和人力资源管理等多学科的理论，是绩效改进的一种策略。它通过确定绩效差距，设计出具有效益和效率的干预措施，获得所期望的人员绩效。

（二）HPT 模型应用流程

HPT 模型展现了绩效改进的整个流程。HPT 模型的应用流程如图 1-3 所示。

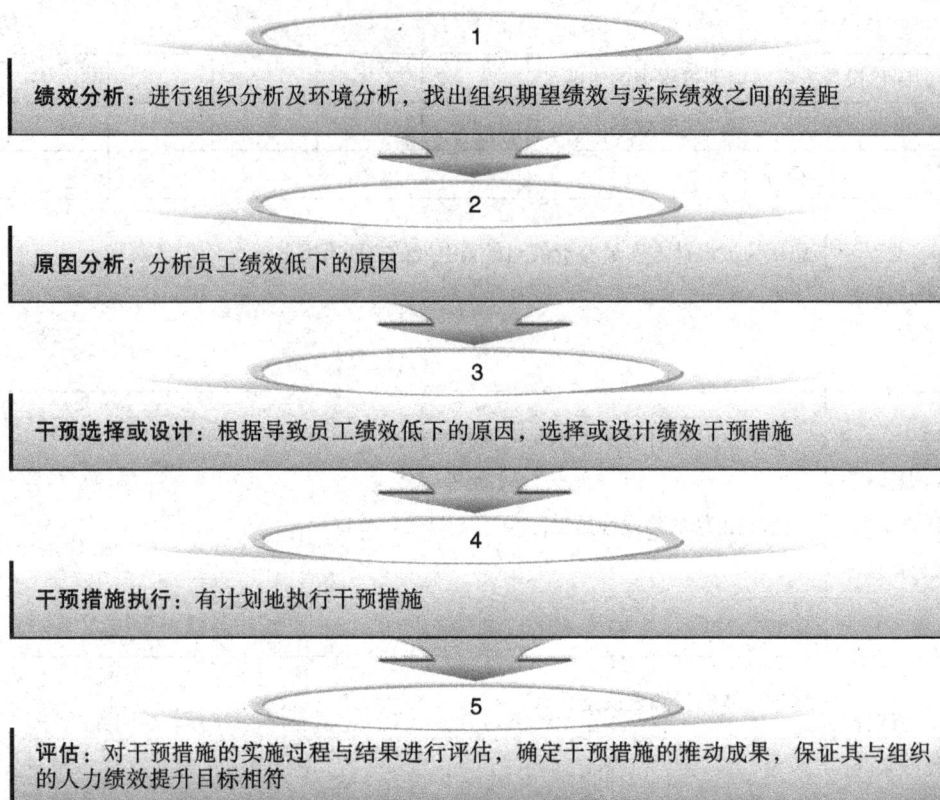

1

绩效分析：进行组织分析及环境分析，找出组织期望绩效与实际绩效之间的差距

2

原因分析：分析员工绩效低下的原因

3

干预选择或设计：根据导致员工绩效低下的原因，选择或设计绩效干预措施

4

干预措施执行：有计划地执行干预措施

5

评估：对干预措施的实施过程与结果进行评估，确定干预措施的推动成果，保证其与组织的人力绩效提升目标相符

图1-3　HPT 模型应用流程

（三）HPT 模型示意图

HPT 模型揭示了绩效提高的过程，同时也体现了工作环境的复杂性和各要素之间的关联性，为 HPT 模型使用者有效提高绩效提供了明晰的操作步骤。

1992 年，国际绩效促进协会（International Society for Performance Improvement，IS-PI）发布了 HPT 模型。图1-4 所示为 ISPI 在 2004 年发布的 HPT 模型示意图。

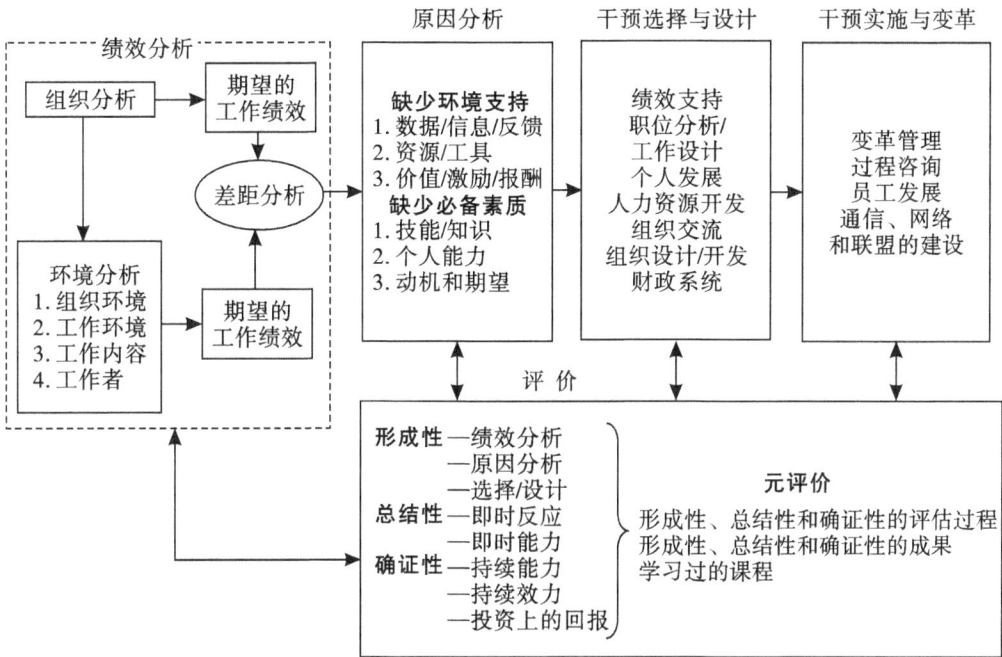

图 1-4 HPT 模型示意图

三、CBET 模型

（一）CBET 模型简介

CBET 模型（Competency Based Education and Training Model）即能力本位教育培训模型。它是以某一工作岗位所需的能力作为开发课程的标准，以使培训对象获得这种能力为培训目的而开发的一种培训课程模型。

能力是动机、特性、技能、人的自我形象、社会角色的一个方面或所使用的知识整体，它是个人履行岗位职责所需的素质准备。通过培训，人的潜能可以转化为能力。

能力本位指的是个人从事某项工作所必须具备的各种能力系统，一般由 1～12 项综合能力构成，而每一项综合能力由若干专项能力构成，一种专项能力又由知识、态度、经验和反馈构成。

（二）CBET 模型应用流程

CBET 模型应用流程如图 1-5 所示。

1

成立培训课程开发小组：相关人员召集在企业长期从事某项职业工作、具有丰富实践经验的优秀管理人员、技术人员或相关专家组成培训课程开发小组

2

培训课程调查与分析：课程开发小组组织进行某职业培训课程开发调研，调研的主要对象为从事该项工作的人员

3

确定综合能力：课程开发小组通过调研与分析，列出某职业所需的综合能力

4

分解综合能力：课程开发小组借助DACUM（Developing a Curriculum，课程开发）表将每项综合能力分为多项专项能力

5

分析专项能力：列出DACUM表后，将每一个专项能力分解为学习步骤、必备知识、所需材料、要掌握的特殊技巧、工作态度、注意事项等

6

开发培训课程：依据DACUM表，设计和开发学习内容，编制培训课程标准

7

实施培训：根据已开发的培训课程，课程开发小组组织相关人员实施培训

8

进行能力本位评价：收集培训对象的受训信息，并根据其进步状况，判断其是否已具备某职业所要求的能力

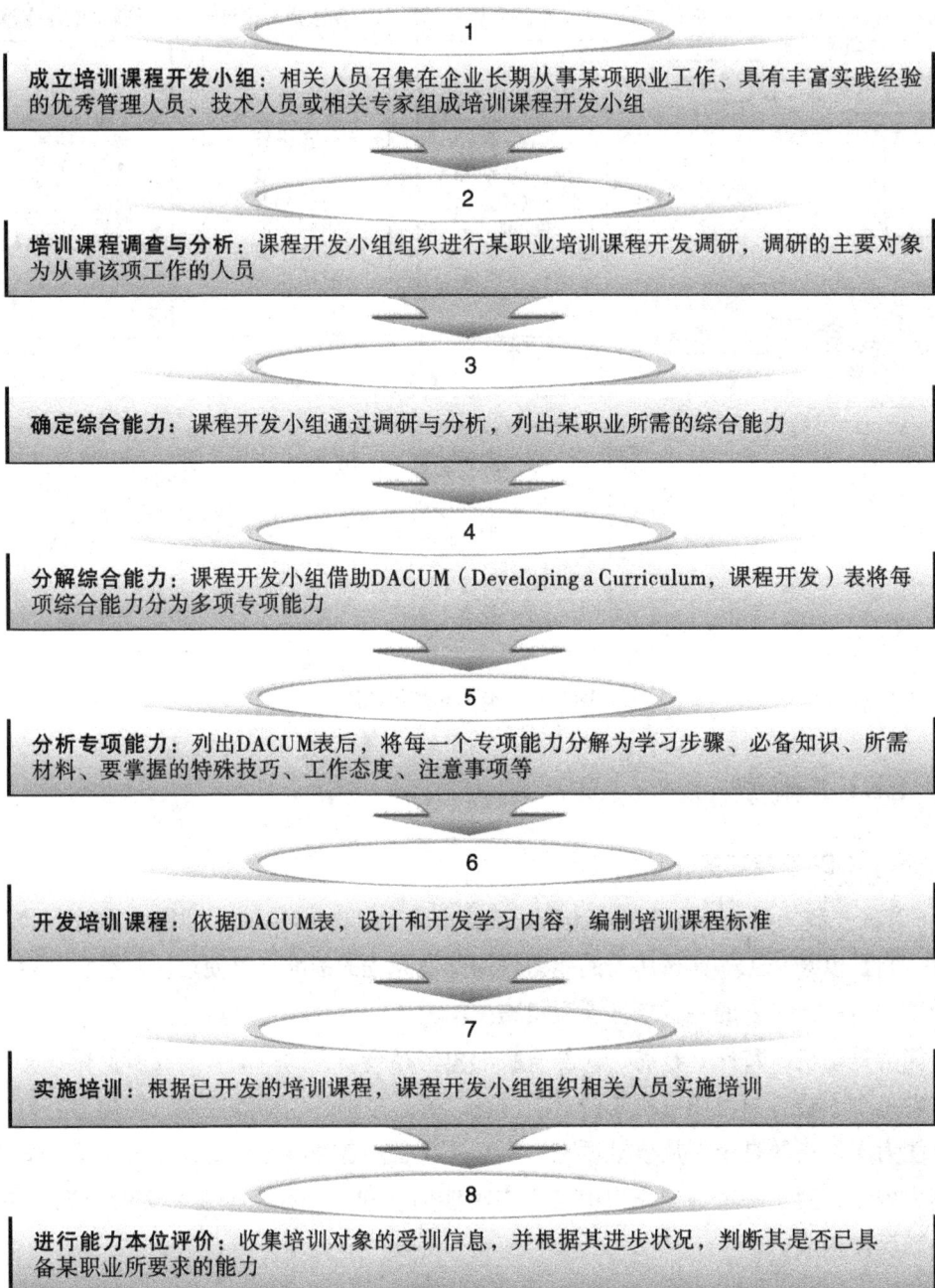

图1-5　CBET 模型应用流程

（三）CBET 模型示意图

CBET 模型的实质是以能力为基础的培训，以能力培养为中心的培训体系。具体内容如图1-6所示。

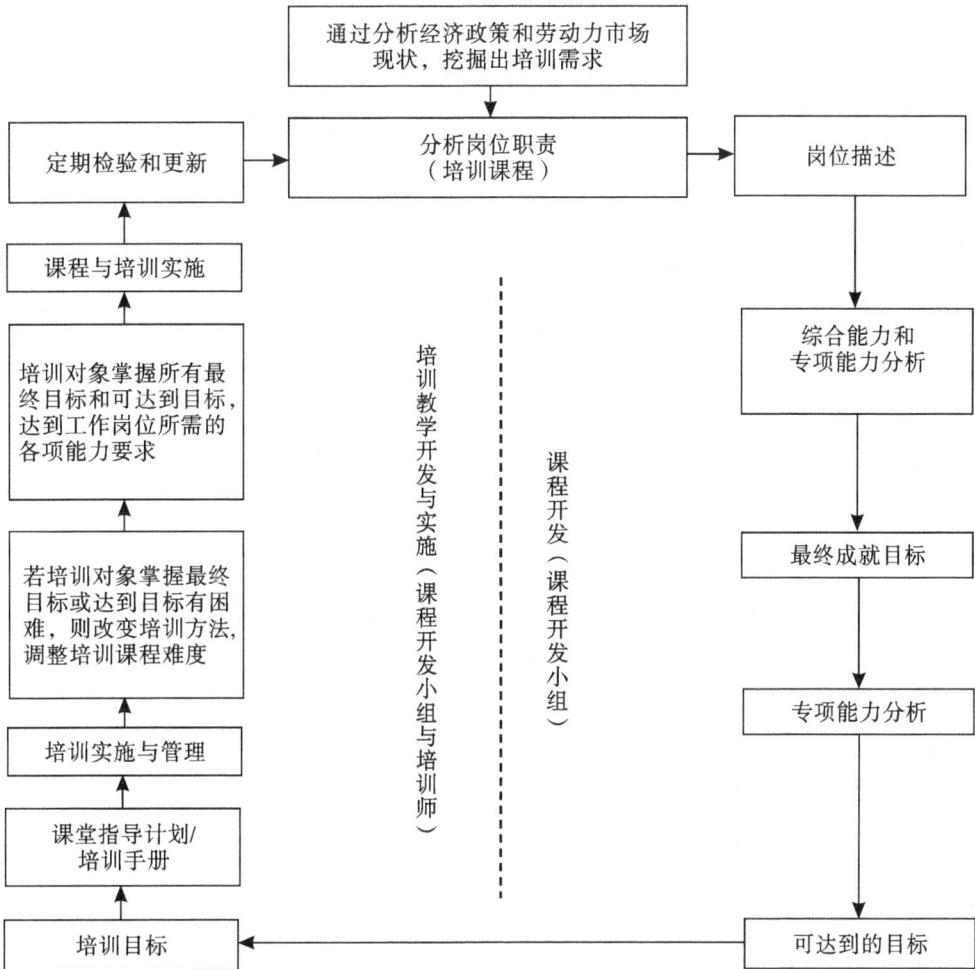

图 1-6 CBET 模型示意图

四、ADDIE 模型

（一）ADDIE 模型简介

ADDIE 是 Analysis（分析）、Design（设计）、Development（发展）、Implementation（执行）、Evaluation（评价）五个英文词的缩写。

该模型是一种交互式的课程设计程序，任何一处的形成性评价都将引起课程开发者返回到前面的阶段，每一阶段形成的结果都是另一个阶段开始新内容的条件。

（二）ADDIE 模型应用流程

ADDIE 模型应用流程包括分析、设计、发展、执行、评价五个步骤。具体内容如图 1-7 所示。

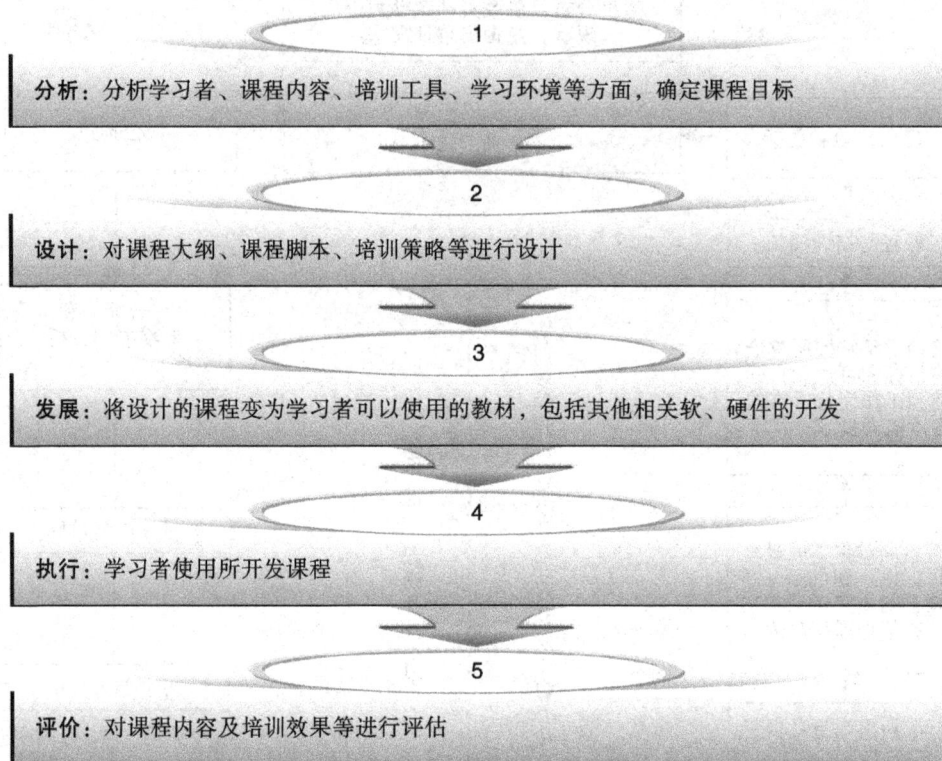

图 1-7　ADDIE 模型应用流程

（三）ADDIE 模型示意图

ADDIE 模型包括三方面的内容，即要学什么（学习目标的制定）、如何去学（学习策略的应用）、如何判断学习者已获得的学习效果（学习考评实施）。

1. ADDIE 模型分析阶段示意图

ADDIE 模型分析阶段如图 1-8 所示。

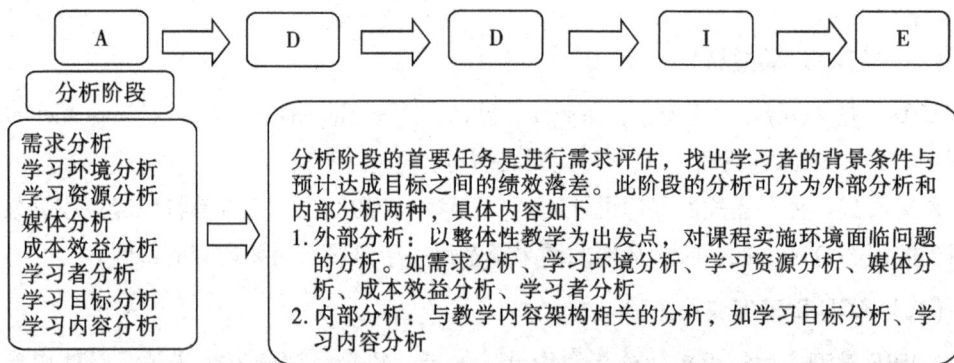

图 1-8　ADDIE 模型分析阶段示意图

2. ADDIE 模型设计阶段示意图

ADDIE 模型设计阶段如图 1-9 所示。

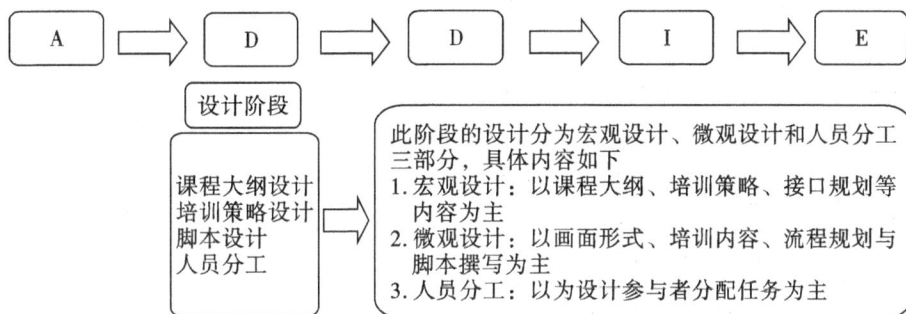

图 1-9　ADDIE 模型设计阶段示意图

3. ADDIE 模型发展阶段示意图

ADDIE 模型发展阶段如图 1-10 所示。

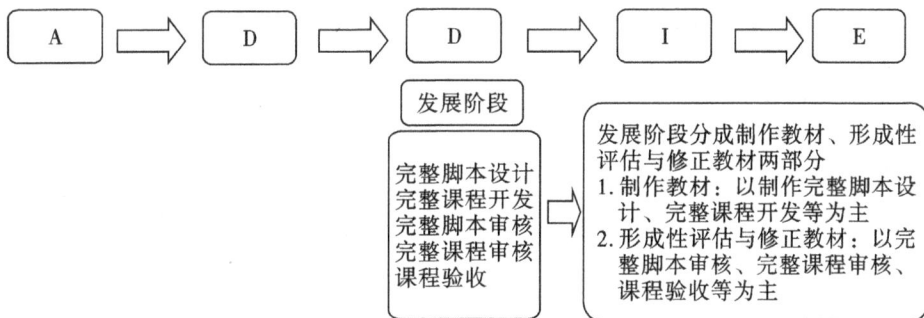

图 1-10　ADDIE 模型发展阶段示意图

4. ADDIE 模型执行阶段示意图

ADDIE 模型执行阶段如图 1-11 所示。

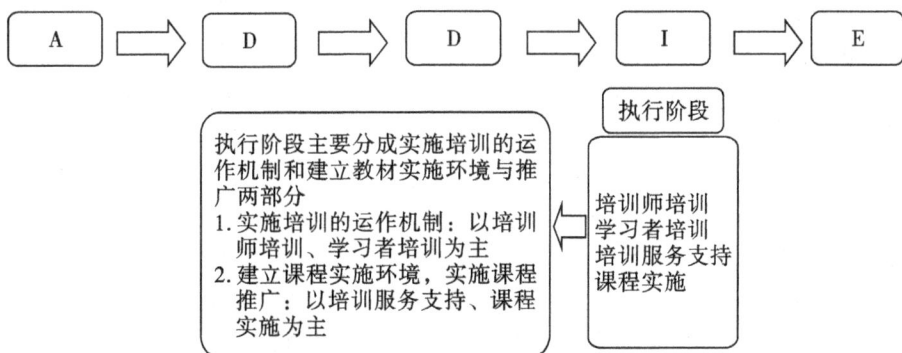

图 1-11　ADDIE 模型执行阶段示意图

5. ADDIE 模型评价阶段示意图

ADDIE 模型评价阶段如图 1-12 所示。

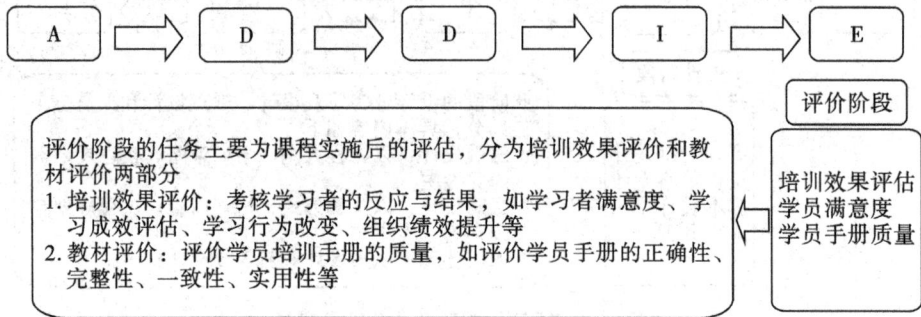

图 1-12　ADDIE 模型评价阶段示意图

（四）ADDIE 模型应用工具

1. 培训课程培训策略说明表

一、培训课程基本信息			
课程编号		课程名称	
课程时长		课程对象	
二、培训课程策略设计			
培训教学活动 程序设计			
培训授课方法 设计			
培训教学组织 形式设计			
培训教学内容 传递顺序设计			
培训教学媒体 应用设计			

2. 培训课程总结性效果评估表

一、课程基本信息			
课程名称		培训师姓名	
授课时间		授课方法	

二、培训对象基本情况			
姓名		工作岗位	
联系电话		工作年限	

三、课程满意度调查项目（在对应选项下的表格内打"√"）

评价项目		评价标准与分数				
		5～很满意	4～满意	3～一般	2～较差	1～差
课程内容	课程目标明确化、可量化					
	课程内容与培训对象需求的匹配程度					
	课程内容编排的合理性					
	课程理论知识的难易程度					
	案例与互动环节的趣味性					
培训师	对课程内容的驾驭程度					
	沟通技巧的掌握程度					
	仪表仪容是否得当					
	激发培训对象积极性的程度					
	课程时间的掌控程度					
	授课工具的运用熟练程度					
培训组织	培训课程时间安排的合理性					
	培训课程现场的服务水平					
	培训课程材料和通知下发的及时性					
	培训课程授课工具的准备情况					

在本次培训课程中，您感到受益匪浅的内容是：

您对本课程不满意的地方有哪些？

其他建议：

五、DACUM 模型

（一）DACUM 模型简介

DACUM 是一种通过职务分析或任务分析从而确定某一职业所应具备的各种综合能力及相应专项技能的系统方法。

DACUM 是 20 世纪 60 年代末由加拿大皇家经济开发中心和美国通用学习公司合作开发的。该模型的主要精髓就是从社会需要出发，通过与用人单位合作，以能力培养为中心来设计课程、实施课程与评价课程。

（二）DACUM 模型应用流程

DACUM 模型应用流程如图 1-13 所示。

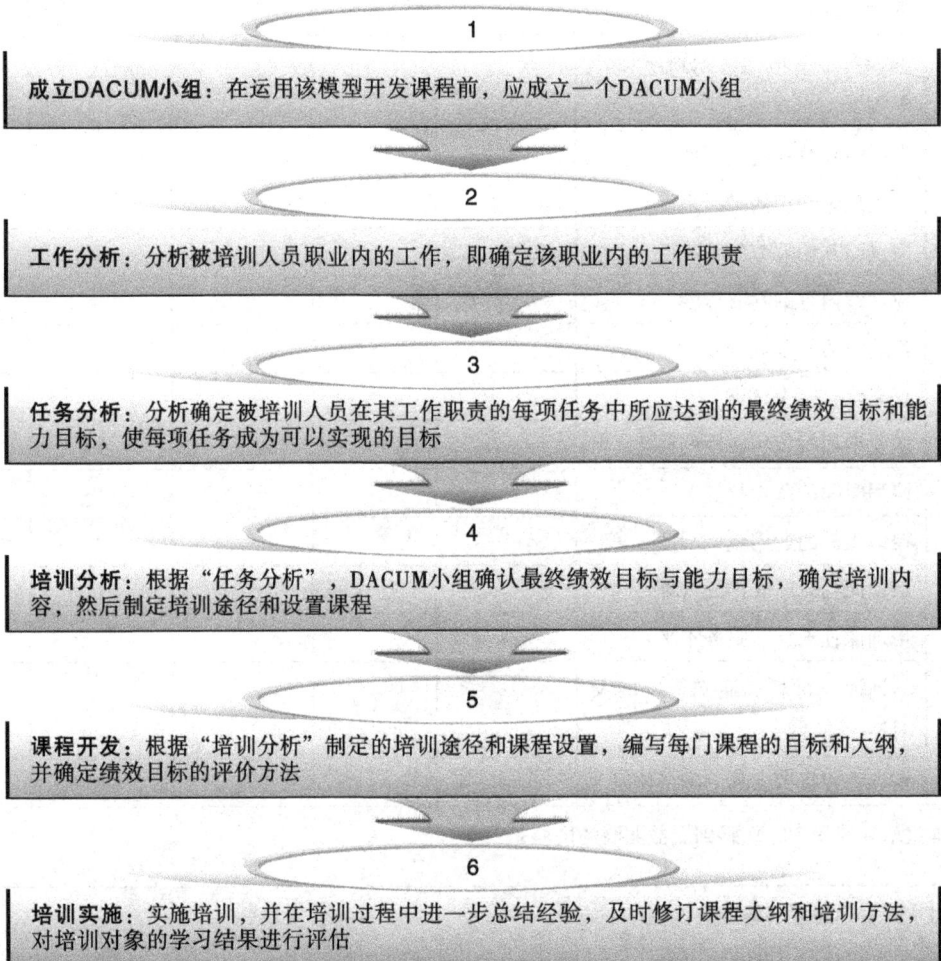

1

成立DACUM小组：在运用该模型开发课程前，应成立一个DACUM小组

2

工作分析：分析被培训人员职业内的工作，即确定该职业内的工作职责

3

任务分析：分析确定被培训人员在其工作职责的每项任务中所应达到的最终绩效目标和能力目标，使每项任务成为可以实现的目标

4

培训分析：根据"任务分析"，DACUM小组确认最终绩效目标与能力目标，确定培训内容，然后制定培训途径和设置课程

5

课程开发：根据"培训分析"制定的培训途径和课程设置，编写每门课程的目标和大纲，并确定绩效目标的评价方法

6

培训实施：实施培训，并在培训过程中进一步总结经验，及时修订课程大纲和培训方法，对培训对象的学习结果进行评估

图 1-13　DACUM 模型应用流程

（三）DACUM 模型示意图

DACUM 模型如图 1-14 所示。

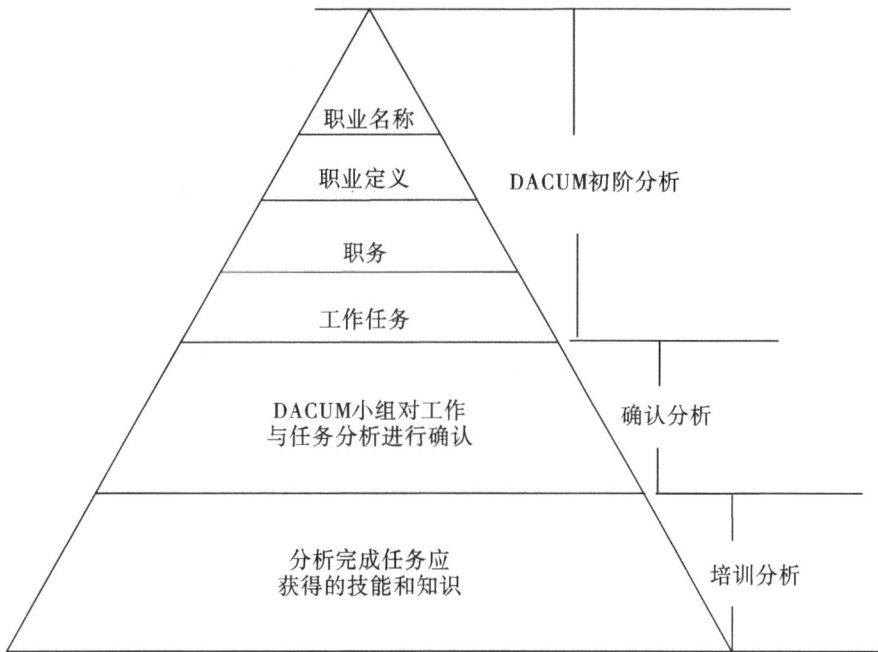

图 1-14　DACUM 模型示意图

第二节　培训课程开发流程

培训课程开发是指培训组织在培训课程设计和授课指导方面所做的全部工作，是一个可持续发展而且可以变通的过程。课程开发探讨的是课程形成、实施、评价和改变课程的方式与方法，它是一项决定课程、改进课程的活动和过程。

课程开发是对课程的实质性结构、课程基本要素的性质，以及这些要素的组织形式或安排的设计。这些要素一般包括目标、内容、学习活动及评价程序。图 1-15 是对课程开发流程的描述。

一、确定培训课程目的

进行课程开发的目的是说明员工为什么要进行培训，因为只有明确培训课程的目的，才能确定课程的目标、范围、对象和内容。

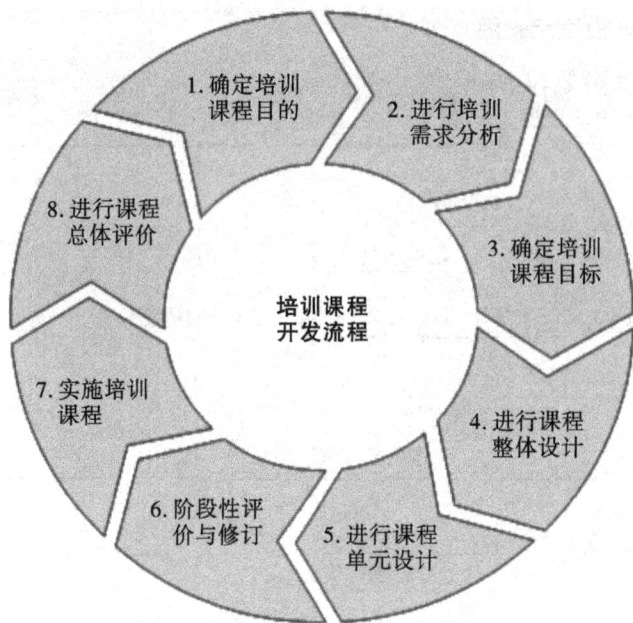

图 1-15　培训课程开发流程

二、进行培训需求分析

培训需求分析是课程设计者开展培训课程开发的第一步。培训需求分析以满足组织和组织成员的需要为出发点，对组织环境、个人和职务各个层面进行调查和分析，进而判断组织和个人是否存在培训需求以及存在哪些培训需求。

三、确定培训课程目标

培训课程目标是指员工培训应达到的标准。它是根据培训的目的，结合上述需求分析的情况而形成的。培训课程目标描述的特点如图 1-16 所示。

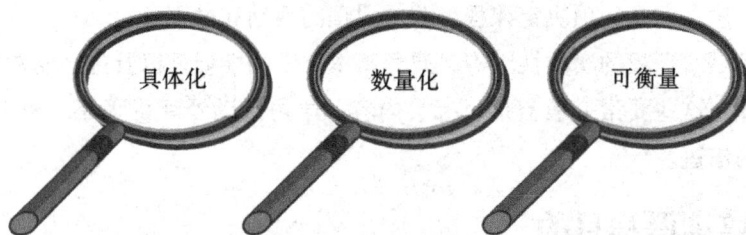

图 1-16　培训课程目标描述的特点

四、进行课程整体设计

课程整体设计是针对某一专题或某一类人的培训需求而开发的课程架构。课程整体设计的任务包括确定费用、划分课程单元、安排课程进度以及确定培训场所等。

五、进行课程单元设计

课程单元设计是在课程整体设计的基础上，具体确定每一单元的授课内容、授课方法和授课材料的过程。

课程单元设计的优劣直接影响培训效果的好坏和学员对课程的评估等级。在培训开展过程中，相对独立的课程单元不应在时间上被分割开。

六、阶段性评价与修订

在完成课程的单元设计后，需要对需求分析、课程目标、整体设计和单元设计进行阶段性评价与修订，以便为课程培训的实施奠定基础。

七、实施培训课程

即使设计了好的培训课程，也不意味着培训就能成功。如果在培训实施阶段缺乏适当的准备工作，也是难以达成培训目标。实施的准备工作主要包括培训方法的选择、培训场所的选定、培训技巧的利用以及适当进行课程控制等方面。

在实施培训的过程中，掌握必要的培训技巧能取得事半功倍的效果。

八、进行课程总体评价

课程总体评价是指在课程实施完毕后对课程全过程进行的总结和判断，其目的在于确定培训效果是否达到了预期的目标，以及受训学员对培训效果的满意程度。

第三节 培训课程开发方法

一、获得知识技能的方法

布鲁纳教学原则（如图1-17所示）对学员获得知识与技能具有重大帮助。它为评价教学方法和学习方法提供了一个标准。

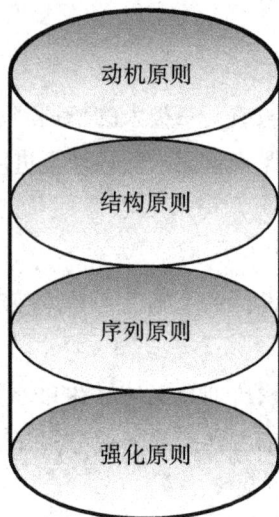

图 1-17　布鲁纳教学原则

1. 动机原则

人的学习是主动学习，具体表现在以下两个方面。

（1）重视已有经验在学习中的作用。学员总是在已有经验的基础上，对输入的新信息进行重新组织。

（2）重视学习的内在动机与发展学员的思维。学习的最好动机是对所学知识本身的兴趣。激发学员的内在动机，唤起其积极性，使理性因素和非理性因素、智力因素和非智力因素相结合，促进学员全面协调发展。

受训学员的内部动机包括激发、维持和指向三个层面，具体内容如图 1-18 所示。

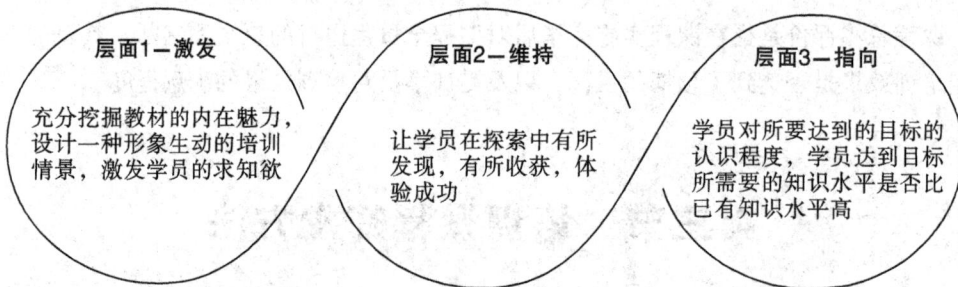

层面1—激发	层面2—维持	层面3—指向
充分挖掘教材的内在魅力，设计一种形象生动的培训情景，激发学员的求知欲	让学员在探索中有所发现，有所收获，体验成功	学员对所要达到的目标的认识程度，学员达到目标所需要的知识水平是否比已有知识水平高

图 1-18　内部动机三层面

2. 结构原则

结构原则是指要选择适当的知识结构和适合学员认知结构的方式。任何学科知识都是具有结构的，主要反映事物之间的联系或规律。

3. 序列原则

序列原则是指要按最佳程序呈现课程内容。培训教材的序列直接影响着学员掌握知识的成熟程度。

在任何特定条件下，最佳的序列是根据多种因素而定的。这些因素包括学员的学习能力、学员处理信息的能力和学员探索活动的特点。因此，在设计教材和进行授课时，课程设计者或培训师要根据学员过去的学习水平、发展阶段、材料的性质和学员的个人差异来确定最理想的序列。

遵循序列原则对于课程设计者开发合理有效的培训课程、合理安排培训内容的次序、保证学员对培训内容的吸收，从而确保良好的培训效果具有重要的指导意义。

4. 强化原则

强化原则又称反馈原则，指的是要让学员适时知道自己的学习成果。强化原则是课程设计中不可缺少的一种积极性的评价方式。落实强化原则，是指通过提供有关的授课信息，了解授课效果，发现问题并及时矫正。

授课过程中的强化原则涉及三方面，具体内容如图 1-19 所示。

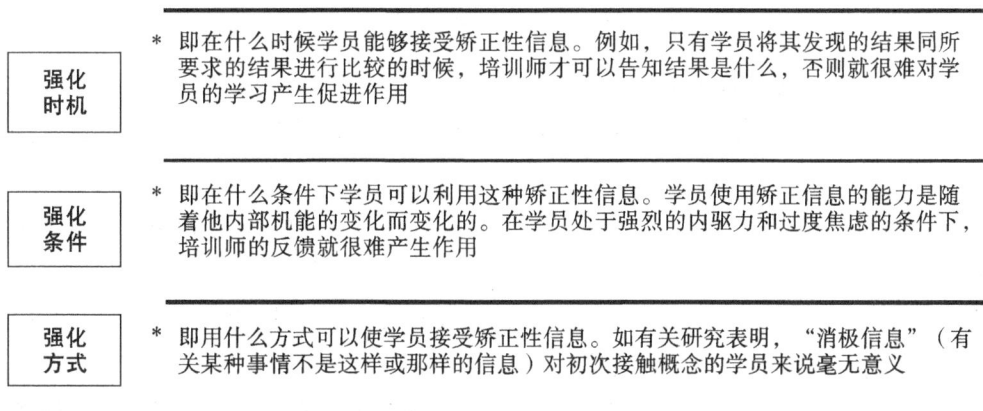

强化时机	* 即在什么时候学员能够接受矫正性信息。例如，只有学员将其发现的结果同所要求的结果进行比较的时候，培训师才可以告知结果是什么，否则就很难对学员的学习产生促进作用
强化条件	* 即在什么条件下学员可以利用这种矫正性信息。学员使用矫正信息的能力是随着他内部机能的变化而变化的。在学员处于强烈的内驱力和过度焦虑的条件下，培训师的反馈就很难产生作用
强化方式	* 即用什么方式可以使学员接受矫正性信息。如有关研究表明，"消极信息"（有关某种事情不是这样或那样的信息）对初次接触概念的学员来说毫无意义

图 1-19 强化原则的内容

二、获取学习经验的方法

人类主要通过自身的直接经验和间接经验两个途径来获得知识。戴尔的"经验之塔"理论把人类学习的经验依据抽象程度的不同分成三类十个层次（如图 1-20 所示）。

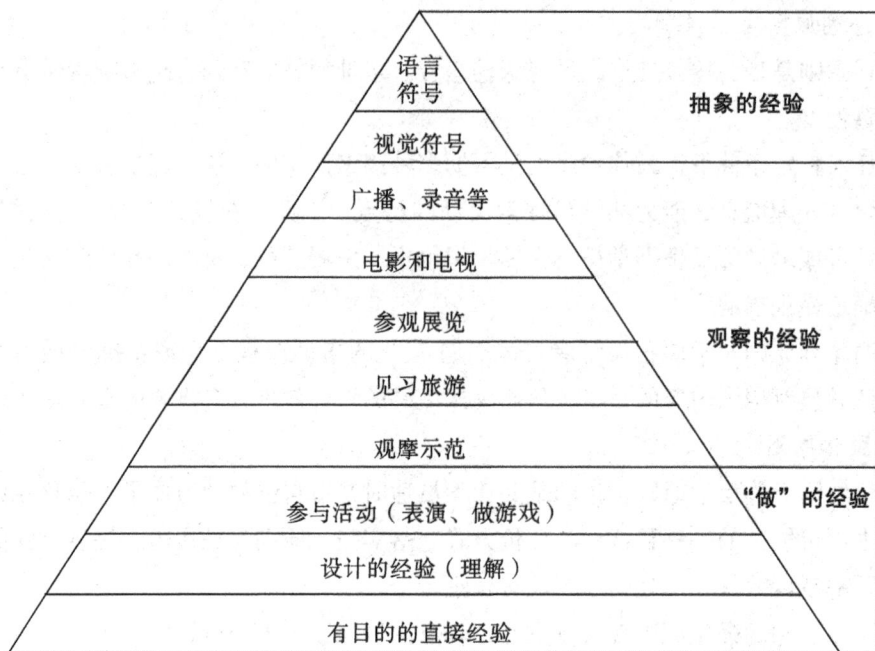

图 1-20 戴尔的"经验之塔"理论

1. "做"的经验（塔的底部）

这一类经验指的是自己亲自做的活动。它位于"经验之塔"的塔底，主要包括以下三个方面。

（1）有目的的直接经验。"经验之塔"的底层是直接经验，是直接与真实事物接触的经验，是最丰富的具体经验。

（2）设计的经验。即真实的改编，这样有助于人们理解真实情况。例如，制作模型，可以产生比用实物教学更好的效果。

（3）参与活动（表演、做游戏）。通过表演、做游戏感受那些在正常情形下无法获得的感情上和观念上的体验。

2. 观察的经验（塔的中部）

观察的经验在心理学上也可以称为模象直观，是通过观察事物和载有事物信息的媒体去间接获得事物的信息，主要包括如表 1-1 所示的五个方面的信息。

表 1-1 观察的经验信息构成表

信息类别	信息说明
观摩示范	通过看别人怎么做使学员知道自己该如何做，学员以后可以模仿
见习旅游	可以看到真实事物和各种景象

（续表）

信息类别	信息说明
参观展览	通过观察了解来学习
电影和电视	屏幕上的事物是实际事物的代表，而不是它本身。通过看电视，得到的是替代的经验
广播、录音、照片、幻灯片	广播、录音、照片和幻灯片介于"做"的经验和抽象的经验之间，既能为学员提供必要的感性材料，容易理解、记忆，又便于解说或作为培训的提示、根据和总结，从而加强学员的认识

3. 抽象的经验（塔尖）

抽象的经验在心理学上也可以称为语言直观，是指通过抽象符号去获得事物的信息，主要包括以下两个方面。

（1）视觉信号：指的是表达一定含义的图形、模拟图形等抽象符号。

（2）语言符号：一般有口头语言和书面语言两种，是一种纯粹的抽象。

戴尔之所以提出"经验之塔"的理论，是让人们认识人类认知途径，根据人类的这种"从简单到复杂，从形象到抽象，形象和抽象相结合的认知规律"，选择合理的学习方式，使自身的认知过程符合这一认知规律，以达到最佳的学习效果。

教学中所采用的媒体越是多样化，所形成的概念就越丰富、越牢固。网络的出现、各种视听辅助教具的利用，使塔的中部的主观性得以增强，并更容易转向塔的两端即抽象概念化和具体实际化。

在培训活动中，白板、写字板、投影仪、录音带、幻灯片、电影剪辑材料、音乐等媒体的使用，正是遵循了戴尔提出的"媒体多元化，所形成的概念就越牢固"的原理和指导思想。

三、把握学习风格的方法

学习风格是课程培训中需要考虑的一个重要因素。如果对学员在什么样的情况下能够达到最好的效果分析不正确，而使用了不恰当的教学方法，就有可能导致学员对知识和技能掌握不好。因此，培训者在设计课程时一定要考虑学员的学习风格。

在培训课程的开发过程中，科尔伯的学习风格理论备受推崇。科尔伯学习风格理论主要是将人的认知过程的两个维度划分成了四种不同的学习风格。

1. 两个维度

两个维度指的是学员如何感知信息和学员是怎么学习的，具体内容如图 1-21 所示。

第一个维度	第二个维度
学员如何感知信息 ①对于抽象感知者，学习信息的最好方法是分析，他们更愿意去注意、观察、思考这些信息 ②对于具体感知者，学习信息的最好办法是具有直接的经验，他们更愿意通过去做、活动和感觉来学习信息	学员是怎么学习的 ①反思型处理者更愿意通过反射和思考的方法来对待信息，这种方式更能帮助他们搞清信息的含义 ②积极型处理者选择立即运用新知识，通过直接的经验来进一步测试和处理这些知识

认知

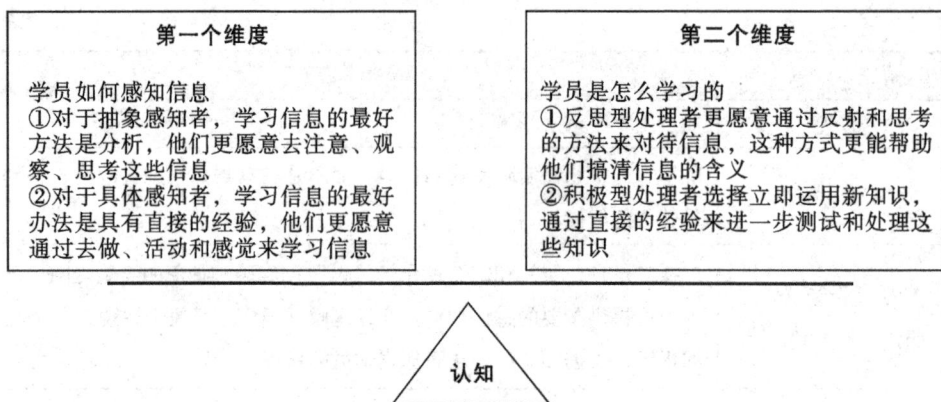

图 1-21　人类认知过程的两个维度

2. 四种学习方式

任意一种感知方式和处理方式相互组合，可以组成四种类型：抽象的感知者/反思型的处理者，抽象的感知者/积极型的处理者，具体的感知者/积极型的处理者，具体的感知者/反思型的处理者。这四种类型构成了科尔伯的学习风格理论（如图1-22所示）。

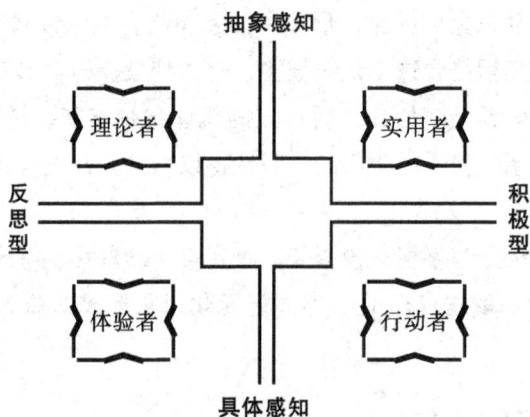

抽象感知

| 理论者 | | 实用者 |

反思型　　　　　　　积极型

| 体验者 | | 行动者 |

具体感知

图 1-22　科尔伯的学习风格类型

（1）实用者。善于做决定、解决问题；不善于集中精力、体验与评估思想。适合的培训方式为同伴之间的互动与反馈，提供技能、技巧活动等。

（2）行动者。善于完成计划、领导和冒险；不现实，只重目的。适合的培训方式包括技巧技能的训练、亲自解决问题、小组讨论、同伴的互动与反馈等。

（3）体验者。长于想象及解决脑筋急转弯问题；不善于发现机会、提出行动方案。适合的培训方式包含大量反馈时间的课程讲授、引导、提供专业指导、用外部的客观标准来判断学员自身的绩效等。

（4）理论者。长于制订计划、创建模型和理论；不善于从经验中学习，不能看到更广阔的愿景。适合的培训方式包括案例分析、理论研讨、独自思考等。

第四节 培训课程相关事项确定

一、确定课程六大事项

培训课程在开发之前，组织应该初步决定以下六大相关事项，以确保培训课程开发的顺利开展。六大事项包括课程名称、课程目的、课程开发周期、课程开发人员、课程开发经费以及研究结果，具体的事项如表1-2所示。

表1-2 课程确定的六大事项

课程确定事项	事项说明
课程名称	根据掌握的信息，考虑课程所要开发的内容，描述课程名称（如果描述课程名称困难，也可以假定课程名称）
课程目的	课程目的是描述对课程预期的一般结果，与课程目标不同，课程目的是不可衡量的，一般从学习对象、组织要求、学习内容以及学习结果四个方面进行描述
课程开发周期	指的是完成课程开发所用的时间，即记录课程开发的起始日和结束日，初步计算所用时间
课程开发人员	指的是与本课程开发相关的成员，确定课程开发人员的作用和姓名
课程开发经费	预计开发课程所需要的经费
研究结果	分析上述各项内容，简要总结其结果，最后结论以"可能、不可能、保留"整理课程开发情况

二、课程确定事项实例

（一）课程目的描述实例

下面以某公司课程开发的课程目的描述进行详细的说明。

1. 学习对象

本课程的参加学员，即听课的对象是谁。

2. 企业要求

申请培训课程部门的目标要求。

3. 学习内容

培训课程中应该涉及的主要学习内容。

4. 学习结果

学习后所期望得到的结果。

图 1-23 是某公司对行政人员关于公司发展战略培训课程目的的描述。

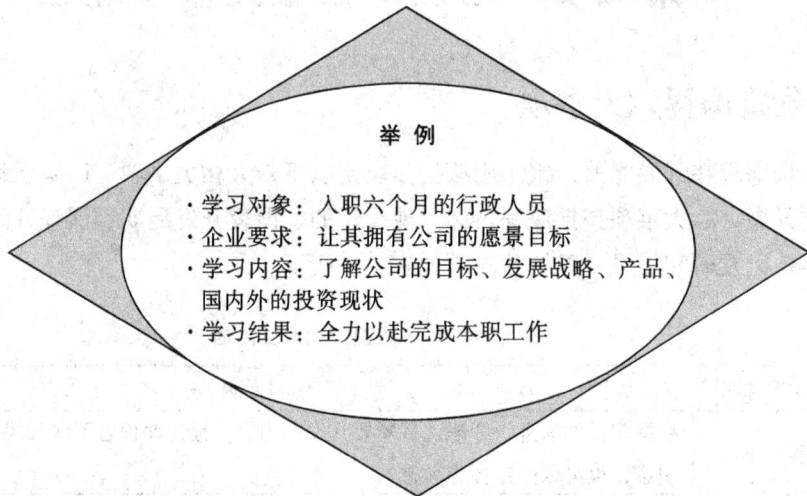

举　例

· 学习对象：入职六个月的行政人员
· 企业要求：让其拥有公司的愿景目标
· 学习内容：了解公司的目标、发展战略、产品、国内外的投资现状
· 学习结果：全力以赴完成本职工作

图1-23　某公司培训课程目的的描述实例

（二）课程开发人员实例

下面以某公司课程开发人员的具体实例进行说明，具体内容如表1-3所示。

表1-3　某公司课程开发人员一览表

作用	英文全称	简称	主要任务
课程开发负责人	Course Development Manager	CDM	最终负责资源与人员的管理及课程开发的输出管理
课程开发者	Course Developer	CD	管理课程开发的流程
讲授设计者	Instructional Designer	ID	设计新课程的讲授目标、内容、方法等
现场内容专家	Content Expert	CE	提供与课程相关的业务知识和经验
媒体专家	Media Expert	ME	开发适用于新课程的传达媒体
评价专家	Evaluation Expert	EE	评价新课题及其内容
外部顾问	External Consultant	EC	提供专业内容和经验

注：1. 课程开发者通常会成为拥有专业知识的课程设计者。

2. 媒体专家和评价专家通常由公司外聘，当外聘专家有困难时，由课程设计者担负起媒体专家和评价专家的责任。

3. 可根据课程的特点选择课程开发人员。

第二章

培训需求分析

第一节 培训需求分析简介

一、员工培训需求的分类

（一）普遍培训需求

普遍培训需求是指全体人员的共同培训需求，普遍培训需求包括职业素养、通用管理技能、个人发展的培训需求，不涉及专业知识、专业技能的培训。

普遍培训需求的具体内容如表2-1所示。

表2-1 普遍培训需求的具体内容

普遍需求分类	需求内容
增强组织认同的内容	企业文化、企业发展历程、企业基本规章制度
提升员工素质的内容	员工工作态度、工作方法、人际关系、职业生涯管理等
提升员工技能的内容	基本计算机操作技能、外语基本技能等

（二）个别培训需求

个别培训需求由于部门不同、层级不同、岗位不同、资历不同而产生，体现出部分人或个别人的培训需求，各类专业技能培训就属于此类内容。

个别培训需求的具体内容如表2-2所示。

表2-2 个别培训需求的具体内容

个别需求分类	需求内容
工作经验	新入职员工、新任管理人员等的培训需求
工作部门	人力资源部门、行政部门、生产部门、质量管理部门、采购部门、营销部门等的培训需求
工作形式	项目、跨部门、部门内团队等的培训需求

（三）短期培训需求

短期培训需求大多是指组织在未来一年内的培训需求，包括年度培训需求、季度培训需求和月度培训需求等。

短期培训需求包括突发情况的解决、引进技术的普及、政策行规的学习，侧重于对具体问题的解决和具体事项的处理，适用于由不满意到满意、由不合格到合格、由不胜任到胜任这一范畴的培训。

（四）长期培训需求

长期培训需求是指组织在未来一年以上的培训需求，这类培训需求的产生并不是基于现状，而是基于组织未来发展的要求，长期培训需求的制定依据是组织未来的发展战略目标和经营管理目标。

长期培训需求涉及理念变革、战略转换、人才培养等方面的内容。

二、培训需求分析的步骤

作为课程培训开发的首要环节，培训需求分析具有很重要的作用。需求分析可以揭示造成理想或期望与现实之间差距的根源，只有挖掘出存在差距的真正原因，才能对症下药，设计出有针对性的培训课程，以达到培训的最佳效果。

图 2-1 描述了培训需求分析的内容、方法和目的。

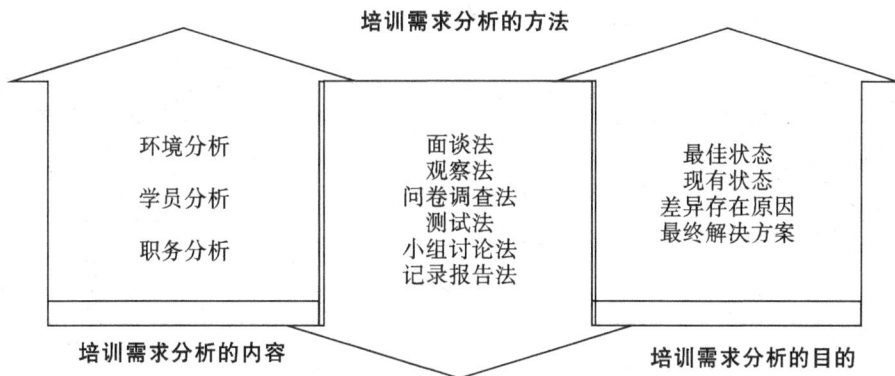

培训需求分析的方法

培训需求分析的内容		培训需求分析的目的
环境分析 学员分析 职务分析	面谈法 观察法 问卷调查法 测试法 小组讨论法 记录报告法	最佳状态 现有状态 差异存在原因 最终解决方案

图 2-1 培训需求分析的内容、方法和目的

培训需求分析是培训课程开发的重要步骤，也是培训课程调查与研究的阶段。分析阶段的总体目的是确定学员必须掌握的、用来执行符合课程意图的分内工作的知识和技能。

培训需求分析应按照以下步骤进行需求信息的收集工作。图 2-2 为培训需求分析流程图。

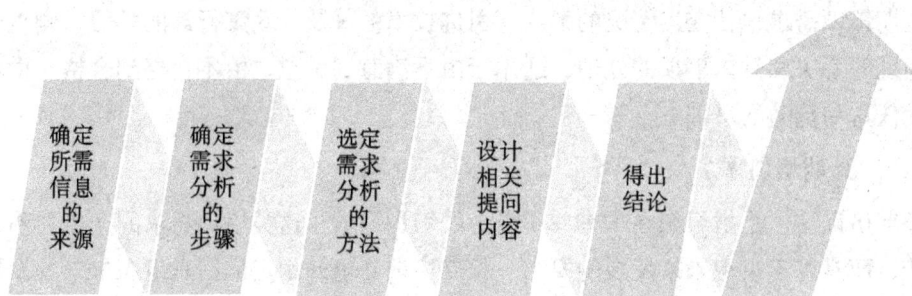

图2-2 培训需求分析流程

（一）确定所需信息的来源

在进行培训需求分析之前，必须了解培训需求信息产生的来源和在什么情况下会产生培训需求等。

1. 培训需求产生的原因

培训需求产生的原因主要有五个方面，具体内容如图2-3所示。

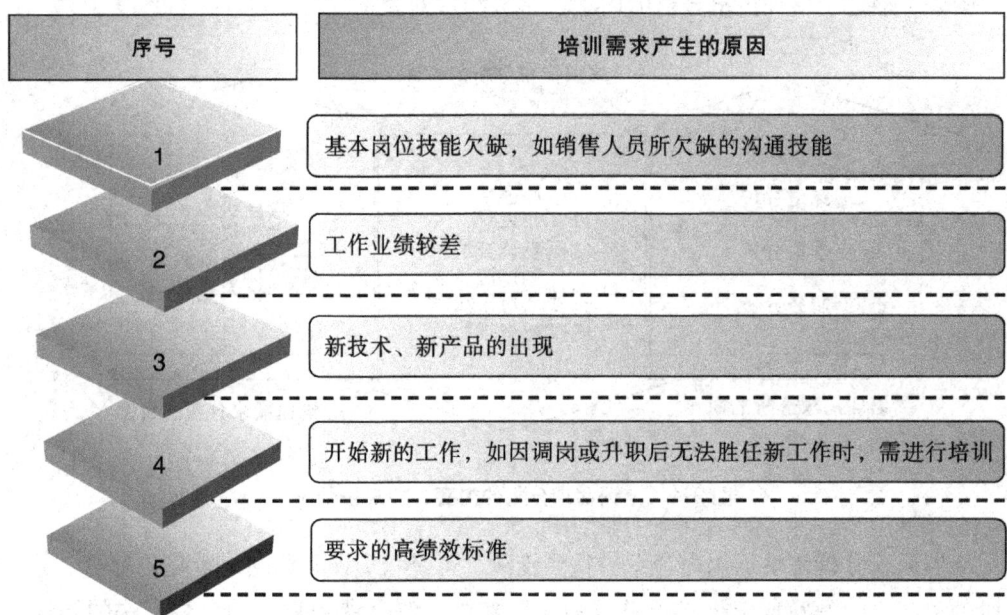

序号	培训需求产生的原因
1	基本岗位技能欠缺，如销售人员所欠缺的沟通技能
2	工作业绩较差
3	新技术、新产品的出现
4	开始新的工作，如因调岗或升职后无法胜任新工作时，需进行培训
5	要求的高绩效标准

图2-3 培训需求产生的原因

2. 培训需求信息的来源

培训需求信息主要来源于组织内高层决策者、组织内各部门和组织中的个人，针对这三个信息来源，可以采用以下四种方法来收集培训需求信息。具体内容如图2-4所示。

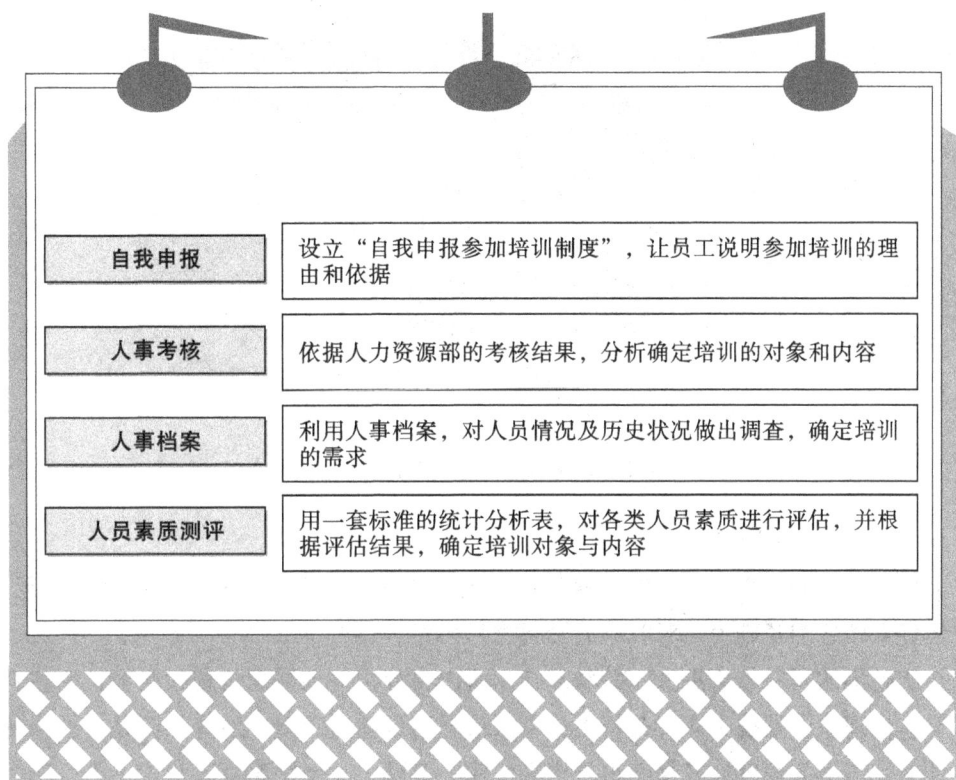

图2-4 收集培训需求信息的方法

（二）确定需求分析的步骤

确定了需求信息的来源以后，就要开始考虑需求分析的步骤。需求分析包括收集、分析和总结三个步骤，简称需求分析三步曲。

1. 收集信息

在寻找信息时，始终要考虑以下问题：涉及的工作是什么、如何完成工作、如何改进工作以及如何在短时间内掌握此工作所需的技能、知识，并提高有关人员的积极性等问题，充分发挥自己的创造能力。

在收集信息时，需要遵循如图2-5所示的三个原则。

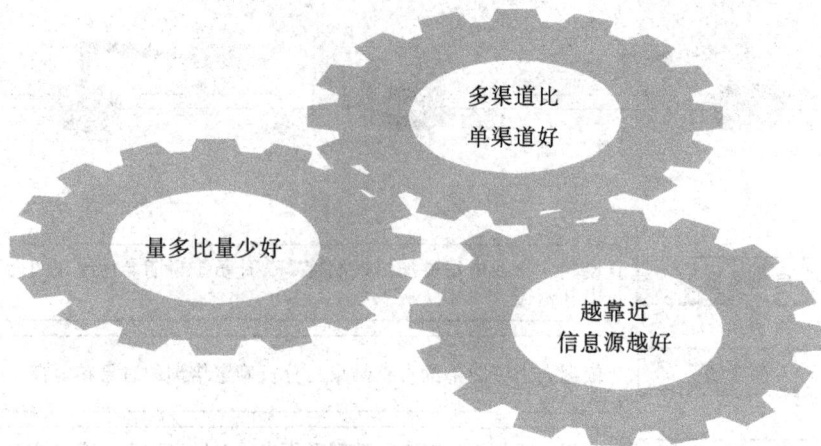

图2-5 收集信息时应遵循的三个原则

2. 分析信息、数据和资料

分析资料指的是将收集到的资料与期望进行印证，将零散的资料系统地联系起来，在分清轻重缓急的基础上，对收集的资料进行排序。

由于收集的资料信息量大、关联复杂，所以在分析培训需求信息的时候，要注意去伪存真，从现象中发现本质。分析培训需求信息不可独立、单一地看待问题，应该从知识、能力、态度的角度，或从组织、个人、职务等层次，用联系发展的观点来分析收集的信息。

3. 找出原因，得出结果

这一步骤是指把需求分析结果送交组织管理层和员工进行确认。尽管已经得出了培训需求分析的结果，确定了谁要培训、需要接受什么方面的培训、培训的次数、培训的时间等，但还是有必要在得出结果之前和当事人沟通，以达到确认培训需求或是纠偏的目的，以免做无用功。

（三）选定需求分析的方法

一旦决定了培训需求分析的步骤，就可以按照步骤进行分析。在此之前一定要选择合适的培训需求分析方法，并在需求分析过程中使用。

培训需求分析的方法一般包括面谈法、观察法、问卷调查法、测试法、小组讨论法、记录报告法等，根据组织的实际情况和培训需求信息的特征选择合适的需求分析方法。

（四）设计相关提问内容

在选择培训需求分析方法的基础上，设计相关的提问内容。设计提问内容应该遵循如图2-6所示的三个原则。

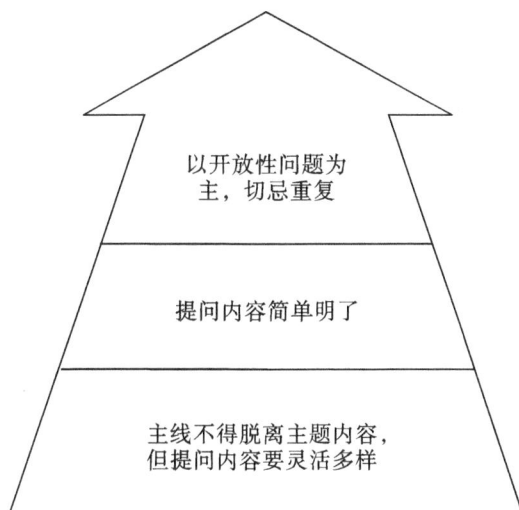

图2-6 设计提问内容时应遵循的三个原则

（五）得出结论

本步骤决定的事项也就是把培训需求分析的整个过程变为书面文字，形成培训需求分析报告。图2-7是对培训需求分析主要内容的概述。

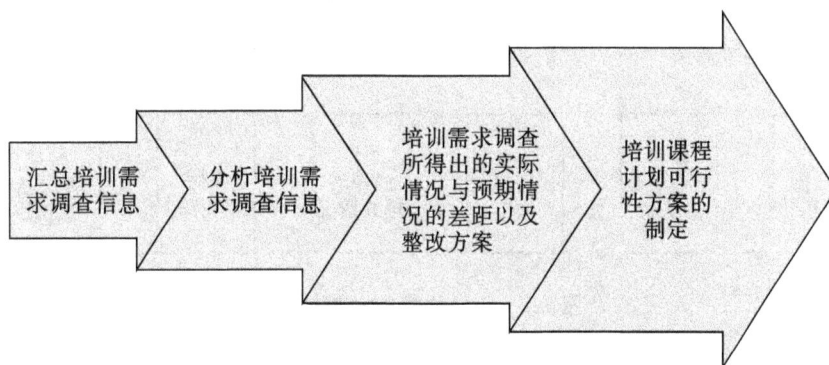

图2-7 培训需求分析报告的内容

三、培训需求分析的方法

（一）面谈法

面谈法指的是访问者通过与受访人面对面的交谈，从受访人的表述中发现问题，进而找出培训需求产生的真正原因。

面谈分为正式和非正式两种情况。正式面谈是以标准的模式向所有的受访者提出同样的问题；非正式面谈是由访问者针对不同的受访者提出不同的开放式问题以获取所需的信息。

1. 面谈法的优缺点分析

面谈法同其他培训需求调查方法一样，有着自身的优缺点和适用范围。因此，组织在实际开展培训需求调查时，最好结合多种方法进行。面谈法的优缺点具体如图2-8所示。

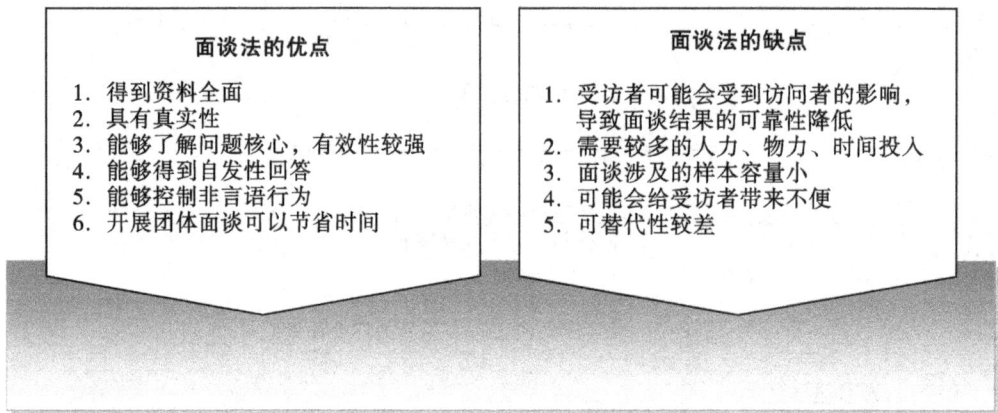

面谈法的优点

1. 得到资料全面
2. 具有真实性
3. 能够了解问题核心，有效性较强
4. 能够得到自发性回答
5. 能够控制非言语行为
6. 开展团体面谈可以节省时间

面谈法的缺点

1. 受访者可能会受到访问者的影响，导致面谈结果的可靠性降低
2. 需要较多的人力、物力、时间投入
3. 面谈涉及的样本容量小
4. 可能会给受访者带来不便
5. 可替代性较差

图2-8　面谈法的优缺点

2. 开展面谈的流程

通过面谈法收集培训需求分析信息时，可以遵循如图2-9所示的流程。

确定需要的信息 → 确定面谈对象和人数 → 准备访谈提纲 → 告知面谈者相关情况 → 实施面谈 → 整理并分析结果

图2-9　面谈法收集信息的流程

3. 不同层级员工实施面谈法关键点

针对新员工、专员、主管、经理等不同级别员工进行培训时，要根据他们的具体要求选择面谈内容。具体内容如表2-3所示。

表2-3　不同层级员工实施面谈法关键点

培训人员类别	面谈法实施关键点
新员工	组织文化、规章制度、职业化心态等内容
专员级员工	岗位技能、专业技能等内容
主管级员工	职业化、管理技能等内容
经理级员工	管理技能、领导力提升等内容

4. 面谈提纲示例

运用面谈法进行组织培训需求分析调查时，决定其能否达到面谈目标的关键在于访问者是否有一个启发、引导受访者讨论关键信息，防止偏离中心的提纲。鉴于面谈提纲对面谈目标达成的重要性及面谈提纲极强的操作性，下面提供一个范例以供参考。具体内容如表2-4所示。

表2-4 基层员工绩效提升培训需求面谈提纲示例

访谈对象： 访谈时间：

调查指标	访谈具体问题	访谈记录
员工绩效现状自我认知	个人绩效方面目前存在哪些不足	
	个人是否清楚自己职位的目标绩效水平	
	个人目标绩效与现实绩效之间有哪些明显的差距	
	个人如何得到关于自己绩效的反馈	
	个人绩效低下会对组织产生什么影响，是否妨碍团队达到目标	
绩效低下原因 1. 工作环境 2. 知识技能 3. 工作态度	你认为什么事情阻碍了个人绩效的发挥	
	工作环境中的哪些变化会导致个人绩效低下	
	个人目前拥有的技能是什么	
	为达到标准绩效水平，个人当前的技能是否足够	
	如果个人没有掌握目标要求技能，如何解决差距	
	是否个人已经掌握目标要求技能却没有使用？为什么	
	个人绩效低下，个人仍然能得到哪些令人满意的东西	
学习动机调动	如果没有被指出个人绩效低下，会发生什么事情	
	如果个人绩效低下的情况被指出，个人会得到什么好处	
	如果是上述因素导致绩效低下，什么措施可以改变现状	
	自己是否尝试过针对问题的解决方案	
	是否有比培训和发展更简单的解决方案	
培训负责人	你期望公司由谁来负责培训？具体原因是什么	
培训内容	改变绩效现状，进行知识、技能还是工作心态的培训	
培训期限、时间	培训期限多长为宜？利用工作时间段还是休息时间段进行培训	
	工作时间段培训不太现实，休息时间段何时培训合适	
培训地点	培训选择内部培训场地还是外部培训场地	

（续表）

调查指标	访谈具体问题	访谈记录
培训方式	你希望采取讲课类培训、阅读类培训还是研讨类培训、演练类培训	
	各类培训对培训师和讲授方法有什么要求	
	个人的学习风格是什么	
培训评估	你认为培训结束以后要达到什么效果	

（二）观察法

观察法是指通过较长时间的反复观察或通过多种角度、多个侧面或有典型意义的具体时间进行细致观察，进而得出结论的方法。

了解员工工作表现的最佳方式就是观察，通过仔细观察容易发现工作中存在的问题。实施观察法的优缺点如图 2-10 所示。

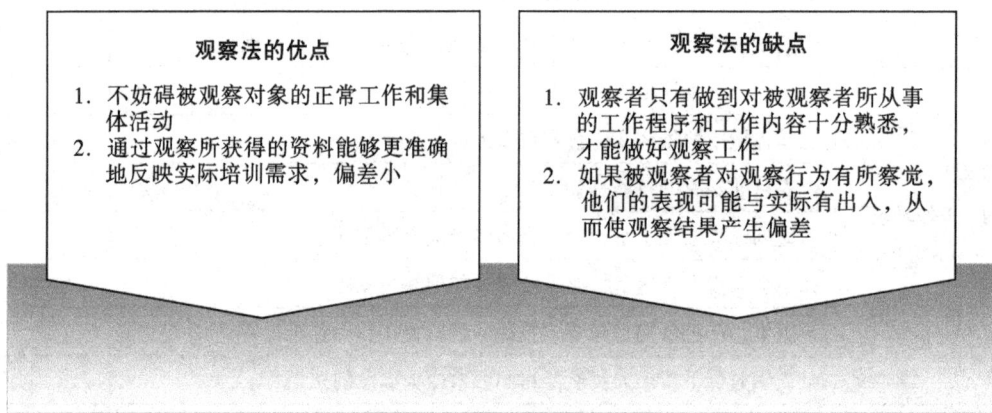

观察法的优点

1. 不妨碍被观察对象的正常工作和集体活动
2. 通过观察所获得的资料能够更准确地反映实际培训需求，偏差小

观察法的缺点

1. 观察者只有做到对被观察者所从事的工作程序和工作内容十分熟悉，才能做好观察工作
2. 如果被观察者对观察行为有所察觉，他们的表现可能与实际有出入，从而使观察结果产生偏差

图 2-10　观察法的优缺点

鉴于观察法存在的缺点，在运用观察法把握培训需求时，可以采取如图 2-11 所示的两种改进方法。

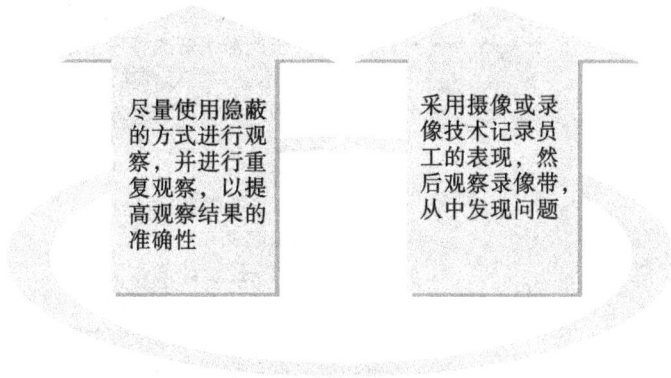

尽量使用隐蔽的方式进行观察，并进行重复观察，以提高观察结果的准确性

采用摄像或录像技术记录员工的表现，然后观察录像带，从中发现问题

图2-11 观察法实施的改进方法

（三）问卷调查法

1. 问卷形式分类

问卷调查法是对随机样本、分层样本或总体进行调查或民意测验的方法。问卷形式包括开放式、探究式和封闭式三种。具体内容如表2-5所示。

表2-5 问卷形式分类

类型	特征	作用
开放式	使用"什么""如何""为什么"和"请"等词语，不能用"是"或"否"来回答；例如，"你为什么参加此类培训?"	发掘对方的想法和观点
探究式	更加具体化，使用"多少""多久""谁""哪里""何时"等词语；例如，"你希望这样的培训多久举行一次?"	缩小收集的信息范围
封闭式	只能用"是"或"否"来回答，或用选择题的形式表达	限制所能收集信息的范围

2. 问卷设计流程

图2-12是问卷设计的流程。

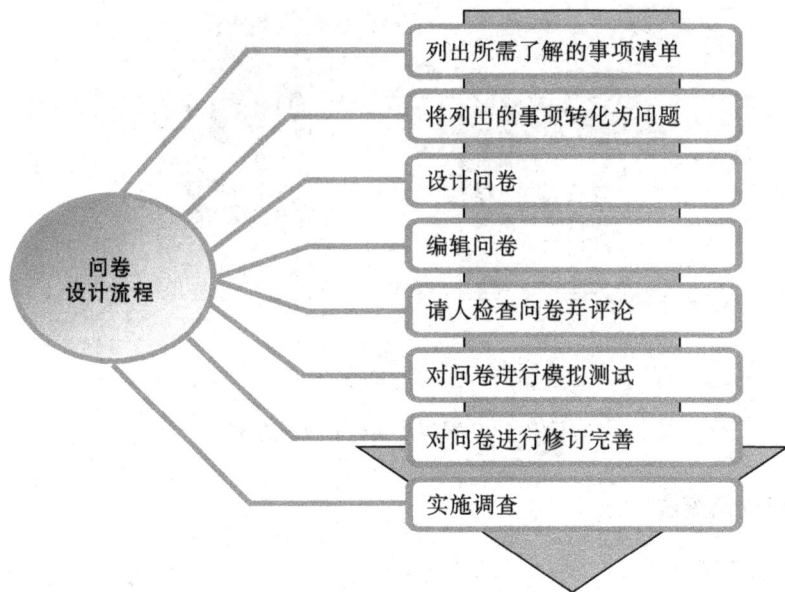

图 2-12　问卷设计流程

（四）测试法

测试法既可以用来测试某群体成员对技术知识掌握的熟练程度，也可以用来对被测试者认识到的一些想法和掌握的事实进行抽样检查。

专项测评表就是一种高度专门化的问卷，具体操作可以参照问卷法进行。通过一般问卷获得的是一些较简单的数据，而专项测评法主要是针对某一问题的分析以及解决方法等的专门报告。

（五）小组讨论法

小组讨论可以是正式的或非正式的、结构性的或非结构性的，或兼而有之。小组讨论进行培训需求的调查，可以集中于工作分析、群体问题分析、目标确定或者任何数量的任务或专题的分析。

在进行小组讨论时，可以使用一种或几种比较熟悉的有利于群体工作的方法，如头脑风暴法、组织对照法、刺激法、塑造法等，加强小组讨论的效果。

1. 小组讨论法的开展步骤

小组讨论法的开展步骤如图 2-13 所示。

负责人召集小组成员，向
他们说明组织或员工存在
的问题，并提供相关信息

小组成员对问题产生的原
因进行讨论，寻找可能的
解决办法

说明

在开展小组讨论时，可以采用头脑
风暴法、组织对照法、刺激法、塑
造法等多种方法来增强培训效果

汇总讨论结果，判断培训是否
为解决问题或改变现状的有效
方法

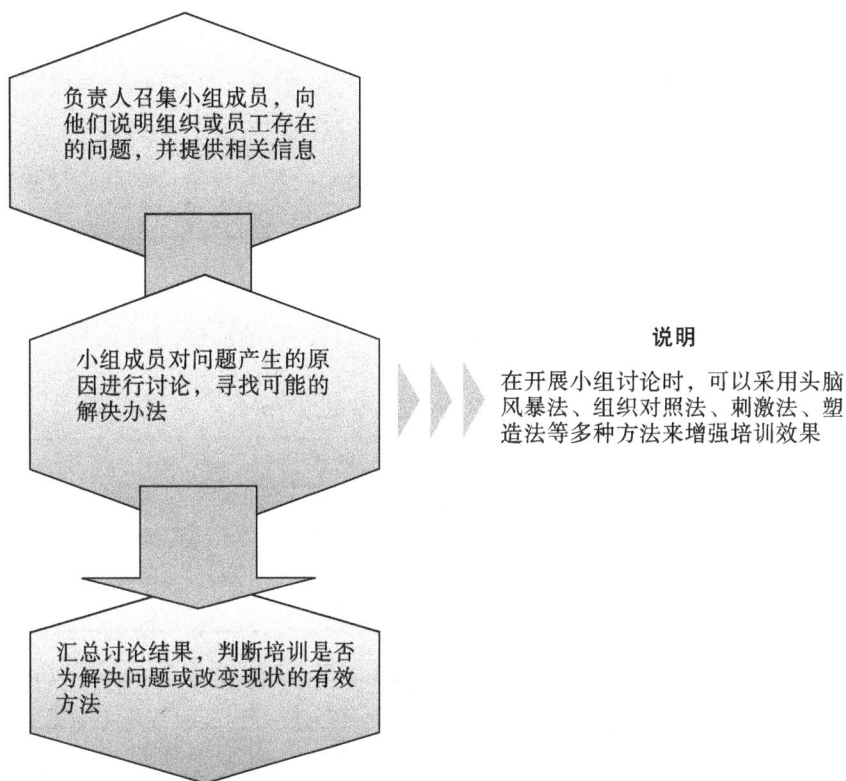

图 2-13　小组讨论法的开展步骤

2. 小组讨论法的优缺点

小组讨论法的优缺点如图 2-14 所示。

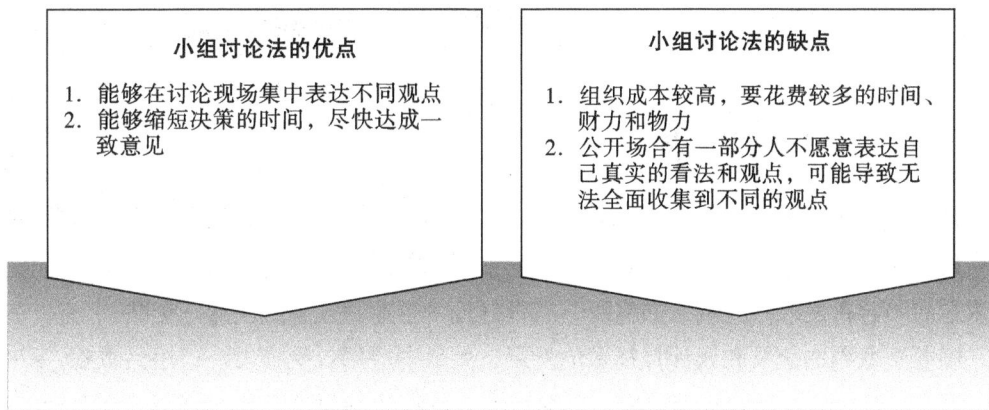

小组讨论法的优点

1. 能够在讨论现场集中表达不同观点
2. 能够缩短决策的时间，尽快达成一
致意见

小组讨论法的缺点

1. 组织成本较高，要花费较多的时间、
财力和物力
2. 公开场合有一部分人不愿意表达自
己真实的看法和观点，可能导致无
法全面收集到不同的观点

图 2-14　小组讨论法的优缺点

（六）记录报告法

记录报告法是收集培训需求分析信息最简单的方法之一。记录报告包括组织的图表、计划性文件、政策手册、审计和预算报告等。

记录报告法的最大优点就是对问题的分析提供了极好的线索；缺点是反映的是过去的情况，具有滞后性。

（七）几种培训需求分析方法的优缺点

表2-6是对上述几种培训需求分析方法的优缺点进行的描述。

表2-6　需求分析方法的优缺点对照表

需求分析方法	标准				
	受益者介入	管理层介入	需要的时间	成本	相关的可计量的数据
面谈法	高	低	高	高	中
观察法	中	低	高	高	中
测试法	高	低	高	低	高
问卷调查法	高	高	中	中	高
小组讨论法	中	高	低	低	低
记录报告法	低	高	中	低	高

第二节　用大数据挖掘培训需求

一、大数据与培训需求

确定培训需求是培训实施的前提条件，这点毋庸置疑。然而，实际工作中常常存在这样的困扰：无论是部门的需求趋向还是人力资源部门得出的需求结论，与实际的培训需求总有不合拍之处。大数据的应用，能很好地为企业管理者解决这一难题。

随着互联网的普及和云计算技术的发展，大数据应用备受推崇。运用大数据，一方面，可以分析培训人员的知识结构，了解培训人员哪些方面的专业知识还存在欠缺，从而有针对性地开展重点专项培训，助其补齐"短板"；另一方面，可有针对性地调配资源，改变以往"一锅煮"的方式，做到按需培训、有的放矢，实现组织需求与个体需求的有机统一。

此外，通过后台的数据分析，还可以看到员工在线学习的轨迹，从而更准确地把控员工培训进展情况。

二、培训需求分析示例

企业运用大数据这一工具进行培训需求分析，首先需要收集到足够丰富的信息，即通过收集企业内外部绩效优秀工作人员与效益有关且能被测评的数据，进而分析其与绩效一般者在绩效水平上的差距，寻找企业提升整体绩效的关键点，从而确定培训需求。

下面以某企业行政部门的员工培训需求分析为例进行说明。

首先，根据行政部每一位员工的工作能力编制一个数据单，放到数据库中。以表2-7为例。

表2-7　行政部某员工工作能力数据单

胜任素质	能力类型	年初个人自评	年初主管评估	岗位要求	能力差距	年末个人自评	年末主管评估	能力提高
有效沟通	沟通能力	3	3	4	−1	4	4	1
	倾听能力	2	3	3	0	4	4	1
团队合作	同部门合作	3	3	3	0	3	3	0
	跨部门合作	3	3	4	−1	4	4	1
客户导向	客户关系	2	2	4	−2	3	3	1
……	……	…	…	…	…	…	…	…

数据单中采用了有效沟通、团队合作等胜任素质去描述行政部的员工，二级维度包括沟通能力、同部门和跨部门的合作以及客户关系等。设定好员工的能力范围后，给员工的能力打分，要求包括员工的自评和主管的他评，其中将自评作为参考，以主管的评估作为员工最终的能力定位。

岗位要求的能力中对于沟通能力、跨部门合作能力以及客户关系的要求比较高，都是4分，而该员工的沟通能力、跨部门合作为3分，客户关系只有2分，这样就会有差距，从而体现出个人的培训需求。

其次，统计企业中每一位员工的能力数据，得到一个大数据的样本。统计结果如图2-15所示。

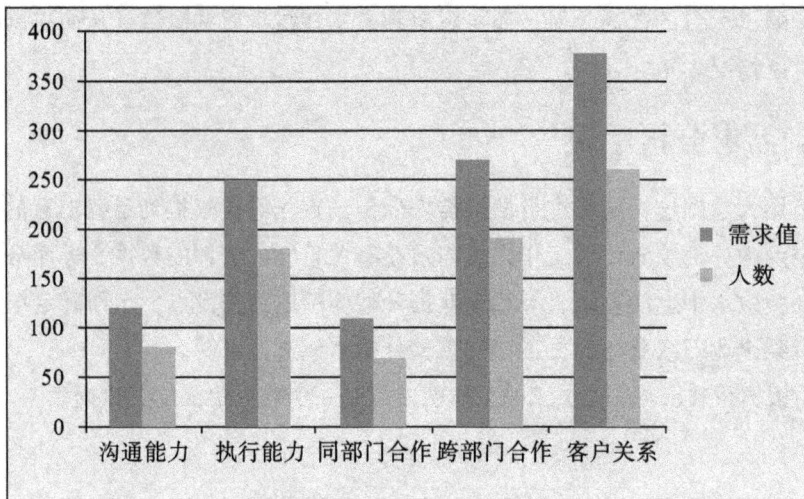

图2-15　行政部员工能力需求值与人数柱状图

从图2-15中可以看到两个数值：第一个是需求值，即能力上相差的分值。沟通能力的需求值是120，这个数据源于所有在沟通能力上有差值的员工，不管相差多少分，累计在一起就能得到这个沟通能力的总差值；第二个是人数，即有这样培训需求的人数是多少。需求值一般大于人数，而且不是每个人的差值都很大，有的只是差几分。

从图中可以很清楚地知道，企业在大数据的背景下，岗位能力和实际能力的差距是多少，并据此确定培训需求。如果大数据的样本量比较小或者没有大数据，企业也能使用这样的需求分析方法。大数据所带来的好处就是培训需求结论会更加精准，因此，企业管理者要重视大数据在企业培训需求分析中的运用。

第三章

课程目标确定

第一节 设计课程目标

课程目标是企业对学员在知识与技能、过程与方法、情感态度与价值观等方面的培训上期望达到的程度或标准，也就是说培训结束后学员应达到的预期行为。

在课程设计中，课程目标的作用十分重要，因为它不仅是选择课程内容的依据，还是课程实施与评价的基本出发点。

一、课程目标的特点

（一）课程目标构成

一个完整的课程目标包括行为主体、行为动词、行为条件和执行标准四个要素，简称 ABCD 形式。

A（Actor）：行为主体，即学员。

B（Behavior）：行为动词，即执行的行为。

C（Condition）：行为条件，即执行的前提条件。

D（Degree）：执行标准，即用可测定的程度描述执行标准。

（二）制定课程目标的原则

课程目标是指培训结束时或结束后一段时间内组织可以观察到的并以一定方式可以衡量到的具体的、合理的行为表现。它关注的是学员学到了什么，而不是培训师教授了什么。因此在制定课程目标时应遵守 SMART 原则，具体的内容如表 3-1 所示。

表 3-1　制定课程目标原则

原则	说明
S（Specific）	明确性、特定具体的，即用具体的语言清楚地说明要达到的行为标准
M（Measurable）	可衡量性，即应该有明确的数据作为衡量达到目标的依据
A（Achievable）	可以达到的，要根据学员的素质、经历等情况，以实际工作要求为指导，设计切合实际的可达到的目标
R（Realistic）	实际性，即在目前条件下是否可行、可操作，是不是高不可攀和没有意义
T（Timed）	时限性，即目标是有时间限制的，没有时间限制的目标没有办法考核，或考核的结果不公正

二、描述课程目标

（一）课程目标的类型

课程目标一般可分为三类，即认知目标、情感目标和技能目标。每类目标又可分为若干层次。

1. 认知目标

认知目标是指学员对知识基本概念理解能力所要达到的水平，其又可分为六个层次。具体内容如表3-2所示。

表3-2　认知目标层次说明表

层次	层次含义说明
记忆	主要指记忆知识，对学过的知识和有关信息能够识别和再现
理解	能掌握所学的知识，抓住事物的实质，并可以用自己的语言解释信息
应用	学员将所学知识应用到新的情景中
分析	分解所学的知识，找出组成的要素，并分析其关联性
综合	将知识的各个要素重新组合，形成一个新的整体
评价	根据一定标准对事物进行价值判断，如判断一个市场调研报告的真实性

2. 情感目标

情感目标主要是指学员在思想、观念以及信念上应达到的水平，其又可分为四个层次。具体内容如表3-3所示。

表3-3　情感目标层次说明表

层次	层次含义说明
接受	学员愿意注意特殊的现象或刺激，如参加课程活动、班级活动等
反应	学员不仅注意到了某种现象，而且主动参与，并做出反应，如完成培训师布置的练习任务、参加小组讨论等
价值评价	学员将特殊的对象、现象或行为与一定的价值标准相联系，如在讨论问题时，提出自己的观点
信奉	学员通过价值评价，逐渐形成个人稳定的价值观念

3. 技能目标

技能目标是指学员通过培训后，其对所学知识和技能的应用水平，其又可分为三个层次。具体内容如表3-4所示。

表3-4 技能目标层次说明表

层次	层次含义说明
模仿	学员按照指示或在培训师的指导下完成某项技能的应用或完成某项具体的操作
操作	学员在没有人指导的情况下，独立完成某项技能的应用或完成某项具体的操作
创造	学员将所学技能运用到新的领域中，或是学员对技能本身进行改进以使其更好地被应用

（二）描述课程目标的三要素

描述课程目标时，必须对学员通过每一项知识、技能和态度的学习后应达到的行为状态做出具体明确的描述，之后再将这些描述进行类别化和层次化处理。

课程目标的描述包括学员的行动、执行的条件以及执行的标准三方面的内容。表3-5为一种描述课程目标的样式，可供读者参考。

表3-5 课程目标描述样式

划分	目标内容	描述目标
预期行动		
条件		
标准		

1. 学员的预期行动

在对学员的预期行动进行描述时，应注意行为动词的运用。不同类型的课程目标应该采用不同的行为动词。表3-6列出了一些认知性目标的行为动词，表3-7列出了一些动作性目标的行为动词，表3-8描述了一些定义性目标的行为动词，表3-9描述了在设计目标过程中应采用和避免的一些行为动词。

表3-6 描述认知性目标的行为动词

对学员期待的水平	选择最恰当的动词，描述所期待的学员的行为		
1. 知识/理解 记忆并认识事实	·分类	·定义	·举例
	·说明	·掌握	·连接
	·认识	·换言	·罗列
	·命名	·选定	·陈述

（续表）

对学员期待的水平	选择最恰当的动词，描述所期待的学员的行为		
2. 应用 把所学的知识应用到新情景中	·选择 ·作用 ·润色 ·证明	·计算 ·执行 ·解释	·组装 ·预见 ·应用
3. 分析 以资料为基础进行分析和分解	·分析 ·区分 ·对照 ·表示	·分类 ·区别 ·批评	·比较 ·试验 ·分离
4. 综合 把已分析的要素综合成新的结构或组织	·排列 ·讨论 ·设定 ·组织 ·表示	·结合 ·公式化 ·摘要 ·收集	·构成 ·一般化 ·写出 ·关联

表 3-7　描述动作性目标的行为动词

对学员期待的水平	选择最恰当的动词，描述所期待的学员的行为		
动作的描述	·调整 ·移动 ·执行 ·计划 ·连接 ·提示	·排列 ·替代 ·均衡 ·说话 ·制动 ·产出	·组装 ·表现 ·形成 ·移动 ·摆姿势 ·用形体表现

表 3-8　描述定义性目标的行为动词

对学员期待的水平	选择最恰当的动词，描述所期待的学员的行为		
1. 接纳及反应 对事件或活动倾注关心并给予响应	·应答 ·喜欢 ·敏感 ·完成	·注意 ·接纳 ·倾听	·醒悟 ·记录 ·反应

（续表）

对学员期待的水平	选择最恰当的动词，描述所期待的学员的行为		
2. 价值化 提出实施见解	·接纳 ·显示 ·决定	·假定 ·参与 ·增加	·采取 ·影响
3. 组织化 接纳别人的价值后下结论、站在对方的立场或拥护他人的观点	·联合 ·寻找 ·判断	·决心 ·相关联 ·选定	·形成
4. 特性化 当特定的价值、信念与行为相一致时，把那种价值观念作为个人特性	·实施 ·改正	·交换 ·行动	·开发 ·实现

表3-9　行为动词对照表

应采用的行为动词		应避免的行为动词	
选择	对比	喜欢	决定
指出	评级	信赖	明白
定义	显示	亲密	概念化
描述	告知	思考	学习
省略	翻译	理解	把握
编排	解释	通过……意识到……	
制作	配套	在……方面增加知识	
计划	操作	对……增加理解	
设计	辩护	对……意识减弱	

2. 执行条件

描述课程目标时，应该对学员开展该项工作所需要的条件进行详细说明。表3-10是对执行条件的部分介绍。

表3-10　执行条件及其说明

条件的形态	说明
图表/图形	图表、图纸、照片、地图和资料等
实物	计算器、机械类、测量仪器和工具等
数据	数据、公式和术语等
实际人物	扮演顾客的学员、扮演负责人的讲师等

3. 执行标准

描述课程目标时，应该对达成绩效的标准进行详细说明。表 3-11 是对部分执行标准的说明。

表 3-11　执行标准及其说明

标准形态	说明
速度	秒、分、时、日等
数量	如"全部""至少 10 个""10 个中的 9 个"等
百分比	100%、99%、85%、80% 等
样式	检查清单、产品测定工具等
选择解决方案	最适合、最低费用、最大利益等
比较	与专家相比、与投票相比、与小组成员相比等
判断	10 次中有 9 次与专家意见一致
意见	更积极、意志坚定、有反应地、综合地、没有反对等

三、课程目标的运用

在正确的指导下，根据目标的构成要素确定的课程目标会更加合理可行。设定正确的课程目标的意义在于目标运用，目标运用主要表现在以下八个方面，如图 3-1 所示。

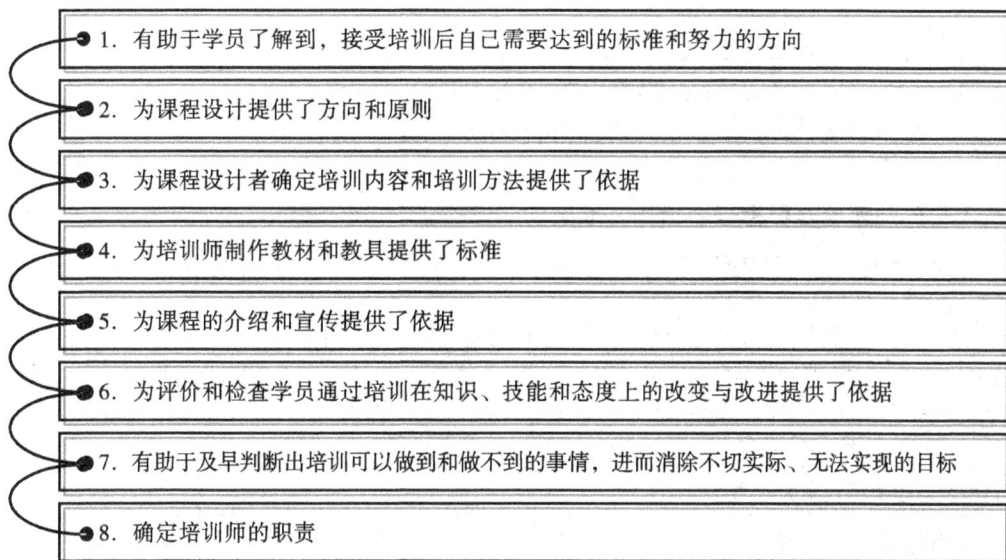

1. 有助于学员了解到，接受培训后自己需要达到的标准和努力的方向

2. 为课程设计提供了方向和原则

3. 为课程设计者确定培训内容和培训方法提供了依据

4. 为培训师制作教材和教具提供了标准

5. 为课程的介绍和宣传提供了依据

6. 为评价和检查学员通过培训在知识、技能和态度上的改变与改进提供了依据

7. 有助于及早判断出培训可以做到和做不到的事情，进而消除不切实际、无法实现的目标

8. 确定培训师的职责

图 3-1　课程目标的运用

第二节　课程目标工具及实例

一、课程目标判断工具

（一）课程目标指导表

在设计课程目标时，可利用如表3-12所示的指导表作为辅助工具。

表3-12　用于设计课程目标的指导表

目标内容		说明
目标1	动词描述	以动词开头
	绩效	学员将知道什么或做什么
	标准	绩效应该达到什么程度
	条件	学员展开该行为时，所需要的设备或其他资源
目标2	动词描述	以动词开头
	绩效	学员将知道什么或做什么
	标准	绩效应该达到什么程度
	条件	学员展开该行为时，所需要的设备或其他资源
……	……	

注：（1）在第一列中描述工作任务或课程内容，目标制定将以此作为基础。

（2）第一项、第二项、第三项以及第四项内容共同组成完善的课程目标。

（二）判断课程目标是否恰当、准确的工作检查表

完成的课程目标是否恰当、准确，可以采用表3-13对其进行判断。

表3-13　用于判断课程目标的工作检查表

问题 （课程目标……）	回答 （回答"是"或"否"）	修改记录
1. 是否描述了可观察的行为		
2. 是否描述了可测量的行为		
3. 是否与任务中的行为相匹配		

（续表）

问题 （课程目标……）	回答 （回答"是"或"否"）	修改记录
4. 是否描述或暗示了以下内容 （1）职务、任务或讲授的内容 （2）向操作人员提供有关信息 （3）阐述了有关绩效的情况 （4）提供了信息的手段		
5. 是否包含了以下标准 （1）是否是可测量的 （2）是否要求行为和任务有同样的顺序 （3）是否要求行为达到学员的水平 （4）是否要求行为达到最终的工作任务要求 　　的水平		
6. 是否代表至少一项任务或相关的主要内容		

注：如果所有的问题都选择了肯定的答案，那么目标就满足了所有的要求；如果对某个问题给出了否定的答案，那么目标就没有满足所设定的要求，就需要对目标进行修改。

二、课程目标描述实例

某公司为经理人员及公司核心人员设计了一门课时为 16 小时的"战略制定"培训课程。该课程的目标描述如图 3-2 所示。

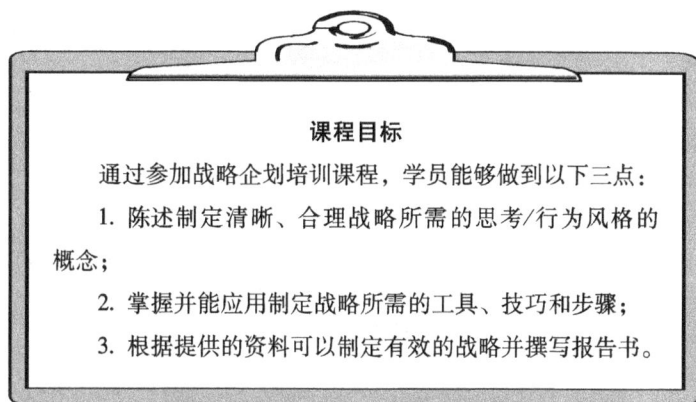

课程目标

通过参加战略企划培训课程，学员能够做到以下三点：

1. 陈述制定清晰、合理战略所需的思考/行为风格的概念；

2. 掌握并能应用制定战略所需的工具、技巧和步骤；

3. 根据提供的资料可以制定有效的战略并撰写报告书。

图 3-2 "战略制定"课程目标描述

第四章

课程整体设计

第一节　掌握课程整体设计要素

课程整体设计指的是先把每个课程细分为多个单元，然后设计具体单元，也就是说对整个课程进行细分。一般课程分为 3~5 个单元，每个单元再分为 2~4 个章节，章节再细分为内部具体活动。

课程、单元、章节与活动等概念的定义虽不相同，但其表达的意思相近。本节在设计课程过程中参照以下定义。

◆课程：能够实施集中培训的一个单位。

◆单元：课程内能够达成 1~2 个最终目标，所需要的时间为 2~8 小时不等。

◆章节：达成 1~2 个具体目标，1 小时左右的学习单位。

一、确定基本信息

设计培训课程之前，课程开发人员首先要确定课程代码、课程名称、课程类别、受训学员、先修课程、授课时间、课程开发人以及课程批准人等课程基本信息。具体介绍如下。

（一）课程代码

课程代码是课程的识别码，它是课程的"身份证"，一门课程有且只有一个课程代码。常用的课程代码编制方法包括两种，即数字课程代码和"英文单词首字母－数字"的组合课程代码。

1. 数字课程代码

数字课程代码是指课程的代码全部由阿拉伯数字组成，其代码中的每一组（两位或三位）阿拉伯数字都有特定的含义，数字具体的含义可根据企业的实际情况确定。图 4-1 给出了一种具体的数字课程代码样例。

2. "英文单词首字母－数字"的组合课程代码

"英文单词首字母－数字"的组合课程代码是指由代表课程类别名称的英文单词首字母加上阿拉伯数字课程序号组成的课程代码，如企业文化类培训课程中的"如何提炼优秀的企业文化理念"这门培训课程的编号为 EC-01，其中 EC 是企业文化（Enterprise Culture）的两个英文单词首字母；01 表示在此类别课程中这门课程的序号为 01。

本书中的所有课程设计案例均采用数字课程代码。

（二）课程名称

课程开发人员在确定课程名称时，要考虑以下两个方面的问题。

数字课程代码构成

> ** ** **
> 3. 课程序号
> 2. 课程性质代码
> 1. 课程类别代码

数字课程代码构成说明

1. 课程类别代码说明

01—计划管理类、02—沟通管理类、03—领导能力类、04—团队建设类……规模较大的企业也可以采用三位数字表示课程类别代码，如001—计划管理类、002—沟通管理类、003—领导能力类、004—团队建设类……

2. 课程性质代码说明

01—公开课、02—内训课

3. 课程序号说明

课程序号是指课程在本类别课程中的排序编码，规模较大的企业也可以采用三位或四位数字表示课程序号

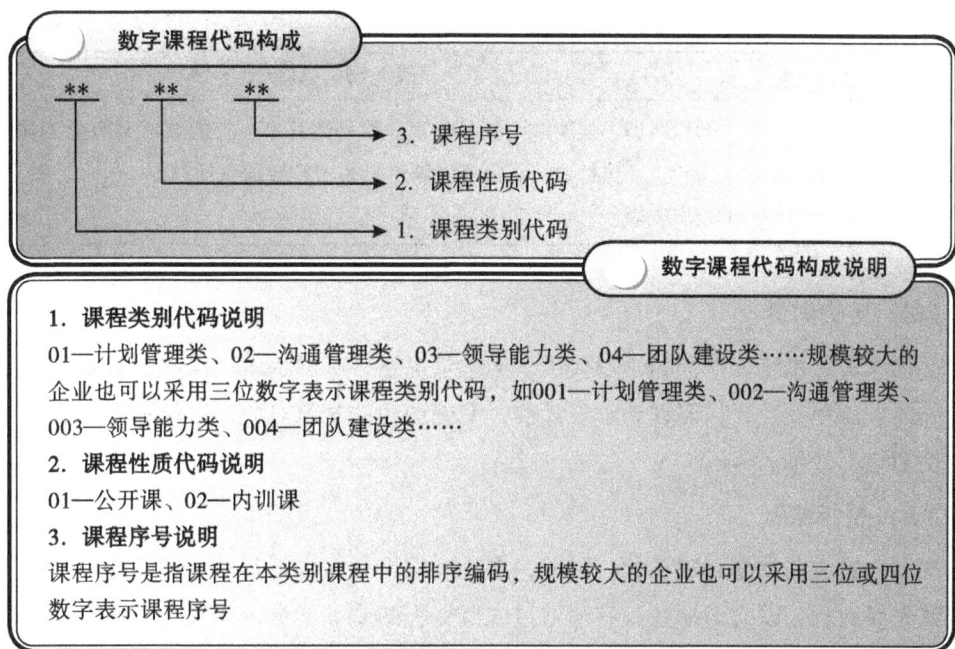

图 4-1　数字课程代码构成及构成说明

（1）课程名称是否能够体现出课程的核心内容，即培训对象通过课程名称是否能够清晰地了解课程的主要内容。

（2）课程名称是否具有吸引力，在课程名称能够体现其培训内容的基础上，课程名称还要具有一定的吸引力，这样可以激发培训对象的学习欲望和动力。

（三）课程类别

企业的培训课程类别可以根据不同的维度进行划分，具体维度有管理层级、岗位以及培训内容等，具体的划分类型如表 4-1 所示。企业培训课程类别也可以根据企业的实际情况自行划分。

表 4-1　培训课程类别划分表

序号	维度名称	课程类别划分
1	管理层次	高层管理者培训课程、中层管理者培训课程、基层管理者培训课程以及员工培训课程
2	岗位	技术研发类岗位培训、采购类岗位培训、生产类岗位培训、质量类岗位培训、营销类岗位培训、财务类岗位培训、人力资源类岗位培训、行政类岗位培训以及客户服务类岗位培训课程等

（续表）

序号	维度名称	课程划分类别
3	培训内容	知识培训、技能培训和职业素养培训。其中，技能培训又可分为沟通、领导力、执行力、问题解决等；职业素养培训包括态度、责任、敬业以及忠诚等

（四）受训学员

受训学员是指培训课程的学习人员。通常情况下，不同的培训课程，其受训学员是不一样的。课程开发人员要在课程设计前，明确课程的学习对象，以便提高课程内容的针对性和培训效果。

（五）先修课程

培训内容之间是相互联系的。因此，课程开发人员在进行某项培训课程设计时，需确定其先修课程，以告知那些没有学习过先修课程的受训学员，在进行本门培训课程学习前，提前学习先修课程的内容，以便于他们较容易地接受本门培训课程的内容，提高培训效果。

（六）授课时间

通常情况下，培训课程的授课时间是以"小时"或"天"为单位的。本书中的所有课程设计案例的授课时间均以"小时"为单位。

（七）课程开发人员

课程开发人员的主要职责就是设计与编写培训课程。课程开发人员可能是企业人力资源部门的员工，也可能是外部培训机构或高校的相关人员。

（八）课程批准人员

培训课程开发完毕后，课程开发人员要将课程提交人力资源部领导进行审批，而这些具有培训课程审批权限的人就是课程批准人员。

二、确定课程进度

课程进度是进行课程整体设计时不可缺少的部分。课程设计者要巧妙地配置有限的课程时间，使学员在整个课程执行期间积极参与学习活动，实现课程时间的最大价值。

课程进度指的是培训课程执行所需的实际时间以及具体安排。培训课程所需的时间过长会影响学员的正常工作，而且会令人感到疲惫，难以获得良好的培训效果；时间过短则可能使大量的培训内容难以被学员吸收和消化。

确定课程时间的基本原则就是短、平、快，充分利用时间。在确定课程进度的过程中，应遵循如图 4-2 所示的四个原则。

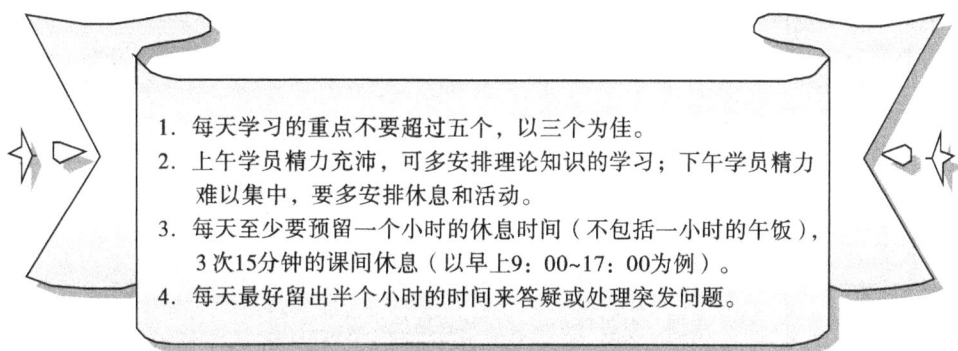

1. 每天学习的重点不要超过五个，以三个为佳。
2. 上午学员精力充沛，可多安排理论知识的学习；下午学员精力难以集中，要多安排休息和活动。
3. 每天至少要预留一个小时的休息时间（不包括一小时的午饭），3 次 15 分钟的课间休息（以早上 9：00~17：00 为例）。
4. 每天最好留出半个小时的时间来答疑或处理突发问题。

图 4-2　确定课程进度应遵循的四个原则

三、设计课程内容

设计课程内容时应采用逻辑学和心理学两种方式。逻辑学是指根据合乎目标的具体规则与概念来编制内容；心理学的方式是指设计课程内容时应安排学员先接触到具体的内容，然后才是抽象的内容。

（一）选择课程内容

1. 课程内容选择标准

在选择课程内容时，可参照四个标准，如图 4-3 所示。

标准1	充分体现提高学员整体综合素质的目的
标准2	充分体现课程目标的要求
标准3	真正适应培训对象的发展
标准4	充分反映最新的理论成果

图 4-3　课程内容选择标准

2. 课程内容选择步骤

一门培训课程不可能涉及所有内容，因此在选择课程内容时，应先考虑跟学员相关的学习背景和学习需求。在对环境、职务及学员需求进行分析之后，确定学员必须学会的知识、技能和态度，在此基础上再确定培训课程的目标和目的。如果课程目标很明确，那么培训课程的内容就很容易确定了。

在选择培训课程内容时，可以按照如图4-4所示的步骤进行。

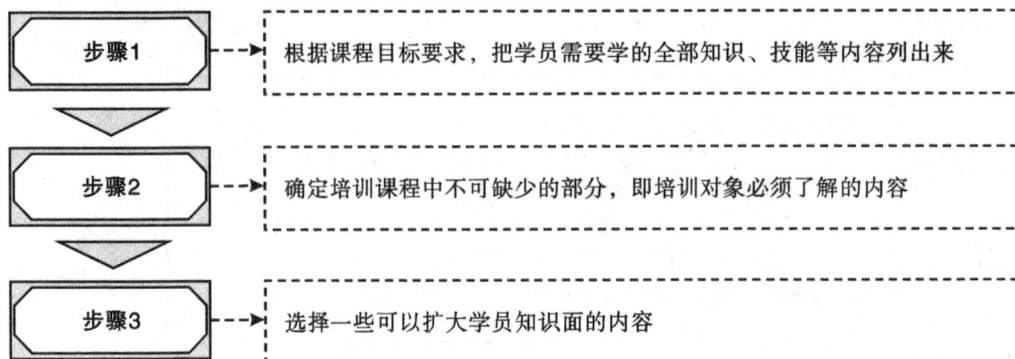

步骤1	---▶	根据课程目标要求，把学员需要学的全部知识、技能等内容列出来
步骤2	---▶	确定培训课程中不可缺少的部分，即培训对象必须了解的内容
步骤3	---▶	选择一些可以扩大学员知识面的内容

图4-4　课程内容排序流程

3. 划分课程单元

大多数培训都是以改进工作和提高绩效为目的的，课程内容应当具有一定的逻辑性，所以课程设计者可将培训内容安排成若干个可行的单元。

为了把培训课程变成可以进行教学的成品，把全部内容"单元化"至关重要。要尽量把内容组织成模块形式，具体内容如图4-5所示。

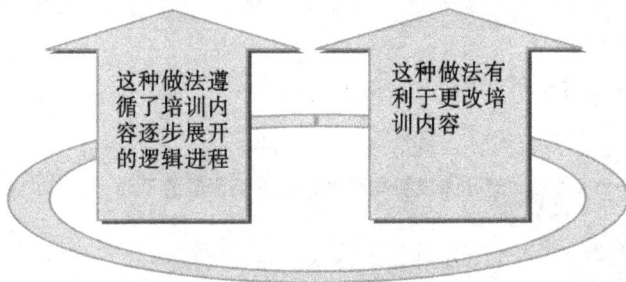

这种做法遵循了培训内容逐步展开的逻辑进程

这种做法有利于更改培训内容

图4-5　课程单元模块化的优点

表4-2是课程整体设计内容的格式样表，即把所有课程设计内容进行了汇总。企业在设计课程整体内容时，可以参照此表。

表 4-2　课程整体设计内容格式表

课程名称：_____　　　　　　课程类别：□ 公开课　□ 内训课

课程地点：_____　　　　　　课程日期：_____

讲　师：_____　　　　　　助　手：_____

单元时间及内容	主要观点（概念、定义等）	活动、游戏	故事、案例	辅助工具（图、表等）

（二）课程内容顺序的编排

选择好所有的培训课程内容之后，要安排培训课程的先后顺序。

1. 课程内容的编排原则

课程设计者在进行课程内容编排时，可参考如图 4-6 所示的三个原则。

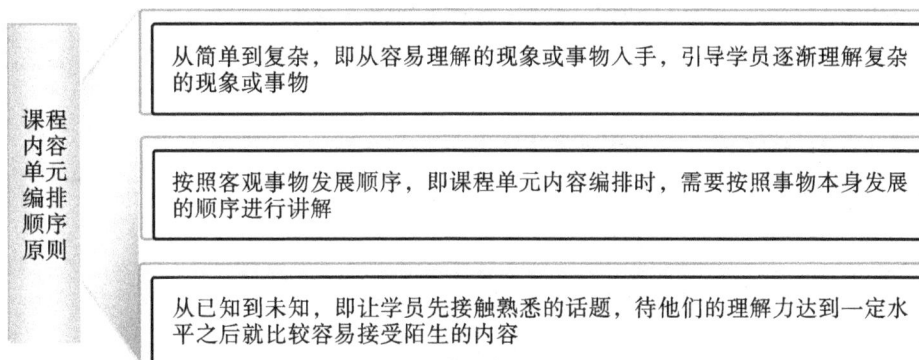

图 4-6　课程内容的编排原则

2. 课程内容编排程序

不管是什么培训课程，都要求培训内容组织得有条理、符合逻辑，这样才能使学员易于理解。企业可参考如图 4-7 所示的流程编排课程内容。

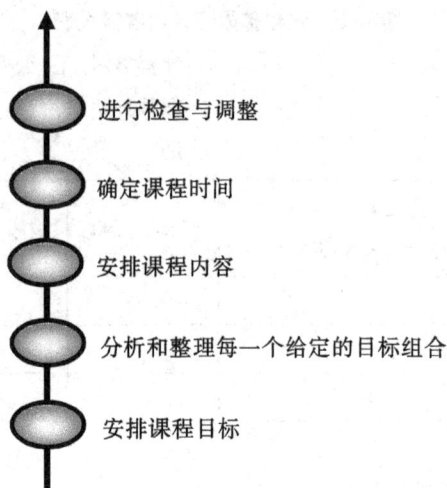

图4-7　课程内容排序流程

（1）安排课程目标

◆每一组培训目标构成一个初始培训单元。

◆分成若干组的目标就构成培训内容的若干单元。

◆每一课程不应该包含太多的课程目标（如一个小时内要完成五六个目标是不可取的）。

（2）分析和整理每一个给定的目标组合

◆每一组目标构成一单元的内容。

◆将每一个目标作为该单元的一个要点。

◆将每一单元的几个目标按照逻辑顺序排列起来。

◆确定每个目标所包含的内容，这些内容是为了达到该目标必须学习的。

（3）安排课程内容

◆将各个单元的若干目标和每个目标的几部分内容按照要求排列起来。

◆添加授课细节（如培训方式、教学工具等）。

（4）确定课程时间

◆确定完成每个目标所需的大概时间。

◆把这些时间累加起来得到该单元所需的总时间。

（5）检查每一单元的初步编排，并进行必要的调整。

（6）对其余的目标组合重复上述步骤。

四、设计考核方法

考核是指讲师授课完成后，对学员掌握知识的程度进行的检查。考核方法包括书面测试法、实际操作法以及现场演练法等。

相对来说，书面测试法的成本低、客观性强，易于实施，并且可以针对很多学员同时使用。

实际操作法可应用于整个培训过程，让学员了解他们的学习成果。实际操作法和书面测试是互补的，二者需结合应用。

现场演练法能够鼓励学员在工作中应用培训内容，巩固学习效果，能让讲师和学员了解培训的效果；它也存在一些缺点：如耗时、成本高，需要大量的现场监督工作，学员之间互相观察，考核的可靠性不太强等。

因此在设计考核方法时，一定要考虑到培训目标和工作任务的性质，选择合适的考核方法，准确、充分地体现出学员学习的效果。

五、分析课程资源

（一）课程资源分析思路

企业完成一次培训需要人力、物力的支持。因此在进行课程整体设计时，一定要慎重考虑培训资源。可以按照图4-8中描述的思路对课程资源进行分析。

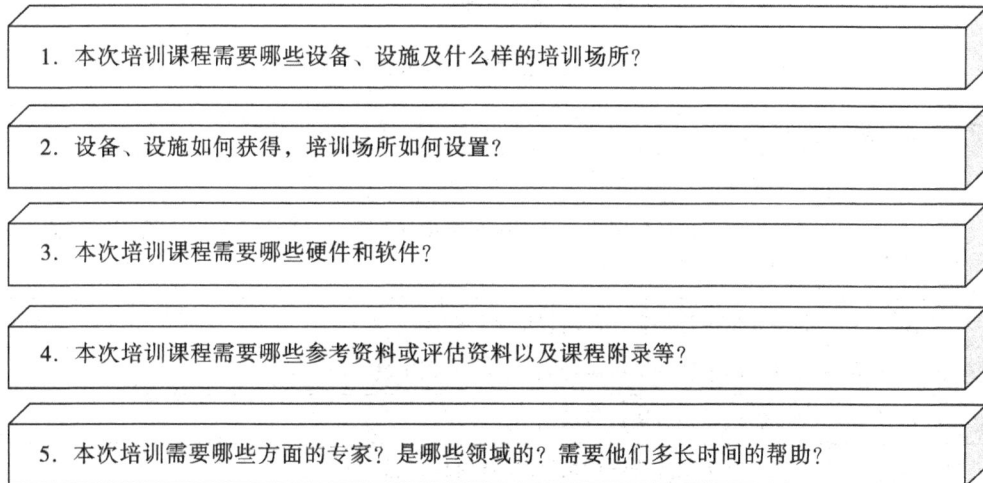

1. 本次培训课程需要哪些设备、设施及什么样的培训场所？

2. 设备、设施如何获得，培训场所如何设置？

3. 本次培训课程需要哪些硬件和软件？

4. 本次培训课程需要哪些参考资料或评估资料以及课程附录等？

5. 本次培训需要哪些方面的专家？是哪些领域的？需要他们多长时间的帮助？

图4-8　分析课程资源的思路

（二）准备课程资源

1. 培训资料的准备

培训资料包括讲师授课所需的授课资料、课件以及学员手册等主导资料，还包括学员用到的培训安排表、培训反馈表以及在授课过程中需要的案例分析资料、测试卷等辅助性资料，根据培训课程的要求，可能还需要学员的名单等。

2. 培训环境的准备

在正式培训之前，应该营造一种良好的培训环境。在这种环境下，培训的一切活动将有积极的导向性，最终实现培训的最佳效果。为了塑造这种环境，企业应从以下两个方面进行准备。

（1）让学员意识到培训的必要性。让学员意识到培训不仅可以提高企业业绩，而且能提升他的职业技能，以此增加学员的兴趣，提高其学习的积极性。

（2）营造良好的学习环境。学习环境包括学习设施和学习软环境。学习设施应当让学员感到舒适；学习软环境应该使学员认识到这是一次重要的培训，能参加这样的培训是很幸运的，同时应体现出相互尊重的精神，包括学员之间、讲师与学员之间的相互尊重等。

3. 培训工具的选择

随着计算机、网络技术的发展，一些培训工具本身已经成为一种培训方法，所以选择培训工具与选择培训方法是同时进行的。

（1）培训工具的类型。培训工具一般分为普通培训工具和新型培训工具。普通培训工具是过去一直使用的黑板、挂图之类的培训工具；新型培训工具指的是网络培训中所采用的培训工具。表4-3详细说明了这些培训工具。

表4-3　培训工具一览表

培训工具类型	说　明
黑白板	几乎到处都有，价格便宜，适用性强
活动挂图	携带方便，价格较便宜，且能吸引学员的注意力，有助于复习、更新知识和实际应用
光盘	利用光盘进行培训，可增强培训的效果
投影仪、电视机	一种辅助培训师进行讲授的经济性培训工具
游戏器材	辅助游戏模拟方法进行培训的工具
户外基地	采用户外拓展方法进行培训时所需要的工具
计算机辅助	一般由专业人员编制系统软件，添置适用的硬件，可以利用动画与多媒体技术
模拟器材	虚拟现实技术生成的模拟是目前最先进的模拟形式，航空公司就是利用这种工具训练飞行员的

（2）培训工具的选择标准。选择培训工具的最终目的是提供有效的培训。选择培训工具时应从培训预算、培训的紧迫程度、学员人数、培训场所、现成的培训工具、培训师以及培训资源等方面进行综合考虑。

4. 培训场所的准备

培训场所是学员学习的地方，场所的布置对培训效果具有重要的影响。培训场所必须明亮、舒适，最主要的是必须满足培训的要求。因此在布置场所时，应从以下六个方面考虑。

（1）培训场所应能容纳全部学员和相关设施。

（2）拥有书写和摆放资料的工作区域。

（3）培训师的工作区域内应有足够大的空间放置教学材料和有关器材。

（4）具备相关的服务项目，如休息室和卫生间等。

（5）有调节室温的温控装置、独立控制的通风设备和适度的照明设备。

（6）座位的设置。座位设置一般有U型、V型、圆型、鱼骨架型和阶梯型五种安排方式。

表4-4对上述五种座位安排方式的优缺点进行了详细的说明。

表4-4 座位安排方式的优缺点对照表

座位安排方式	优点	缺点
U型	1. 便于学员观看 2. 给人一种严肃认真却无胁迫的感觉 3. 培训师可以走进U字中间进行讲解	1. 比较正式，易让学员感到拘谨 2. 后排学员离屏幕较远，可能看不清楚 3. 前排学员常要转动一定角度看屏幕，时间长了可能导致颈部不适
V型	1. 视线最佳 2. 便于培训师和学员互动 3. 比较随意	需要空间大，适用于学员人数较少的培训
圆型	1. 鼓励学员最大程度地参与讨论 2. 培训师与学员之间较易沟通 3. 不易闲聊，不会形成非正式小团体	1. 不容易找到圆形的桌子 2. 一些学员视线受阻 3. 给人临时拼凑的感觉
鱼骨架型	1. 空间利用率高，适用于人数多时 2. 适合所有学员看屏幕 3. 培训师可以沿着"鱼脊"走	1. 一些学员的视线会被遮挡 2. 易形成有副作用的小团体 3. 后排学员离屏幕较远 4. 培训师与学员之间沟通效果较差
阶梯型	1. 视线和音响效果佳 2. 空间利用率高 3. 适用于讲座型的报告培训	1. 培训师与学员之间的沟通效果较差 2. 有大学教室的味道 3. 需要专门的教室

六、编制课程大纲

课程大纲是在明确了培训目标和培训对象之后，对培训课程内容和培训方法的初步设想。大纲给课程定了一个方向和框架，课程大纲给出了课程的主要内容和培训方式。

（一）课程大纲的内容

1. 课程大纲的编写步骤

课程大纲的编写步骤如图4-9所示。

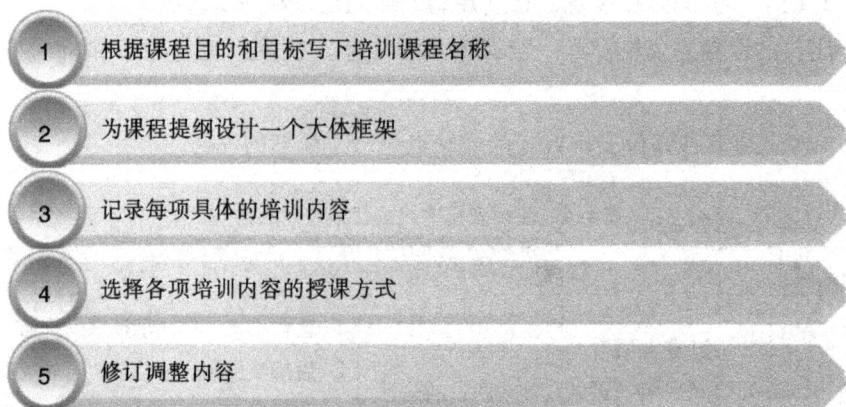

1	根据课程目的和目标写下培训课程名称
2	为课程提纲设计一个大体框架
3	记录每项具体的培训内容
4	选择各项培训内容的授课方式
5	修订调整内容

图4-9　课程大纲的编写步骤

2. 课程大纲包括的主要内容

图4-10是对课程大纲主要内容的总结。

课程名称	课程目标	学员要求
培训对象	培训方式	课程特点
培训内容	培训时间	培训场地

图4-10　课程大纲内容构成图

（二）课程大纲实例

1. 某电子公司网络工程师培训大纲

下面是某电子公司"3Com 认证网络工程师（HCNE）培训"的课程大纲，读者使用时可以根据培训要求适当增减内容。

"3Com 认证网络工程师（HCNE）培训"课程大纲

一、课程名称

3Com 认证网络工程师（HCNE）培训。

二、培训对象

1. 有志于从事网络技术工作，希望参加 3Com 认证的人员。

2. 公司代理商工程师。

3. 公司培训合作伙伴。

4. 公司产品操作维护人员和技术支持人员。

三、参加培训需具备的条件

1. 熟悉计算机操作。

2. 了解数据通信网络基本原理及常用网络设备。

3. 对 TCP/IP 有一定了解。

四、培训目标

1. 复述网络通信的基本原理和 TCP/IP 原理。

2. 列举路由器和以太网交换机的原理及配置方法。

3. 复述广域网的原理、配置和维护。

4. 复述路由协议的基本工作原理和配置方法。

5. 承担中低端路由器的日常维护工作。

6. 处理路由器的网络连接和软件配置方面的常见故障。

五、培训课程

下表是对培训课时名称及课时安排的详细说明。

培训课时名称及课时安排表

课程编号	课时名称	课程总时长	上机时长 （工作日）
	网络基础知识	2 小时	
	TCP/IP 与子网规划	2 小时	
	常见网络接口与线缆	3 小时	
	以太网交换机原理及配置	3 小时	3 小时

（续）

课程编号	课时名称	课程总时长	上机时长（工作日）
	路由器基本原理及配置	3 小时	3 小时
	广域网协议原理与配置	4 小时	3 小时
	路由协议原理与配置	4 小时	3 小时
	访问控制列表和地址转换	4 小时	2 小时
	DCC、ISDN 原理及配置	2 小时	2 小时
	备份中心原理及配置	2 小时	

六、培训内容

1. 网络基础知识和 TCP/IP 原理。

2. 路由器和以太网交换机工作原理及基本配置方法。

3. 广域网协议原理及配置。

4. 路由协议原理及配置。

5. 按需拨号路由和 ISDN。

七、培训方式

课堂讲授＋上机操作。

八、培训时长

六个工作日，其中上机操作为两个工作日。

九、培训场地

人力资源部专门培训教室 508 房间。

2. 某公司"商务礼仪培训"课程大纲

下面是某公司"商务礼仪培训"的课程大纲。

"商务礼仪培训"课程大纲

一、课程名称

商务礼仪。

二、培训对象

公司所有员工。

三、培训目标

1. 描述树立良好第一印象的要素，增加人际交往中的优势。

（续）

2. 掌握职场中的商务礼仪，塑造一个更加专业的形象。

3. 掌握职场中基本的行为礼仪，养成一个良好的职业习惯。

4. 学会用积极的心态待人处事，保持愉快、乐观的心情。

四、培训课时

课时为 1 天，共 8 个小时。

五、课程内容

下表是对培训课程内容及课时安排的详细说明。

培训课程内容及课时安排表

单元构成		核心内容	课程总时长
第一单元	礼仪概论	1. 礼仪的起源 2. 礼仪的重要性	30 分钟
第二单元	给人以良好的第一印象	1. 形象的构成要素 2. 第一印象的效果 3. 我给别人的第一印象如何	90 分钟
第三单元	塑造职场专业形象	1. 男女商务服饰礼仪 2. 男女商务仪容、仪表和礼仪 3. 表情神态礼仪	60 分钟
第四单元	掌握基本行为礼仪	1. 交往白金法则 2. 电话礼仪 3. 见面礼仪（介绍、握手、互递名片） 4. 领路礼仪 5. 乘车礼仪	180 分钟
第五单元	培养积极职业心态	1. 积极心态的意义 2. 消极心态的影响 3. 培养积极心态的方法	120 分钟

六、培训方式

讲授 + 分组讨论 + 案例分析。

七、培训场所

公司员工活动大厅。

3. 某公司"营销战略基础培训"课程大纲

下面是某公司"营销战略基础培训"的课程大纲。

"营销战略基础培训"的课程大纲

一、课程名称

营销战略基础。

二、培训对象

公司所有从事营销工作的人员。

三、培训目标

1. 描述市场营销战略树立流程。

2. 列举市场营销战略树立工具。

四、课程特点

1. 通过生活和工作中普遍存在的大量事例，讲述营销战略树立的全过程。

2. 通过实际案例让学员了解到公司树立营销战略时应注意的事项，以及如何正确理解公司营销战略。

五、培训课时

课时为 2 天，共 16 小时。

六、课程内容

下表是对培训课程内容以及课时安排的详细说明。

培训课程内容及课时安排表

单元	主要内容	课时
1. 营销战略定义	(1) 战略层级及层级特点 (2) 什么是市场营销 (3) 营销战略的范围	1 小时
2. 分析营销机会	(1) 消费者行为分析 (2) 环境分析	4 小时
3. 拟订营销战略	STP 战略	5 小时
4. 制定营销组合策略	4P 战略	3 小时
5. 案例分析	不同行业的案例分析	3 小时

七、培训方式

讲授 + 案例分析。

八、培训场所

行政部 509 会议室。

七、整体设计实例

某公司对"提升员工职业素养"课程进行设计时，将课程整体分为三部分，分别是：

◆课程培训说明；

◆课程单元构成及课时安排设计；

◆培训课程内容和培训要求设计。

"提升员工职业素养"整体课程设计

第一部分　课程培训说明

（一）课程目的

提升企业所有员工的职业素养，培养符合企业要求的高素质员工。

（二）培训对象

本课程适用于专科以上、志在提高工作能力和业务素质的企业员工。

（三）培训要求

1. 正确认识"提升员工职业素养"课程的性质、目的以及使用对象，全面了解课程的知识体系、结构。

2. 通过本课程培训，使学员掌握"提升员工职业素养"主题涉及的基本概念、基本原理以及基本知识等。在培训过程中，有关的知识体系按不同程度分三个层次做出要求。

（1）了解：要求学员知道。

（2）一般掌握：要求学员能够理解。

（3）重点掌握：要求学员能够深入理解并熟练掌握，同时能将所学知识应用到工作实践中。

3. 授课应采用案例分析、小组讨论等多种培训方法，使学员能够运用所学原理并解决实际问题。

（四）培训方法及培训方式

下表对本课程的培训方法及培训方式进行了简单的说明。

培训方法及培训方式一览表

培训方法及方式	说明
音像课	本课程采用录像教学媒体，以课程大纲为依据、以文字教材为基础，结合案例，以重点讲授或专题形式讲述本课程的重点、难点、疑点以及学习思路和方法，帮助学员了解本课程的主要内容
面授辅导	以课程大纲为指南，结合录像讲座，通过讲解、讨论、座谈、答疑等方式培训学员独立思考和分析问题的能力
自学	是学员系统获取学科知识的重要方式
实践教学	在授课过程中，及时布置习题作业并监督学员完成；结合培训进度安排实地参观、社会调查并进行交流，编写参观体会或调查报告
考核	通过考核检查学员对课程基本知识、基本原理和基本方法的掌握程度，检查学员运用所学知识分析和解决问题的能力

第二部分 课程单元构成及课时安排设计

本课程培训教材主要有文字教材、录像教材两种形式，另配有电子课件。文字教材与录像教材相结合，主要讲授培训内容的重点、难点以及疑点。课程分配如下表所示。

课程单元构成及课时安排表

序号	名称	学时
第一单元	如何进行时间管理	8
第二单元	如何进行自我发展	9
第三单元	如何开展工作沟通	9
第四单元	如何进行工作汇报	9
第五单元	如何进行会议管理	8

第三部分 培训课程内容和培训要求设计（部分）

（一）如何进行时间管理

1. 明确课程目标

通过本次培训课程，您应该能够：

（1）说明时间管理的实质意义；

（2）明确高效能人士的成功习惯；

（3）制定人生七个方面的目标；

（4）掌握时间管理的具体方法。

2. 时间管理的意义（略）。

3. 时间管理的原则（略）。

4. 时间管理的方法（略）。

（二）如何进行自我发展

1. 让学员确定目标

通过本次培训，学员应做到以下几点。

（1）了解建立目标的重要性。

（2）描述以下几种重要的思考方法：个人头脑风暴、因果图、5W1H 方法、5W、水平思考法以及六项思考帽。

（3）能够运用不同的思考方法分析自身现状，对自己的现状进行评估。

（4）在面对职业选择时能够有效应对：改变境遇、改变自己、改变个人和工作之间的管理以及离开。

（5）制定人生七个方面的目标。

（6）掌握时间管理的具体方法。

2. 时间管理的意义（略）。

3. 时间管理的原则（略）。

4. 时间管理的方法（略）。

（三）如何开展工作沟通

口头沟通；书面沟通；会议沟通（略）。

（四）如何进行工作汇报

分析听众；抓住听众技巧；准备团队汇报会（略）。

（五）如何进行会议管理

做好准备工作；发言要言简意赅；保持冷静，彬彬有礼（略）。

第二节　选择课程培训方法

一、了解常用的课程培训方法

常用的课程培训方法如图 4-11 所示。

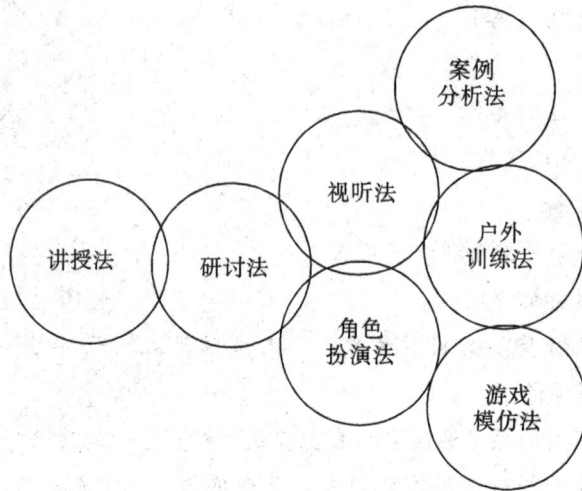

图 4-11　常用的课程培训方法

（一）讲授法

讲授法也称"课堂演讲法"，是培训课程中应用最广泛的一种方法。它通过语言表达的形式传授知识、技能和态度，使抽象知识变得具体形象、浅显易懂，一次性传播给众多听课者。

讲授法包括讲述、讲解和讲演三种具体方式，常被用于一些理念性知识的培训，向群体学员介绍或传授单一课题的内容。

本培训方法适用于对企业新政策或新制度的介绍与演讲、引进新设备或技术的普及讲座等理论性内容的培训等。

（二）研讨法

研讨法是被广泛使用的一种培训方法，在培训中起着很重要的作用。它着重于培养学员独立钻研的能力，允许学员提问、探讨和争辩，能使学员从培训中获益良多。

研讨法主要有分组讨论研讨法、沙龙研讨法、集体讨论法、委员会研讨法和攻关研讨法五种类型。

（三）视听法

视听法也称"多媒体教学"，它打破了过去单纯运用声音、文字来沟通的方式，利用幻灯片、电影、录像、录音、计算机等视听教材与学员互动交流来刺激学员，使其在视觉、听觉、触觉上形成多方位的感受，从而产生新体验。

多媒体教学多适用于新员工培训，用于介绍企业概况、传授技能等培训内容，也可用于概念性知识的培训。

（四）角色扮演法

角色扮演法是设定一个最接近现在状况的情景，指定学员扮演某种角色，借助角色的演练来理解角色的内容，从而提高学员主动面对现实和解决问题的能力的方法。

角色扮演法可以分为两种：一种是结构性的，角色扮演的条件和问题是预先设计好的，是从普遍的管理问题中抽象出的特例；另一种是自发性角色扮演，是学员在学习过程中学会发现新的行为模式，减少在人际沟通中的拘束和过强的自我意识。

角色扮演法适用于实际操作人员或管理人员，也适用于新员工、岗位轮换和职位晋升的员工的培训，能促使这些员工尽快适应新岗位和新环境。

（五）案例分析法

案例分析法是指将实际工作中出现的问题作为案例，向学员展示真实的背景，提供大量背景材料，由学员依据背景材料来分析问题，提出解决问题的方法，从而培训学员的分析能力、判断能力、解决问题能力及执行业务能力的方法。

案例分析法的重点是对过去发生的事情作诊断或解决特别的问题，它比较适合静态地解决问题。新员工、管理者、经营干部、后备人员等阶层员工均适用这个方法。

（六）户外训练法

户外训练又称拓展训练，是一种让学员在不同寻常的户外环境下，直接参与一些精心设计的程序，从而自我发现、自我激励，达到自我突破、自我升华的培训方法。

户外训练的功能体现在两个方面：一方面是提高个体的环境适应能力与发展能力，另一方面是提高组织的环境适应能力与发展能力。从某种意义上说，户外拓展的本质就是生存训练。

（七）游戏模仿法

游戏本身是一种娱乐活动，把游戏引入培训活动中的目的，是使学员通过娱乐活动加强对知识、技能和态度的理解，加强沟通，增强竞争和团队意识，激发人们的创新精神。这是一种寓教于乐的培训方法。

游戏模仿法的趣味性和挑战性强、学员的参与程度高、互动性强，尤其适用于以沟通为主题的培训课程。

二、掌握课程培训方法选择标准

企业选择培训方法时，应遵循为培训对象和培训课程内容服务的原则。

（一）根据培训对象选择培训方法

下面根据培训对象的成熟度和在组织中的职位进行说明。

1. 学员的成熟度

根据学员的学习能力和学习意愿可以将他们划分在四个不同的区域内，具体内容如图4-12所示。

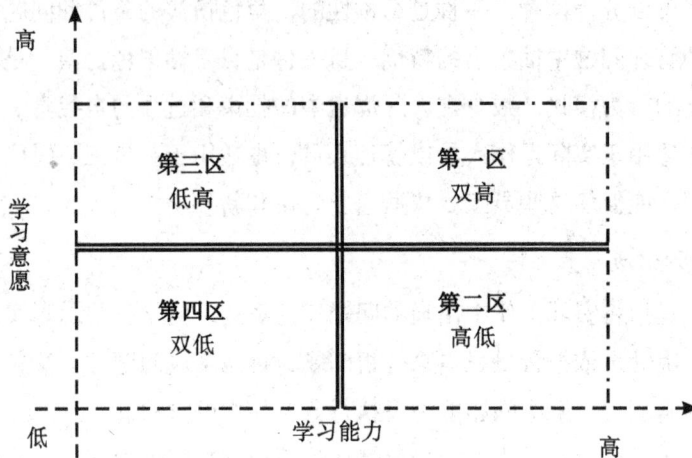

图4-12　学员成熟度的划分

图4-12中的第一区成熟度高，即双高区，表现为学习意愿和学习能力都高；第四区成熟度低，即双低区，表现为学习意愿和学习能力都低；第二区为高低区，表现为有学习能力却无学习意愿；第三区为低高区，表现为有学习意愿却无学习能力。

根据学员成熟度的不同程度，可以采用不同的培训方法，具体的培训方法选择如表4-5所示。

表4-5　根据学员的成熟度选择培训方法表

成熟度区间	行为特点	采用的培训方法
双高区间	自信心强、自主和自控能力较强，喜欢比较宽松的管理方式和更多的自由发挥空间	研讨法、案例分析法和自我导向法等培训方法
双低区间	缺乏能力又不愿意承担责任，需要得到具体且明确的教导和指导	讲授法、提问法等培训方法
高低区间	有学习能力但缺乏学习意愿，应加强沟通，调动其学习积极性	案例分析法、角色扮演法和游戏模仿法等培训方法
低高区间	缺乏学习能力，应提供支持和帮助，一方面选择合适的培训方法，另一方面帮助其掌握学习方法	讲授法、角色扮演法、一对一教授法等培训方法

2. 学员的职位层次

选择培训方法除了要考虑培训对象的成熟度以外，还应考虑到他们的职位要求和所承担的具体职责。具体选择标准如表4-6所示。

表4-6　根据学员的职位层次选择培训方法表

职位层次	工作性质	采用的培训方法
基层人员	负责一线的具体操作，其工作性质要求其接受的培训内容具体且实用性强	角色扮演法、一对一教授法、游戏模仿法等
基层管理者	在一线负责管理工作，其工作性质要求其知道如何与一线工作人员和上级管理者进行有效沟通	讲授法、案例分析法等
高层管理者	负责组织的计划、控制、决策和领导工作，其工作性质要求其接受新观念和新理念、制定战略和及时应对环境变化等	了解行业最新动态的讲授法和激发新思想的研讨法，以及激发创新思维的户外训练法等

（二）根据培训内容选择培训方法

培训内容大致可以分为知识培训、技能培训和态度培训三大部分，对不同的培训内容应采用不同的培训方法。

知识培训涉及理论和原理、概念和术语、产品和服务介绍、规章制度等的介绍，知识培训可以促进学员对理论的掌握程度。

技能培训涉及生产与服务的实际作业和操作能力。这类培训要求学员自己动手实践并能够及时发现存在的不正确或不规范的做法，以便及时更正。

态度培训涉及观念和意识的改变，以及言行和心态的改变。

表4-7描述了三种培训内容一般采用的培训方法。

表4-7　根据培训内容选择培训方法一览表

培训内容类型	采用的培训方法
知识培训	讲授法、小组讨论法、辩论、自由发言、视听法、展示、陈列、实地观摩等
技能培训	身体语言、角色扮演法、演习、反复练习、用实例做示范、指导
态度培训	调查问卷、户外训练、角色扮演、角色反串、录像反馈、小组讨论、游戏、经验练习等

第三节 设计培训课程体系

一、培训课程体系的分类

培训课程体系主要由新员工入职培训体系、按职能划分的培训体系和按职级划分的培训体系三部分构成。具体内容如图4-13所示。

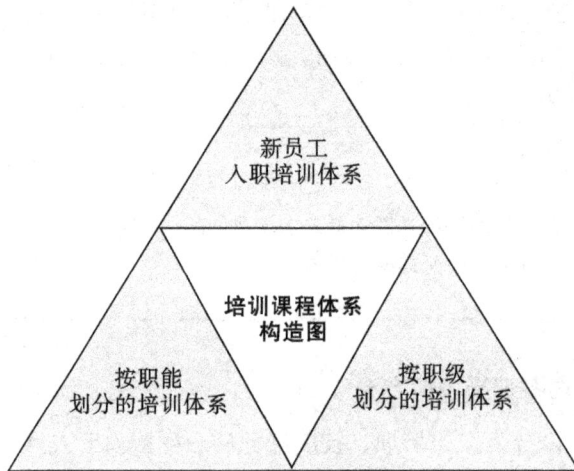

图4-13 培训课程体系构造图

（一）新员工入职培训体系

新员工包括三类：第一类是刚毕业的大学生，没有工作经验；第二类是刚进入新公司，已有一定工作经验的人员；第三类是调岗、换岗后上任的新员工。人力资源部针对这三类新员工开展入职培训时，应考虑他们之间的差别。这三类人员均需接受公司关于企业文化、各项规章制度等的培训。此外，刚毕业的大学生还会接受一些与基本技能相关的课程培训。

新员工培训体系和其他两种培训体系是相互联系的。新员工包括公司的管理层、中层以及基层的员工。因此，他们还需要接受职能上或职级上的培训课程。

（二）按职能划分的培训体系

现代企业的职能体系是很健全的，因此根据公司的职能体系构建培训体系也是一种比较适合的分类方法。企业可针对不同的职能部门制定不同的培训策略和培训重点。图4-14是对现代企业职能部门的划分。

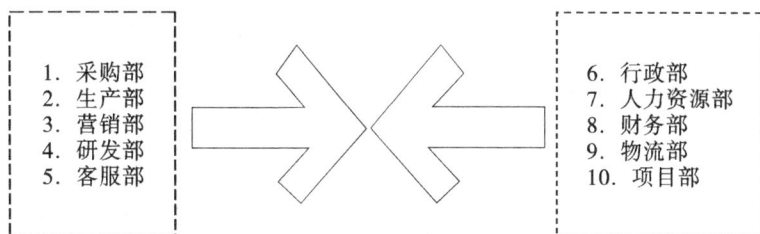

图 4-14　现代企业职能部门划分图

（三）按职级划分的培训体系

现代企业里面的职级通常划分为一般员工、主管、经理、总监、总经理或总裁。不同的公司可能在这些基本职级的基础上有更细的划分。课程设计者应按照各个职级设计不同的培训课程。

职能与职级之间存在着交叉关系，因此公司应该以职级划分的培训体系结合以职能划分的培训体系，给相关人员提供 360 度的培训，使相关人员在提高专业技能的同时，综合技能也可以得到发展。

二、基于新员工的培训课程体系

（一）新员工培训课程体系设计考虑因素

企业要设计符合自身情况的新员工培训课程体系，需要考虑如图 4-15 所示的四个因素。

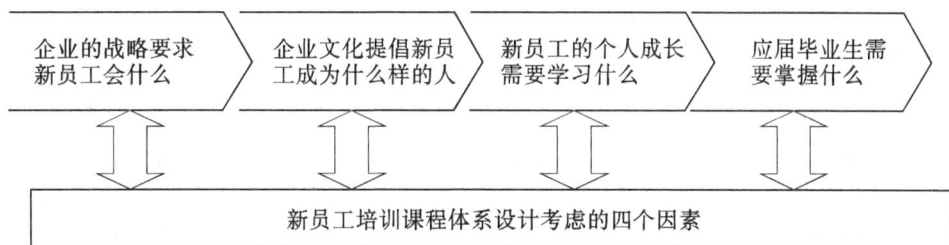

图 4-15　新员工培训课程体系设计考虑的四个因素

新员工培训课程体系的最终导向是有针对性地设计培训项目，使人员能够胜任岗位。新员工培训课程体系就是要系统化地提供岗位需要的知识和技能等。

（二）新员工培训课程体系设计流程

新员工培训课程体系设计流程如图 4-16 所示。

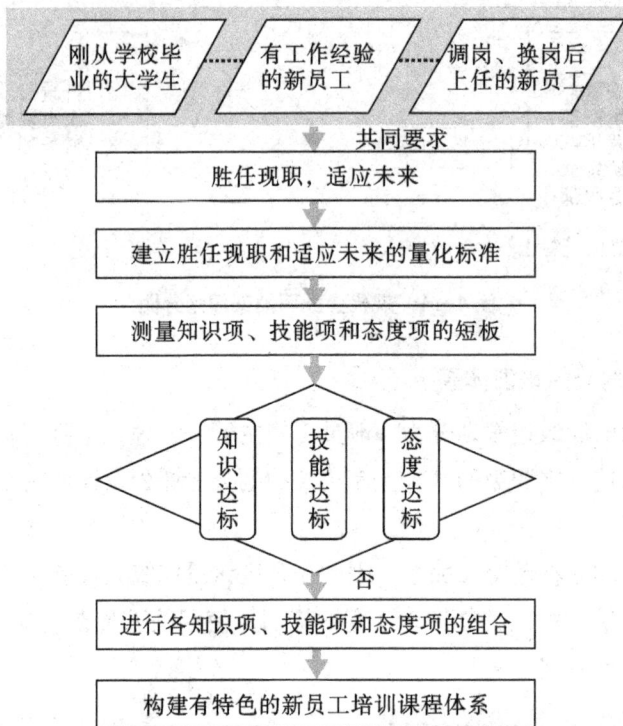

图 4-16　新员工培训课程体系设计流程

（三）新员工培训课程体系设计实例

表 4-8 提供了新员工培训课程体系示例，供读者参考。

表 4-8　新员工培训课程体系

课程模块	课程名称	
入职培训	企业概况介绍	企业经营之道
	企业各项规章制度简介	企业发展历程
	企业创始人及 LOGO 介绍	企业大事记
岗位认知	岗位职责与工作流程	部门内部与跨部门的沟通
职业素养	如何从学校人转变成企业人	塑造良好的职业心态
	职场新人的社交礼仪	提升团队合作意识
	有效沟通技巧	时间管理技能提升
基本技能	如何完成工作	Word 应用技巧
	PPT 入门与提高	Excel 入门与提高
	如何与顾客打交道	如何处理办公文件

（续表）

课程模块	课程名称	
自我发展	职业生涯发展规划	持续学习的方法与技巧
	如何提升变革管理能力	如何加强抗压能力

三、基于职能的培训课程体系

本书提供了十大职能部门的培训课程体系，下面一一列出。

（一）行政培训课程体系

表4-9提供了行政培训课程体系示例，供读者参考。

表4-9　行政培训课程体系

课程模块		课程名称
办公事务		公文写作与处理技巧
		办公室档案管理
		办公商务礼仪
		办公用品采购技巧
会议管理	按会议流程设计	如何做好会前准备工作
		如何进行会议进度控制
		如何进行会后总结与汇报
	按技巧与方法设计	提升会议主持的____大技巧
		提高会议效率的____大利器
		如何落实会议决议执行与监督
	按会议类型设计	生产会议/班组会议管理
		销售会议管理
		财务会议管理
后勤保障	车辆	车辆管理提升技巧
	绿化	办公场区绿化管理
	卫生	环境卫生检查技巧
	食宿	员工食宿管理实务
	安保	生产厂区安全保卫管理
		办公场所安全保卫管理

（续表）

课程模块	课程名称
公关业务	公关接待礼仪
	出访礼仪
	如何举办成功的公关活动
	危机公关处理技巧
	企业对政府部门的公关技巧

（二）财务培训课程体系

表4-10提供了财务培训课程体系示例，供读者参考。

表4-10　财务培训课程体系

课程模块		课程名称
预算管理		做好财务预算的六步曲
投融资管理	投资管理	投资项目策划与执行
		风险投资运作
	融资管理	企业融资策划
		企业融资风险防范
		企业私募融资的技巧
内部控制		内部控制检查评估技术
		企业如何实施有效的内部控制
		企业内部控制基本规范解析与应用
税务管理	税务实施	如何与税务机关沟通
		如何应对税务稽查
		关联企业的税务处理技巧
		实施税务自查与编写自查报告技巧
	税务筹划	企业税务筹划全攻略
		企业所得税筹划技巧
		个人所得税筹划技巧
		企业高收入者薪酬奖金纳税筹划
	风险规避	税务风险的规避与防范
	其他	非财务人员的税务管理

（续表）

课程模块		课程名称
内部审计	审计事项	销售与收款循环审计技巧
		购货与付款循环审计技巧
		生产循环审计技巧
		投资与融资循环审计技巧
	其他	失真会计信息的识别与预警
		跨国企业内部审计与风险规避
财务分析		企业财务分析技能
		如何读懂财务报表
		财务报表分析报告编写技巧

（三）人力资源管理培训课程体系

表4-11提供了人力资源管理培训课程体系示例，供读者参考。

表4-11 人力资源管理培训课程体系

课程模块	课程名称
人力资源规划	如何开展人力资源管理诊断
	如何提升人力资源规划的可操作性
	如何制定组织体系规划、人力分配规划、人力补充规划与教育培训规划
招聘管理	如何通过网络进行有效招聘
	如何设计员工选拔测评方案
	结构化面试与选拔技巧
	面试前、面试中、面试后的应用技巧
	如何判断人与岗位、部门、企业是否匹配
培训管理	如何让企业员工支持培训工作
	如何进行培训效果评估
	如何构建企业培训体系
	如何设计企业培训课程体系
	如何提升年度培训计划的可操作性
薪酬管理	企业内部公平的薪酬职级设计技巧
	外部有竞争力的薪酬结构设计技巧

（续表）

课程模块		课程名称
薪酬管理		激励性员工福利计划设计实务
		如何设计节税的薪金福利制度
绩效管理	按人员设计	企业中高层管理者绩效考核设计
		研发技术人员的绩效考核设计
		销售人员的绩效考核设计
		采购人员的绩效考核设计
		生产人员的绩效考核设计
	按事项设计	年终绩效考核设计技巧
		KPI 绩效考核
		目标管理与绩效考核设计技巧
		项目绩效考核管理实务
职业生涯规划	按人员设计	销售人员的职业生涯规划
		财务人员的职业生涯规划
		生产人员的职业生涯规划
		女性管理者的职业生涯规划
		白领精英的职业生涯规划
	按事项设计	如何进行员工职业生涯规划
		职业锚与职业生涯规划
		职业生涯规划技术与方法
	实施工具	测评与职业生涯规划
		培训与职业生涯规划
		考核与职业生涯规划
		晋升与职业生涯规划
人才测评		实用人才测评技术
		人才测评的应用
		不同人员测评的方法与技巧
员工关系管理		员工关系管理中劳动法规的应用
		处理员工内部冲突的技巧
		如何高效处理员工劳动争议

（续表）

课程模块		课程名称
胜任素质模型	通用	胜任素质模型的构建
		基于胜任素质的培训管理
		基于胜任素质的绩效管理
		胜任素质在人才选拔上的应用
	各类人员	营销部人员胜任素质模型的构建
		生产部人员胜任素质模型的构建
		财务部人员胜任素质模型的构建
		HR 人员胜任素质模型的构建
其他		非人力资源经理的人力资源管理

（四）生产培训课程体系

表4-12 提供了生产培训课程体系示例，供读者参考。

表4-12 生产培训课程体系

课程模块	课程名称
生产计划管理	生产计划编制技巧
	产能规划与排程技巧
物料需求管理	生产计划与物料控制（PMC）实操技法
	ERP 系统基本知识入门
	ERP 系统应用技能提升训练
生产现场管理	生产现场如何"管"
	高效 5S 管理的____大技巧
	目视化管理实施技巧
	精益生产管理（TPS）实战训练
	生产现场改善与问题解决
生产设备管理	如何实现设备零故障
	设备保养 101 招
	如何持续改善设备能力
	全员设备维护实施要点与技巧

（续表）

课程模块	课程名称
生产成本管理	生产成本管理知识入门
	有效进行生产成本核算的技巧
	生产成本控制的____大工具
	如何有效识别生产浪费
	降低生产成本的____大策略
生产安全管理	如何提高生产人员的生产安全意识
	生产安全管理技法提升训练
	如何迅速处理生产安全事故
生产质量管理	制程质量管控实操训练
	质量检验实施技能与策略
	质量改进项目分析实施技能提升训练

（五）营销培训课程体系

表4-13提供了营销培训课程体系示例，供读者参考。

表4-13　营销培训课程体系

课程模块			课程名称
市场	市场调研与分析	市场调研	市场调研基础知识与应用
			市场调研技能提升训练
			各类市场调研问卷设计要点与方法
		市场分析	市场调研数据分析处理工具与方法
			分析竞争对手的方法
			市场调研报告的撰写技巧训练
	产品规划与管理		产品市场定位与品牌策略
			如何进行有效的产品组合
	市场策划与宣传	市场策划	市场策划基本知识与应用
			市场策划实操的技法
			撰写市场策划书的____大技巧
		市场宣传	如何选择广告媒体
			商品广告策划技能提升训练
			公关广告实施技巧

（续表）

课程模块			课程名称
销售	销售渠道管理	销售渠道决策	区域产品市场分析方法与工具
			如何有效分析销售渠道决策因素
			销售渠道决策技巧与工具
			销售渠道决策评估的＿＿种方法
		销售渠道拓展	如何有效制订销售渠道拓展计划
			销售渠道拓展技能提升训练
		销售渠道建设	如何进行销售渠道构建与设计
			选择销售渠道成员的方法和技巧
			销售渠道成员培训要点和技巧
			管好销售渠道成员的＿＿大妙招
			销售渠道成员考核与奖励技巧
		销售渠道冲突解决	如何识别销售渠道冲突
			销售渠道冲突解决之道
	销售技能提升	沟通技能	如何正确倾听顾客的心声
			成功导购促销人员的体态语言解码
			如何成功说服你的顾客
			对顾客提问的＿＿种有效反馈技巧
			销售人员经典话术模板
			销售人员不可不知的产品解说技巧
		销售技能	成功接近顾客的＿＿种方法
			如何把握顾客的购买动机
			吸引顾客购买产品的＿＿大技巧
			接待不同类型顾客的方法与技巧
			导购促销人员促成销售的＿＿大秘诀
			留住老顾客的＿＿种实用方法
			培养顾客忠诚的＿＿步曲
			有利于吸引顾客的商品陈列技巧
		顾客异议处理	销售人员如何快速处理顾客异议
		压力与情绪管理	如何消除顾客带来的压力
			如何做到不让自己的坏情绪影响顾客

（六）采购培训课程体系

表4-14提供了采购培训课程体系示例，供读者参考。

表4-14　采购培训课程体系

课程模块	课程名称
采购计划与预算管理	如何编制采购计划
	采购预算编制模拟实训
	采购计划实施管控技巧
供应商开发与管理	与供应商成功谈判的____法
	采购与供应链管理
	如何采购合同编写
采购进度管理	如何控制采购交期
采购质量管理	采购质量管控____法
采购成本管理	全面削减采购成本的____招
其他	如何进行采购风险防范
	采购必备法律知识大全

（七）客服培训课程体系

表4-15提供了客服培训课程体系示例，供读者参考。

表4-15　客服培训课程体系

课程模块		课程名称	
服务礼仪	通用	客服人员服务礼仪规范	客服人员商务礼仪全攻略
		客服人员沟通礼仪规范	电话服务礼仪技巧
		客服人员职业形象规范	客服人员着装改善提升训练
		客服人员接待礼仪规范	名片使用礼仪与基本技巧
	特殊	男性客服人员礼仪规范与技巧	男性客服人员着装技能提升训练
		女性客服人员礼仪规范与技巧	女性客服人员着装技能提升训练
服务态度		树立正确服务价值取向的____项修炼	客服人员提高服务意识的____大技巧

（续表）

课程模块		课程名称	
服务沟通	语言沟通	客服人员如何听懂客户的心声	客服人员高效倾听＿＿＿大技巧
		客服人员如何有效说服客户	客服人员有效提问＿＿＿大技巧
		客服人员不可不知的赞美技巧	客服人员电话沟通＿＿＿大技巧
		客服人员沟通反馈＿＿＿大技巧	客服人员高效沟通＿＿＿步曲
	书面沟通	客服人员公文写作技能提升训练	电子邮件使用方法与技巧
		客服人员如何正确使用即时通信	书面沟通技能提升训练
投诉处理		不同投诉方式的处理技巧	重大投诉处理技巧
服务跟踪		投诉处理跟踪方法与工具	客服人员回访客户的＿＿＿大技巧
客户信息		客户信息分析方法与工具	客户数据信息分析软件应用技能提升训练
		如何制作详细的客户信息资料表	网络时代客户信息管理技能提升训练

（八）物流培训课程体系

表4-16提供了物流培训课程体系示例，供读者参考。

表4-16　物流培训课程体系

课程模块	课程名称
物流管理体系	如何构建物流管理体系
	如何建立采购、生产计划、物流计划与仓储整合的内部物流管理运作体系
现场物流管理	现场物料的搬运路径与方法
	如何降低现场物流成本
	现场物流管理的＿＿＿大手法
	现场物流管理的 ECRS 改善思考模式
物流成本控制	物流成本对企业的影响
	物流成本的核算方法与程序
	全面削减物流成本的措施与方法
物流信息技术方法	物流信息管理与网络信息技术
	条码在生产管理中、库存管理中的应用
库存管理	库存管理入门知识
	库存管理技巧
流通加工管理	流程加工过程中的操作技能

（续表）

课程模块	课程名称
配送管理	配送的基本流程
	配送环节及其功能
运输管理	空运的＿＿＿种技巧与＿＿＿个注意事项
	陆运的＿＿＿大窍门与＿＿＿种误区
	海运的＿＿＿大技巧与＿＿＿大禁忌

（九）研发培训课程体系

表4-17提供了研发培训课程体系示例，供读者参考。

表4-17　研发培训课程体系

课程模块		课程名称
技术研发知识	技术研发过程的质量知识	前期产品质量策划知识
	产品设计与开发知识	可靠性设计与实验管理知识
		产品系统设计要求分析知识
		产品功能设计与分析知识
		组件设计与分析知识
		设计验证与评审知识
		设计失效模式和后果分析知识
	测试知识	测试规划和准备知识
		运行测试和评价知识
研发问题解决	研发理念与创新问题	如何树立正确的研发理念
		卓越研发人员应具有的理念和创意
		研发创新与创意技法
		新产品创意构想的市场研究法
		产品创新思维和创意流程管理
	研发资源浪费	研发预算与成本管理技能提升训练
		研发业务决策评审技能提高实战训练
		研发成本管控技巧
	研发项目管控难	研发项目计划管控技巧
		缩短研发进度的＿＿＿大方法

（续表）

课程模块		课程名称
研发问题解决	研发项目管控难	研发项目管理中的问题与解决技巧
		研发项目管理技能提升全攻略
	缺乏有效的研发考评与激励机制	破解成功研发企业的绩效考评之谜
		研发绩效考评内容选择与考核指标设计技巧
		研发绩效管理与激励机制
		研发管理者不可不知的＿＿大激励下属的绝招
	研发问题解决能力低	如何识别研发问题
		研发问题分析的＿＿大技巧
		解决研发问题的＿＿把金钥匙

（十）项目管理培训课程体系

表4-18提供了项目管理培训课程体系示例，供读者参考。

表4-18 项目管理培训课程体系

课程模块	课程名称	
项目选择	项目识别与构思的＿＿大妙招	项目投资估算与财务评价的＿＿大方法
	选择项目的＿＿种工具与方法	项目选择的＿＿大模型
	项目可行性研究与财务评价＿＿种方法	项目选择管控技巧
项目范围	项目范围定义方法与工具	工作结构分解（WBS）的应用技巧
	编制项目范围计划的＿＿种方法	项目范围计划实施管控技巧
项目进度	编制项目进度计划的＿＿大方法	如何正确选择项目进度计划编制方法
	项目进度的控制技术与工具	项目进度的管控技巧
项目费用	编制项目资源计划的＿＿大方法	项目费用估算的＿＿大工具与技术
	编制项目预算的＿＿大方法	有效控制项目费用的＿＿大妙招
项目质量	编制项目质量计划的＿＿种方法	项目质量管控的＿＿大技巧
	如何有效降低项目质量成本	做好全面项目质量管理的＿＿大利器
项目采购	项目采购管理方法与技术	编制项目采购计划的＿＿大方法与工具
	项目采购实施与管控的＿＿大技巧	项目采购询价工作技巧
	选择项目采购供应商的方法与技巧	项目采购合同编写与实施管控技巧

（续表）

课程模块	课程名称	
项目沟通	项目谈判技能提升训练	如何高效召开项目会议
	有效与项目领导沟通的必备宝典	有效与项目组同事沟通的艺术
	有效应对项目沟通冲突的＿＿大技巧	项目文书写作技能提升全攻略
项目风险	项目风险管理基本技巧与工具	如何正确识别项目风险
	项目风险估计与评价管理技巧	项目风险应对的＿＿大策略
	项目风险监控与防范之道	项目风险管理技能提升实战训练

四、基于职级的培训课程体系

图4-17是按职级划分的培训课程体系中的部分培训课程，可供企业或相关人员在设计培训课程时参考。

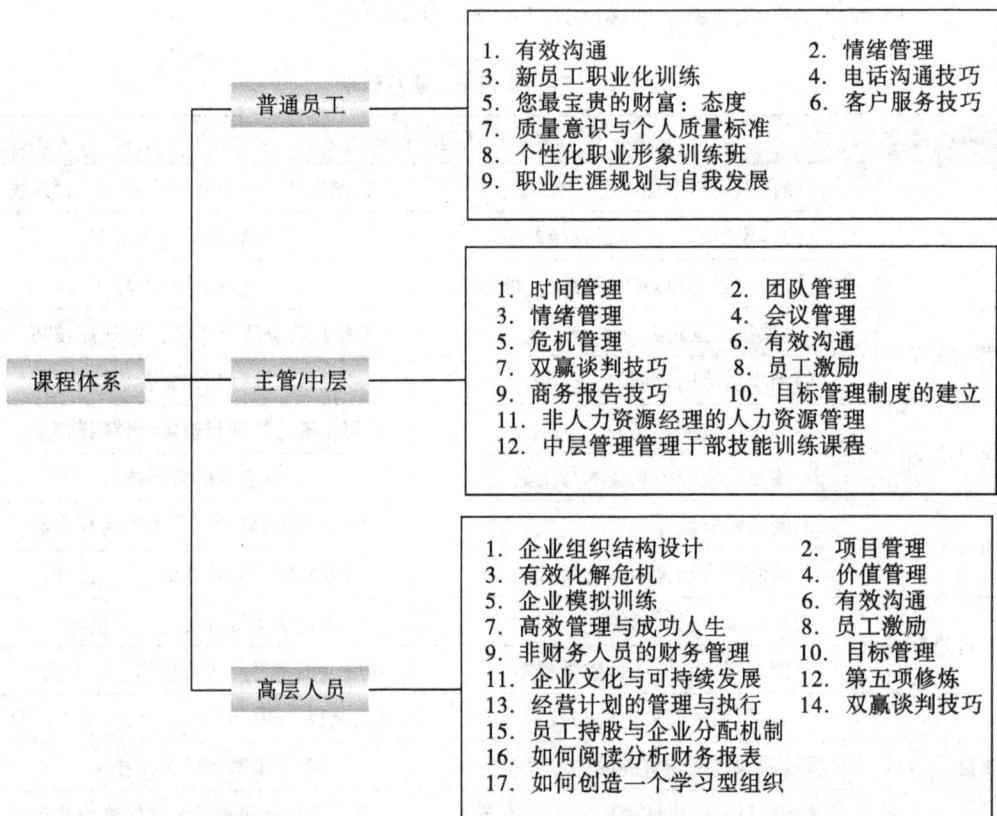

普通员工
1. 有效沟通
2. 情绪管理
3. 新员工职业化训练
4. 电话沟通技巧
5. 您最宝贵的财富：态度
6. 客户服务技巧
7. 质量意识与个人质量标准
8. 个性化职业形象训练班
9. 职业生涯规划与自我发展

主管/中层
1. 时间管理
2. 团队管理
3. 情绪管理
4. 会议管理
5. 危机管理
6. 有效沟通
7. 双赢谈判技巧
8. 员工激励
9. 商务报告技巧
10. 目标管理制度的建立
11. 非人力资源经理的人力资源管理
12. 中层管理管理干部技能训练课程

高层人员
1. 企业组织结构设计
2. 项目管理
3. 有效化解危机
4. 价值管理
5. 企业模拟训练
6. 有效沟通
7. 高效管理与成功人生
8. 员工激励
9. 非财务人员的财务管理
10. 目标管理
11. 企业文化与可持续发展
12. 第五项修炼
13. 经营计划的管理与执行
14. 双赢谈判技巧
15. 员工持股与企业分配机制
16. 如何阅读分析财务报表
17. 如何创造一个学习型组织

图4-17　基于职级的培训课程体系

五、十大热门培训课程

根据相关资料显示，目前最受欢迎的十大热门培训课程如表4-19所示。

表4-19　最受欢迎的十大热门培训课程

热门培训课程名称	介绍
1. 时间管理培训	（1）时间管理包括工作时间和个人时间的管理方法 （2）时间管理可以提高工作效率，公司和个人都很喜欢这类课程
2. 沟通技巧培训	（1）沟通技巧包括谈话技巧、客户接待技巧以及演讲技巧等 （2）沟通技巧类培训的对象一般是接触客户的人员，如销售人员等
3. 团队管理培训	团队协作对公司的发展具有很重要的作用，因此现在公司很重视员工的团队合作精神培训
4. 销售技巧培训	由于市场竞争越来越激烈，企业要想开拓市场，提高销售人员的工作业绩，参加专业的销售培训课程是必不可少的
5. 客户服务技巧培训	现在市场是买方市场，只有满足客户的需要，才能实现企业的发展，因此相关的培训课程很受公司欢迎
6. 薪酬设计培训	薪酬是留住员工的主要因素，但是目前大多数企业缺乏薪酬设计的能力，这类课程正好可以满足这方面的需求
7. 项目管理培训	（1）项目管理主要是对质量、时间、费用等方面的管理 （2）项目管理可以帮助公司保证项目实施质量，控制实施时间，降低成本等，因此备受公司青睐
8. 高效培训	主要是提高效率的培训课程，费用很高，但很受高层职业人士的欢迎

热门培训课程名称	介绍
9. 战略性人力资源管理培训	(1) 这类课程包括招聘制度、员工关系、激励制度等方面的整体设计 (2) 帮助企业建立从一线员工到高职位员工的科学的标准化监控制度，因此很受企业的欢迎
10. 领导力及战略培训	这类课程一般面向高层人员，收费较高

第五章

课程单元设计

第一节　设计课程单元目标和内容

一、把握成年人的学习特点

在开展企业内训课程和公开课程时，授课对象均为成年人，课程设计者应当充分把握成年人的学习特点。

成年人的学习特点及其对内容设计的要求如表 5-1 所示。

表 5-1　成年人的学习特点及其对内容设计的要求

成年人学习特点	对单元内容设计要求	具体内容设计实施举例
根据自己的实际需要确定学习需求，并产生学习动机，尤其关注学习内容的实用性和结果	适时激发学员的学习动机和学习的主动性	在培训课程开始时，告诉学员在学习了本次培训内容后对他的工作、生活等会带来什么具体的改善和好处，并明确不积极学习可能带来的不利后果
希望将所学到的知识和技能应用到实际工作及生活中去，并产生可观察到的效果	减少空泛的理论讲解，注重实际问题的解决	单元内容设计时尽量压缩学术性、理论性的部分，从学员实际需要出发传授解决问题的思路和方案
善于从同自己最相似的经验中思考解决实际问题的方案	注重经验式教学和案例的讲解	单元内容设计中可加入案例互动环节和经验体验环节，让学员有机会阐述自己的思考结果和想法
希望有表达个人意见和见解的机会，体现个人的价值		
具有相对稳定的学习风格、学习理念和差异化的学习效率	针对学员特点确定讲授风格	根据学员的特点决定单元内容的多少、讲授时间和讲授速度

二、确定单元学习目标

单元设计需要首先明确单元学习的目标，确定需求目标必须从培训对象的需求特点出发，尽量使用便于考核和观察的语言进行说明。

在描述单元学习目标时，应遵循本书第三章所描述的课程目标的表述技巧。将本单元学习中学员应达到的目标和培训师的授课目标用可量化的、可观察的语言全面、准确地表达出来。

在确定单元学习目标时，应注意以下事项。

（1）让学员记忆并能重复。学员进行单元学习的目的是记忆某些信息，并能在工作中重复性实践。

（2）让学员能够灵活使用。学员通过单元学习能够掌握基本原理和思路，并能在工作实践中合理使用。

（3）让学员能够进行创造。学员通过单元学习能够优化思维方式，产生创造性思维，并在工作实践中创造显著效益。

表5-2介绍了"团队领导"课程的单元学习目标。

表5-2 "团队领导"课程单元学习目标

课程单元构成		课程单元学习目标
第一单元	团队建设概述	1. 知识：牢记团队的特点，正确区分团队和群体 2. 知识：列出高效团队的特点
第二单元	掌握团队运作方式	1. 知识：描述团队开展工作的内容 2. 知识：列出优秀团队的特征 3. 能力：能够及时发现团队运作中的不良倾向
第三单元	如何组建团队	1. 知识：牢记完整团队的角色构成 2. 能力：能够挑选合适的团队成员 3. 能力：能够组建一支完善的团队
第四单元	如何做一名优秀的团队领导者	1. 知识：了解优秀团队领导者应具备的特征 2. 知识：描述团队领导者在团队管理中应当承担的责任 3. 能力：明确团队角色定位并努力达到优秀团队领导者的要求
第五单元	有效解决团队问题	1. 知识：描述团队管理常见问题的种类 2. 能力：能够敏锐地发现问题并有效地解决问题
第六单元	如何评估团队绩效	1. 知识：列出评估团队绩效的常用指标 2. 知识：描述评估团队绩效的四种方法 3. 能力：能够根据自己所领导团队的特点，创建适合本团队管理的常用指标
第七单元	处理团队沟通困难	1. 知识：描述团队有效沟通的特征 2. 知识：列出发问、组织会议、倾听等的技巧 3. 能力：运用所掌握的技巧有效处理团队沟通中的困难

三、进行单元内容设计

单元内容设计是单元设计的重中之重，它直接决定了单元设计的培训效果。企业课程设计者或培训师在开展单元设计时必须重视单元内容的设计。

单元内容设计要解决以下两个方面的问题。

（1）选择哪些内容进行讲授。

（2）按照什么样的顺序进行讲授。

下面就以上两个方面的问题进行具体阐述。

（一）选择哪些内容进行讲授

1. 单元内容构成

在实践中开展的任何课程的讲解内容都可以抽象化为五个方面。具体内容如表5-3所示。

表5-3 单元内容构成表

内容分类	具体细化说明
事实	基于在客观环境中存在的、容易观察和理解的信息和数据
概念	运用归纳的推理方式，对具有特定内涵、外延，即内部特点和外部范围的事件和事物进行高度概括
原理/模式	对事实和现象进行分析、解释，并对未来的趋势进行预测，通常表现为模式、模型以及规律性的工具和方式等
步骤/流程	为了实现某个目标，依据现实所具备的条件，根据先后顺序进行操作的实施过程
技巧	为了改变事实，运用原理、履行步骤等而采用的可以提高效率和效果的做法

在组织如表5-3所示的五个方面的内容时，可以参照以下思路讲授，具体如图5-1所示。

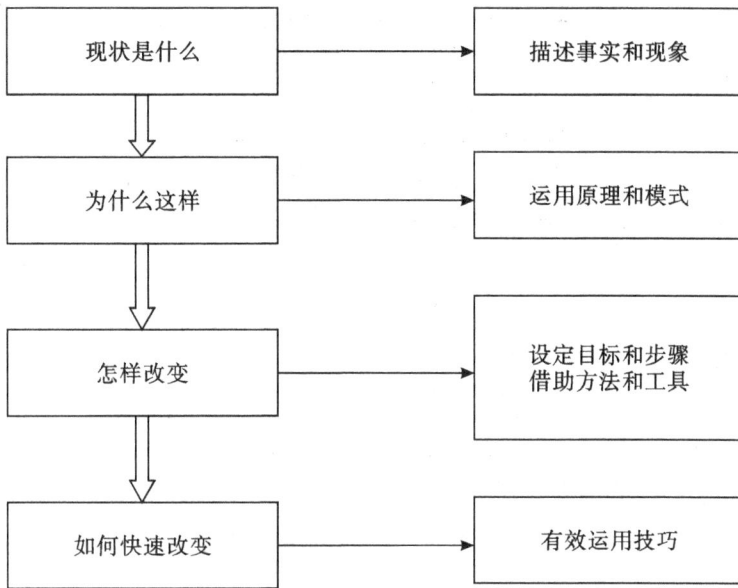

图5-1 单元内容组织思路示意图

2. 单元内容设计方法

（1）把握单元内容层次。在选择内容时，可以根据学员的特点划分内容层次，将学员需要学习的知识和需要具备的能力都罗列出来。主要包括以下三个层次，如图5-2所示。

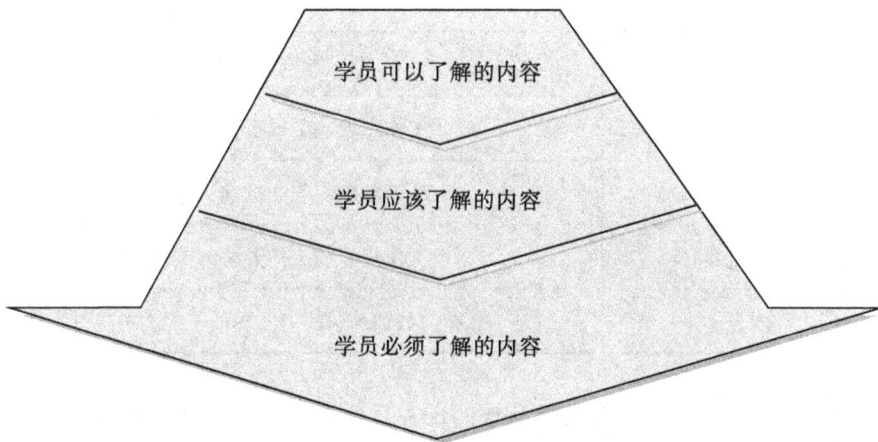

图5-2 单元内容分类示意图

以"时间管理"课程为例，可以将时间管理的内容划分为三个层面，如表5-4所示。

表5-4 "时间管理"课程学习内容层次划分表

内容层面	内容描述
学员必须了解的内容	1. 哪些因素妨碍恰当地进行时间管理 2. 有效进行时间管理的事项和步骤，包括合理安排工作内容、合理安排工作顺序、有效排除干扰、有效沟通等 3. 有效进行时间管理的方法和工具，包括学会委托、发挥团队作用、制订时间管理计划等
学员应该了解的内容	时间管理对个人工作和发展的重要性，即时间管理的目的
学员可以了解的内容	有效进行时间管理的理论，如帕累托定律等

（2）选择单元内容方法。单元内容的选择方法包括移植法、能力中心法和任务导向分析法三种。

①移植法。移植法是借鉴学校教育尤其是职业教育的现有课程内容，根据单元目标要求和成年人的学习特点，有选择地加以调整和补充，并转化为企业员工的培训课程。

②能力中心法。即以提高学员岗位工作能力为中心，从基础知识、专业知识、工作责任和态度、政策制度、操作标准、步骤方法、能力训练、应变能力等方面来确定内容，具体如表5-5所示。

表5-5 能力中心法内容选择要素

知识类内容	基础知识、专业知识
工作责任和态度类知识	工作态度、工作责任、工作认知
制度规范类内容	政策制度、作业标准、操作规程
流程技巧类内容	工作步骤、工作方法、工作技巧
能力类内容	能力的训练、能力的养成、能力的提升

③任务导向分析法。即以学员要达成的任务目标为导向，通过分解任务节点，从而确定培训内容的方法，具体如图5-3所示。

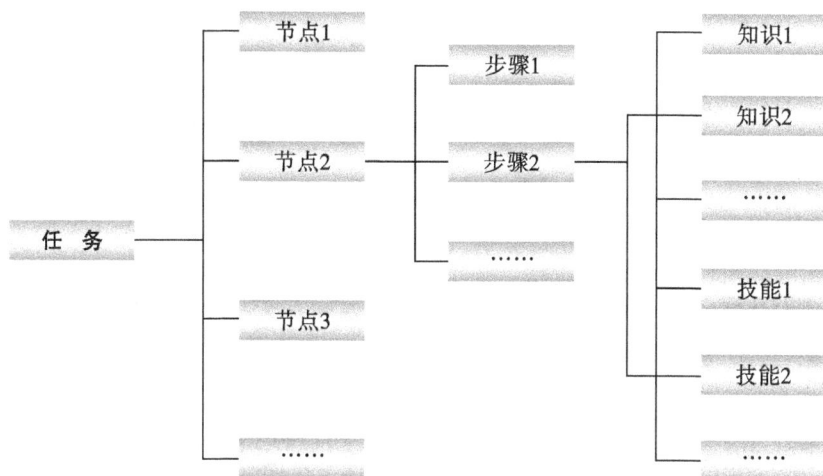

图5-3 任务导向分析法示意图

无论采用什么方法来确定单元授课的内容，均需满足以下评判标准，即"设计切入点、把握问题点，抓住关键点、制造兴奋点、简化价值点"。

（二）按照什么样的顺序讲授

在设计完单元内容后，需要按照一定的逻辑顺序对内容进行排列，常用的顺序排列方法如表5-6所示。

表5-6 单元内容排序常用方法

方法	方法细化说明	举例
从简单到复杂	即从容易理解的事物或现象入手，引导学员逐渐能够理解复杂的事物或现象	六顶思考帽课程的讲解可以从列举现象角度导入，由简入繁
从已知到未知	通常情况下，人对已知事物或现象的特征、演变、趋势等比较了解，而对于未知事物或现象则相对陌生，因此从已知相关事物或现象逐步导入未知的领域有利于学员比较全面地理解和把握授课内容，有效达成学习目标	讲授一项新的技术、理论或模式时，适用此方法
根据客观事物发生顺序	在有些单元内容的讲解中，需要按照事物本身客观发生的先后顺序进行讲解	生产操作课程或其他实践导向型课程
备注	其他方法还包括话题顺序、学习风格顺序等，但所有方法的使用均应遵循人类思考问题和解决问题的通用逻辑分析过程	

第二节 选择授课方法和材料

一、合理选择授课方法

在完成对单元各要素的设计后，就需要确定授课方法。合适的教授方法能够帮助学员理解授课内容、加深记忆并产生共鸣。

一般而言，单元内容的讲授可以划分为讲授型、演讲型、案例型、演练型、研讨型、游戏型、活动型等。但在实际授课过程中，各种讲授类型通常是综合运用的。

各种授课方法的优点与缺点如表5-7所示。

表5-7　各种授课方法的优点与缺点一览表

授课方法	优点	缺点
演讲	信息丰富，应用条件宽松，能够全面表达内容	内容较多，学员不易消化，与学员之间的互动交流机会不够，容易使学员感到枯燥
讨论	参与性较强，能够加深认识和理解，帮助解决实际问题	容易离题，对主持者要求较高，培训师讲授的机会较少
游戏	活跃气氛，激发学员参与兴趣，寓教于乐	较难掌控，对场地的要求较高，占用时间较多，同课程主题联系不密切
故事	通俗易懂，主题明确，适用性强，易操作，易吸引学员注意力	较难创新，对参与者的表达能力和演绎能力要求较高
测试	能够在短时间内收集广泛信息，容易操作和实施，时间易控制	对测试题目的编写要求高，结论要求的准确性高
活动	激发学员参与兴趣，引发创新思维	对活动的掌控要求较高，耗费时间较长
图表	简捷、直观，视觉对比的效果好	素材或数据的收集比较困难，对讲师分析能力要求较高
影视	形象生动，起到示范作用，容易模仿，容易被学员记忆和感受	制作的难度大，对讲师的点评要求较高

二、有效选用授课材料

（一）授课材料的内容

授课材料包括海报、录像机、幻灯机、照片、电视节目、录像资料、讲义、挂图、投影胶片、连环画、案例、游戏等。

（二）授课材料在授课过程中的作用

授课材料在授课过程中的总体作用就是通过丰富和加深学员的视觉、听觉与感觉，使学员对授课内容加深记忆、理解、认同并能有效应用。具体内容如图5-4所示。

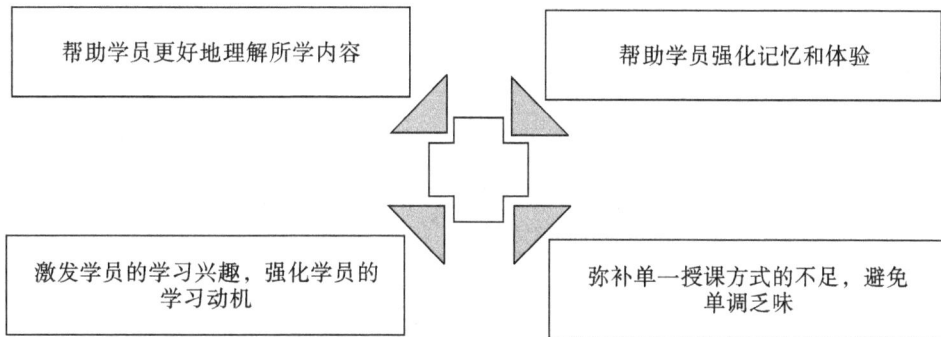

图5-4 授课材料在授课过程中的作用

（三）选择授课材料所考虑的因素

培训师在选择授课材料时不能随心所欲，必须要考虑到以下四个方面的限制因素（如图5-5所示）。

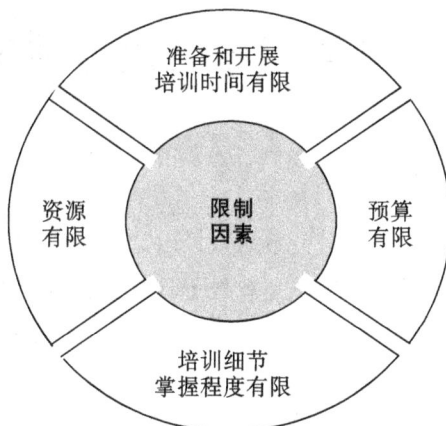

图5-5 选择授课材料的限制因素

（四）授课材料的选择

一般而言，授课材料的选择需遵循以下步骤，如图5-6所示。

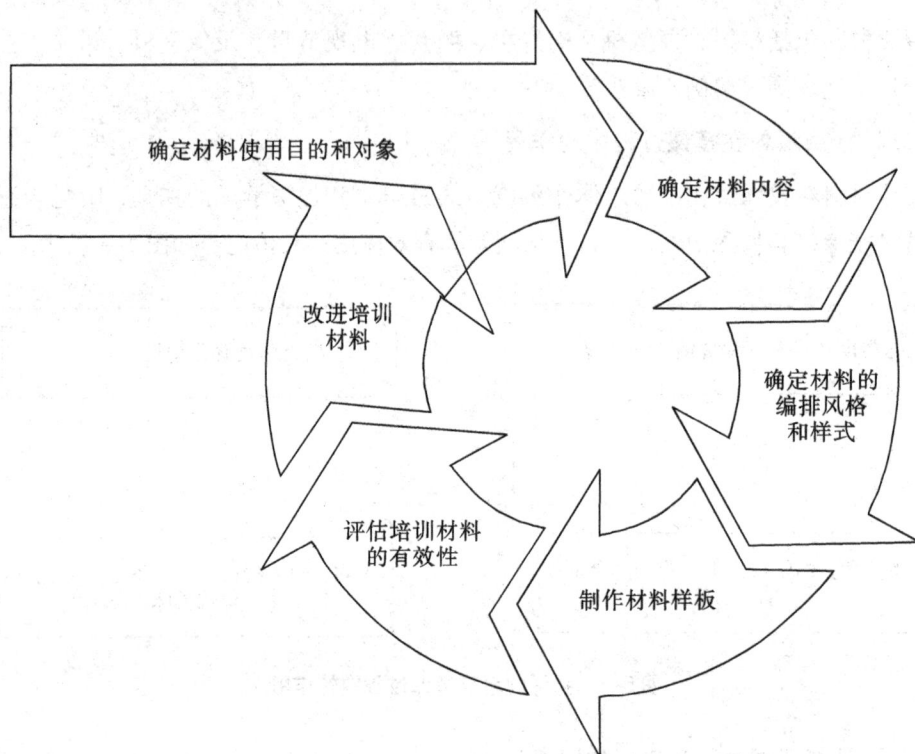

图5-6　授课材料选择步骤示意图

第三节　掌握单元设计的工具

一、单元设计项目汇总表

培训师或培训课程设计人员在进行单元设计时，可以借助图表等工具对单元设计的成果进行概括，单元设计项目汇总表就是有效工具之一，具体如表5-8所示。

表5-8　单元设计项目汇总表

单元名称			单元编号		
单元学习目标					
知识		技能		态度	
具体授课安排					
时间	章节/模块	内容	预期目标	授课方法	所用材料
材料准备					
需分发给学员的材料		其他附加材料		其他相关文献、图书等资料	备注
名称	份数	名称	份数	名称	份数	

某公司开设的"中层素质提升"课程的"压力管理"单元设计内容如表5-9所示。

表5-9　"压力管理"单元设计项目表

单元名称		压力管理	单元编号		
单元学习目标					
知识		技能		态度	
准确描述造成压力的因素		判断自己产生压力的原因 设计有效缓解压力的措施		主动进行压力管理 和有效防范压力	
具体授课安排					
时间	各章名称	内容	预期目标	授课方法	所用材料
1学时	认识压力	1. 从心理学角度阐释压力的概念 2. 压力从哪里来，有哪些危害 3. 你的压力有多大	学完本章后，学员能够产生缓解压力的迫切要求	1. 自我测试 2. 案例法 3. 讲授法	1. 自我测试题和答案分析 2. 案例介绍和分析 3. 讲师手册

（续表）

时间	各章名称	内容	预期目标	授课方法	所用材料
1.5学时	减轻压力的策略	1. 生理减压：加强体育运动 2. 情绪管理：放松和进行有效沟通 3. 能力：提高工作效率和学习能力	学完本章后，学员能够正确判断个人缓解压力可以采取的措施	1. 讲授法 2. 活动演练	1. 讲师手册 2. 活动说明和活动结果分析
2学时	减轻压力的步骤	1. 即时缓解压力的步骤，如深呼吸、放松等 2. 长期缓解压力的步骤，包括生理、情绪等	学完本章后，学员能够通过演练掌握缓解压力的步骤	1. 讲授法 2. 活动演练	1. 讲师手册 2. 活动说明和活动结果分析
2学时	减轻压力的技巧	1. 避免焦虑 2. 学会与难以沟通的同事相处 3. 学会借助别人的力量 4. 做好应对冲突和和意外的准备，以不变应万变	学完本章后，学员能够有效缓解工作过程中产生的压力	1. 讲授法 2. 案例法	1. 讲师手册 2. 案例介绍和分析
1.5学时	有效利用压力分析工具	1. 你是否有判断和有效管理压力的工具 2. 分析压力管理的工具否有效	学完本章后，学员能够利用所掌握的工具开展有效的自我压力管理	1. 讲授法 2. 角色扮演法	1. 讲师手册 2. 角色扮演说明和结果分析

材料准备

需分发给学员的材料		其他附加材料		其他相关文献、图书等资料		备注
名称	份数	名称	份数	名称	份数	
自我测试题	46份	讲师手册	1份	《工作压力》参考教材	1本	
案例分析材料	46份	活动介绍和分析材料	1份	关于压力分析数据统计表	1份	
角色扮演辅助材料	46份	案例介绍和分析	1份			
学员手册	46份	角色扮演说明和结果分析	1份			

二、单元学习内容展开图

培训师或其他培训课程开发者可以根据图 5-7 所示的相关提示对单元内容的展开形式进行整理和备课。

导 入
- 赋予动机和相关性。与培训需求相联系，在三分钟内激发学员的学习热情
- 提示和简要介绍学习目标。阐述学员所期待的学习结果
- 对讲授的知识、技术、态度等进行回顾，为本次培训奠定基础

展 开
- 介绍将要学习的知识、技术、态度等内容
- 提示相关的学习方法、技巧等内容
- 讲授相关的工作步骤和工具等内容

收 尾
- 简要总结学习的内容
- 最后评价学习目标的达成与否
- 诊断学习的难度
- 给予在实践中应用授课内容的建议

图 5-7　单元学习内容展开图

某公司针对财务部门开设的财务系列课程，其中"编制预算"单元课程的内容展开的设计如图 5-8 所示。

导 入

1. 今天来听这门课的都是贵公司各个部门的领导，我想听一下各位对编制预算有什么样的看法（学员发言，培训师对发言要点进行记录）

2. 通过大家刚才的发言，我总结出了以下的结论（具体内容略）。我们今天讲授的课程就是要解决各位的困惑，帮助各位掌握有效编制预算的方法和技巧，今天的学习目标是：

   （1）列举进行部门预算所需的准备事项

   （2）设计准确、有效、合理的预算表

   （3）复述预算表合理、准确、有效的评判标准

3. 为了有效学习本次课程，我提出几个问题，持肯定态度的学员请举手（具体内容略，目的是为了了解学员对一些财务术语的掌握程度）

展 开

1. 什么是总预算和部门预算，通过举例予以介绍

2. 预算分为哪些种类，划分种类的标准和目的

3. 预算表的格式、内容和填写方法

4. 部门预算编制的步骤和方法，利用活动挂图或图表进行附注说明

5. 判断部门预算编制有效性、准确性的标准，通过互动讨论协助讲授

6. 如何平衡部门预算

7. 快速看懂相关财务表单的技巧

收 尾

1. 今天我们共同学习了部门预算编制的方法、工具和步骤等，现在请大家与我一起回到我们今天刚开始上课时确定的学习目标，看我们是否达到了预期的学习目标

2. 我将请不同的学员对不同部分的内容进行总结和回顾（具体内容略）

3. 今天授课的目的在于帮助大家制作一份合格、有效、合理的部门预算表，在大家运用今天学到的工具、方法进行预算编制时，请注意以下事项（具体内容略）

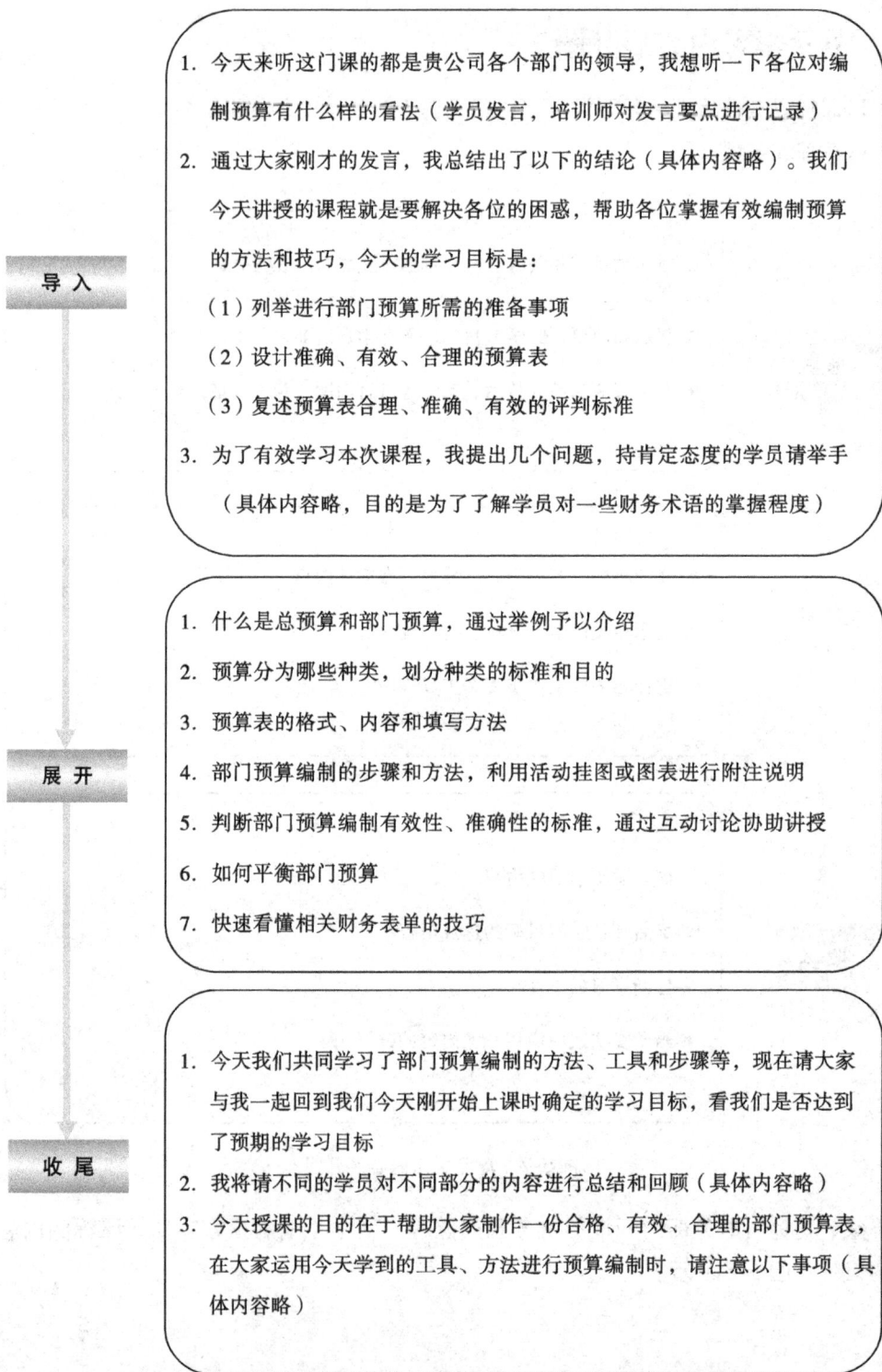

图5-8 "编制预算"单元学习内容展开流程图示例

三、单元设计成果汇总表

单元设计成果的汇总，借鉴了"五线谱"的特点，从时间线、内容线、方法线、情绪线、辅助线这五个方面，对单元设计的成果进行综合运用。具体内容如表5-10所示。

表5-10　"五线谱"单元设计成果汇总表

时间线	内容线	方法线	情绪线	辅助线
填写说明	1. 时间线，指课程的具体讲授时间，如上午9：00～10：00 2. 内容线，指授课的主题 3. 方法线，指授课所使用的案例、讨论、角色扮演等方法 4. 情绪线，指授课是对动手、动脑程度的描述 5. 辅助线，指授课时使用的授课材料，如投影仪、白板等			

第六章

阶段性评价与修订

第一节　阶段性评价要素和流程

一、课程阶段性评价要素

课程阶段性评价的工作重点在于分析、比较、诊断和改进。在课程阶段性评价过程中，重点对以下问题进行评价，如表6-1所示。

表6-1　课程阶段性评价要素说明表

评价要素	要素细化说明	判断方法
培训需求分析	1. 需求分析是否充分、准确地把握了培训学员的需求 2. 培训需求侧重于认知、情感或精神方面的判断是否准确	1. 随机调查验证 2. 分析已经编制的培训需求方案或报告
课程目标描述	1. 课程目标描述是否全面、准确地反映了培训需求 2. 课程目标同课程内容是否匹配	课程目标描述文本
课程整体设计	1. 整体课程内容是否同培训需求保持一致 2. 整体课程资源规划是否已经满足了教学需要 3. 课程各单元之间是否存在交叉和重复的情况 4. 课程各单元时间安排和课程实施地点安排是否恰当	1. 课程整体设计方案 2. 课程整体资源清单
课程单元设计	1. 单元内容和方法是否同整体课程的目标匹配，所有单元内容的总和是否与课程整体目标一致 2. 单元授课材料和方法是否在课程整体设计的规划范围内 3. 单元授课方法是否与学员的学习风格和学习特点一致 4. 单元授课地点是否在课程整体设计的规划范围内	1. 课程单元设计方案 2. 课程单元材料清单

二、课程阶段性评价流程

课程阶段性评价的实施可以遵循以下培训流程，如图 6-1 所示。

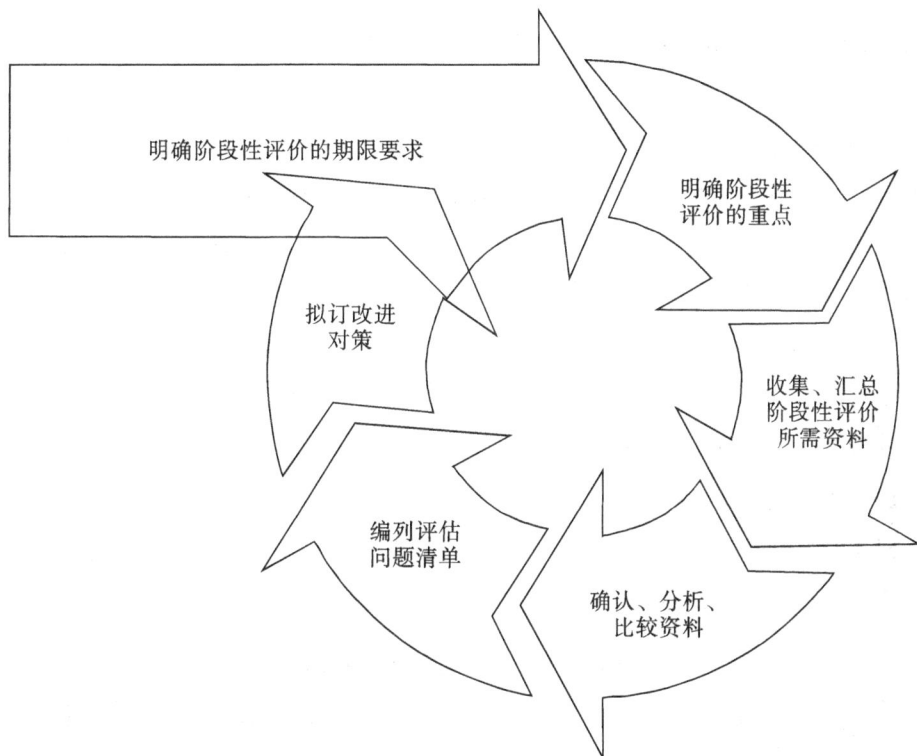

图 6-1　课程阶段性评价流程示意图

（一）明确阶段性评价的期限要求

阶段性评价的目的在于查漏补缺，对培训课程开展前的各项工作和各类文案进行综合梳理。在不同培训课程开发的过程中，对这一阶段的工作往往重视不足，甚至在有些课程的讲授过程中忽略本阶段的工作。

明确阶段性评价期限的目的就是确定在不影响课程实施的前提下，有多少时间可以用来进行阶段性评价。从某种意义上说，评价时间的多少决定了评价工作的内容和重点。

（二）明确阶段性评价的重点

理想的阶段性评价的实施当然是对之前各项工作的全面审查，但受时间和其他因素的影响，绝大多数阶段性评价难以达到理想的程度。因此，制定和明确阶段性评价的重点非常必要。在明确阶段性评价的重点时，可以参考以下两个标准。

（1）阶段性评价的重点数量在3~5个。

（2）在确定培训阶段性评价重点时，培训设计者可以"跟着感觉走"。比如，培训设计者在进行培训需求分析时，由于方法不当或时间紧急等原因，这一工作可能做得不到位。一名合格的课程设计者能够非常明确地感到在某些培训工作开展过程中可能存在的不足，而这可以帮助培训设计者确定阶段性评价的重点。

（三）收集、汇总阶段性评价所需资料

在阶段性评价的重点被确定以后，就需要收集、汇总所有相关的已经制定完成的培训资料，包括《培训需求报告》《课程整体设计大纲》《课程单元设计方案》等。对于一些难以通过文本收集的资料，应联系相关人员，通过与相关人员的交谈，记录、整理相关信息，以备参考。

（四）确认、分析、比较资料

对资料和信息进行确认、分析和评估是阶段性评价的重点。在开展这一工作时，应把握学员需求、课程目标与课程设计的匹配度和可行性。

（五）编列评价问题清单

编列评价问题清单是确认、分析、评估资料的结果，也是进行课程阶段性评价这一工作的价值所在。培训课程设计者在编列清单时，可参考表6-2。

表6-2　阶段性评价问题清单样例

问题概要	发现问题的依据	产生问题的原因	问题解决的可能性	备注

（六）拟订改进对策

拟订改进对策，主要是指针对发现的问题，在既定时间内进行调整和修订。对于那些需要耗费大量时间和较高成本才能解决的问题，应根据其严重程度采取折中对策。

第二节 进行课程单元设计评价

课程单元设计评价是进行阶段性评价的重点，因为课程单元设计的评价相对于需求分析评价、课程整体评价而言，具有工作相对简单而改进成效相对明显的特点，所以，企业课程开发者或培训师往往在课程阶段性评价阶段对单元设计进行重点评价。

一、明确单元设计评价要素

（一）目的

在课程的单元设计完成后，需要及时对单元设计的目标、内容、材料和方法等进行评价，以便下一步调整。

（二）评价范围

评价范围包括在单元设计中所涉及的各类内容。如单元学习目标、单元内容、单元讲授方法、单元材料、讲授的时间，尤其要对模拟游戏或演讲实习进行合理化和有效性的评价。

（三）评价标准

在进行评价之前，应首先针对评价的范围，建立可量化的、可描述的、全面的评价标准。根据学员需求满足的不同程度，评价标准可以分为合格标准、良好标准和优秀标准。

（四）评价方法

单元设计评价方法如表 6-3 所示。

表6-3　单元设计评价方法表

评价方法分类	评价方法实施说明
试讲评价	1. 邀请学员中的一两个代表或其他相关人员作为讲授对象，通过按照单元设计的内容、方法，在预定时间内进行模拟试讲 2. 试讲听课对象在听完试讲后，按照预先设计的评价表，填写相关项目，提出评价意见 3. 培训师根据评价意见完善、调整单元设计

（续表）

评价方法分类	评价方法实施说明
自我评价	1. 自我评价是培训师通过换位思考、角色扮演等形式，从学员的角度出发，结合培训需求分析的结果，通过对照的方式，对自己所开发的课程单元进行全面评估的方法 2. 培训师在进行自我评价时，可以通过问题列举表的形式来进行，即将学员在接受培训时的内容需求、方法需求、风格需求等细化成具体的问题，并将问题汇总列在表单中，然后从培训师的角度一一解答相应问题，据此对自己的单元设计进行评估

无论采用试讲评价还是自我评价，无论是企业内部培训师进行讲授还是外聘培训师进行讲授，在进行单元设计评价时，都应该遵循以下六大评价标准。

（1）I（Interactive）：互动。恰当地进行培训互动是确保培训效果的必然要求。

（2）M（Motivational）：激励。培训师在讲授课程过程中需要有效调动学员学习的积极性。

（3）P（Practice）：练习。恰当的练习能够帮助学员检验对相关知识的掌握程度。

（4）A（Application）：应用。企业培训的主要目的就是要在工作中见到成效，因此，培训课程必须与企业应用相适应，符合企业对相关知识、技能的应用要求。

（5）C（Creative）：创意。有创意的课程设计能够帮助学员产生兴趣，引导学员的注意力。创意表现为授课方式多样化，如游戏、案例、讨论等。

（6）T（Touch）：感动。能够让学员感同身受、产生共鸣的课程才是优秀的培训课程。

二、掌握单元设计评价工具

（一）单元设计评价表

培训师在进行试讲评价时，可借鉴表6-4。

表6-4　单元设计评价表

评价者		评价时间	
评价对象		评价重点	
评价标准			
评价项目			
评价过程简介			
评价结果概述			

（二）自我评价表

培训师在进行自我评价时，可借鉴表6-5。

表6-5　自我评价表

评价时间		评价重点	
评价对象			
评价标准			
评价项目	1. 所选内容是否符合整体设计目标和单元目标要求 2. 学员是否能够充分理解、把握并能够运用所讲授内容 3. 有没有必须的内容没有包括在里面 4. 所选内容是否能够保证预期目标的实现 5. 学员可能对哪些内容不感兴趣甚至难以认同 6. 是否存在没有经过换位思考，以个人好恶代替学员需求的内容		
需改善或调整问题			

第三节　课程阶段性修订

一、课程阶段性修订的范围

课程修订范围包括主要修订和次要修订两种。

（一）主要修订

主要修订是指课程需要重新设计，课程整体内容和单元内容大范围重组、更新、替换以及课程目标变更，课程整体格式和编排变更等内容。

（二）次要修订

次要修订是指课程形式、排版的小调整，页码顺序的调整，内容上的微调等。就使用频率而言，在课程阶段性评价过程中，次要修订的使用频率要远高于主要修订。

综合而言，课程阶段性评价的修订范围包括以下三个方面的内容，如图6-2所示。

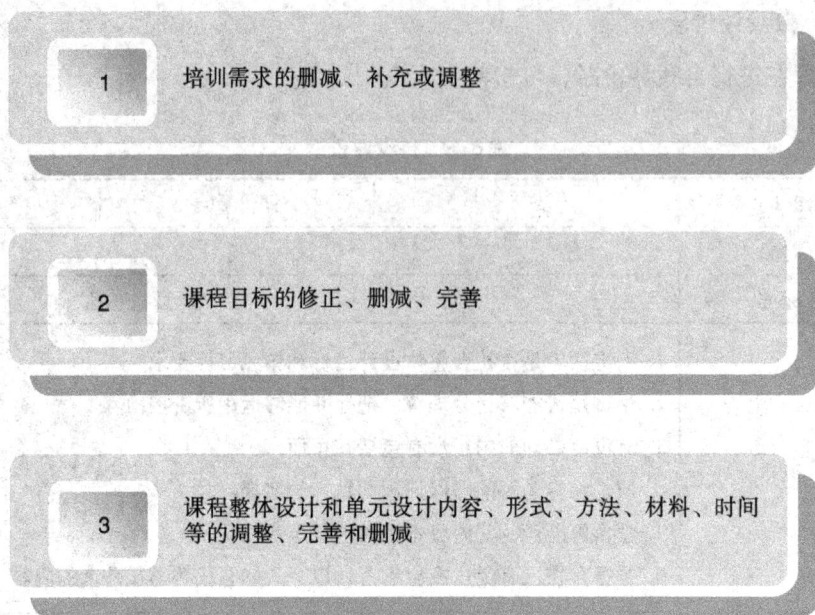

| 1 | 培训需求的删减、补充或调整 |

| 2 | 课程目标的修正、删减、完善 |

| 3 | 课程整体设计和单元设计内容、形式、方法、材料、时间等的调整、完善和删减 |

图6-2　课程阶段性评价的修订范围

二、修订结果的评价标准

培训设计者在修订完毕后，可以参考以下标准对修订结果进行衡量，如图 6-3
所示。

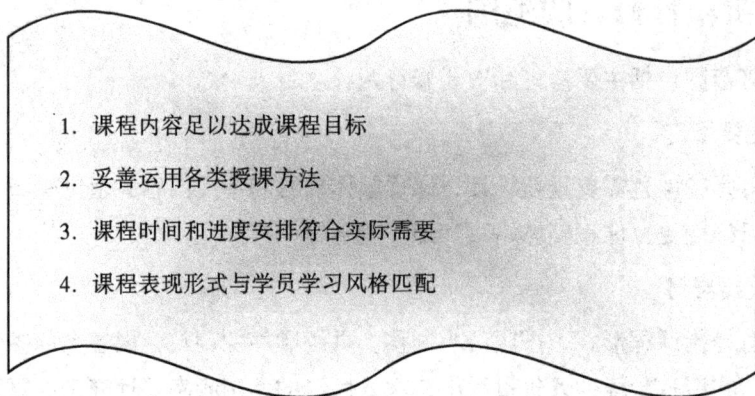

1. 课程内容足以达成课程目标

2. 妥善运用各类授课方法

3. 课程时间和进度安排符合实际需要

4. 课程表现形式与学员学习风格匹配

图6-3　衡量修订结果的四大标准

第七章

实施培训课程

第一节　编制课程实施文案

一、编制培训课件

培训课件是培训师在正式授课时展示给所有学员看的内容，它一方面能吸引学员的注意力，另一方面能帮助培训师把握下一部分的讲解内容。在开展培训的过程中，PPT是使用频率最高的培训材料。在授课过程中使用PPT主要有三个作用。

（1）提示，利于讲师把握训练节奏。

（2）承接，帮助学员梳理学习框架。

（3）调动，调动学员视觉感知功能。

（一）培训课件的内容构成和设计

培训课件的内容设计是课件设计的核心。培训课件的构成要素如表7-1所示。

表7-1　培训课件内容构成表

封面	学习目标	目录	正文	备注
1. 课程标题和副标题 2. 课程讲师姓名及联系方式 3. 讲授时间	阐述通过本课程的学习，学员要达到的目标。包括知识要求、技能要求和态度要求	提炼授课内容的各个构成部分的主题，明确重点部分，包括总目录和分目录	正文标题和正文内容，正文内容是对正文标题的细化说明，包括理论内容、案例及其他资料等	备注页对幻灯片的相关内容进行解释、提示或说明

设计PPT的内容时，应满足以下四个方面的要求。

（1）列出要点。

（2）尽量保证每一个页面表述一个主题。

（3）每一页面的内容尽量不要超过七行。

（4）使用项目符号或其他编号，做到层次清晰。

（二）PPT课件美化技巧

1. 色调选择符合"四要求三因素"

设计幻灯片的色调时，应满足如图7-1所示的四种要求。

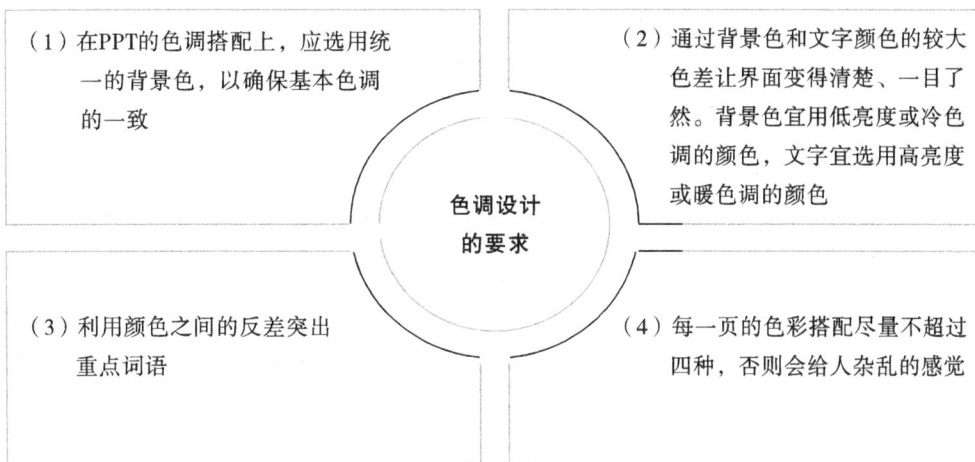

（1）在PPT的色调搭配上，应选用统一的背景色，以确保基本色调的一致

（2）通过背景色和文字颜色的较大色差让界面变得清楚、一目了然。背景色宜用低亮度或冷色调的颜色，文字宜选用高亮度或暖色调的颜色

色调设计的要求

（3）利用颜色之间的反差突出重点词语

（4）每一页的色彩搭配尽量不超过四种，否则会给人杂乱的感觉

图 7-1　幻灯片色调设计的四大要求

在选择颜色时，要考虑以下三个因素。

（1）符合课程主题和内容。

（2）能集中学员的视线。

（3）整体协调。

2．文字

标题和关键文字的大小应该在 36 ~ 48 磅。重点语句应采用粗体、斜体、下划线或色彩鲜艳字，以示区别。

尽量使用图形和表格表达内容，避免出现纯文字的页面。

3．图表

PPT 中使用的图表分为两类：一种是恰当运用图表以说明文字之间的逻辑关系；另一种是对文字进行补充说明和支持，包括数据图、流程图等。

4．演示效果

良好的演示效果能帮助培训师恰当地阐释自己的讲课内容，起到锦上添花的作用。幻灯片之间的切换效果最好不要超过三种，而每张幻灯片的构成元素之间避免使用三种以上的演示效果，以免分散学员的注意力。

二、编制讲师手册

讲师手册是培训师在上课时的顺序、内容的指引。在课程设计中，它属于培训师备课的一部分。讲师手册的内容包括开场、气氛调节、所要教授的主要理论或技能，培训方式、案例分析、游戏编排、互动讨论、相关测试及测试结果分析、所提问题及问题答案、可能遇到的困难及对策等所有和课程相关的内容。因此，编辑讲师手册是整个培训备课过程中最艰巨、最具创造性的工作。

在制作讲师手册的过程中，最重要的就是按照课程大纲的思路，依照时间表的时间分配，进行资料的收集和编排工作。

（一）讲师手册构成要素

课程讲授分为三个部分：开场、主体和结尾。讲师手册的编制也应当按照授课的过程进行。讲师手册的内容如下。

1. 开场

"良好的开端是成功的一半""万事开头难"，开场的重要性不言而喻。开场把握的要点有四个，具体如表7-2所示。

表7-2　开场要点

开场要点	要点说明
1. 塑造良好的第一形象	（1）注重仪容仪表 （2）表现出热情和自信
2. 进行恰到好处的介绍	（1）培训师介绍。培训师可以采取书面介绍、请人介绍和自我介绍的方式让学员了解自己、认识自己 （2）学员的介绍。包括学员自我介绍和互动介绍两种方法。对于新员工等课程的讲授而言，可考虑留出一定的时间进行学员介绍。学员介绍能活跃气氛，打破僵局，营造轻松的培训氛围
3. 建立培训期望值	（1）开场时，可通过对课程内容和分配时间的介绍，让学员对课程讲授的总体情况有所了解。比如，可以使用以下的语气进行说明："在今天____小时的授课时间里，我将用____分钟进行理论讲解，____分钟进行学习讨论，用____分钟分析案例" （2）建立培训期望值可以帮助学员明确培训的目的，把握整个课程的进展，并明确各个内容板块的学习目标
4. 引发学习兴趣	（1）告诉学员本次学习的重要性和培训机会的珍贵，明确本次学习对于学员的好处和实实在在的利益，激发学员的学习积极性 （2）以下是列举的引发学员兴趣的方式，以供参考 ①表明参加本次培训带来晋升的可能性 ②举例说明参加培训的好处，最好用数据说明 ③列举反面案例，表明不参加培训的严重性

2. 主体

主体部分应表明以下三大事项。

（1）授课内容及其要点。培训的主要目的就是传授知识、技能等。因此，在编制讲师手册时，应明确授课的标题和要点，还可以阐述每一标题所需控制的时间。

案例、故事、讨论、游戏、活动等作为授课内容的重要构成方面也需要在主体中予以说明，并应说明为了顺利完成案例分析、故事讲解、内容讨论、游戏、活动等所需的材料、道具及应控制的时间等。

（2）控制培训环境。确保培训的外在条件（如光线、室温、通风等因素）不会干扰培训的开展，使学员的注意力能够集中在培训的内容上。

控制培训环境还包括掌控课程的进展和互动环节的讨论，以免由于时间控制不合理导致内容没有得到全面展示。

（3）调节气氛。调节气氛有利于保持学员学习的兴趣，有利于培训内容被理解和掌握。培训师在授课过程中要对气氛的变化保持敏感，并采取适当的措施调节气氛。比如，如果气氛沉闷，可以通过引入学员兴趣度极高的话题或案例帮助活跃气氛；如果气氛过于热烈，应当及时提醒学员要有良好的学习态度。

3. 结尾

在编制讲师手册时，应当明确课程结尾所用的方式，是用总结式、展望式还是鼓励式，或者使用名言警句或故事等结尾。

不论以什么方式结尾，在讲师手册中都应当明确所使用的结尾方式的素材，如要以故事结尾，则应简单介绍故事的原始材料和内容。

（二）讲师手册的编制步骤

讲师手册的编制步骤如图 7-2 所示。

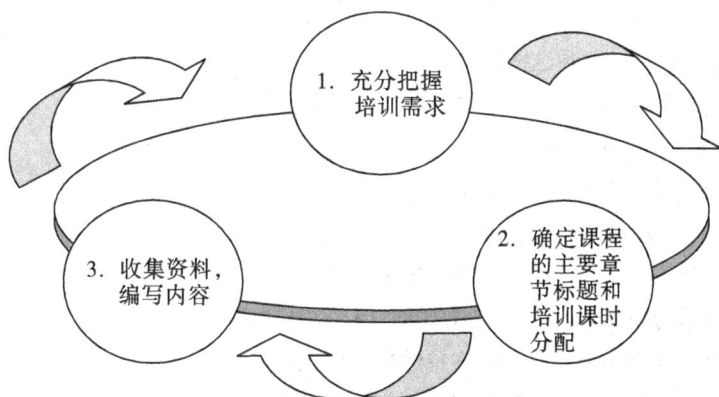

图 7-2　讲师手册的编制步骤

1. 充分把握培训需求

在编制讲师手册前应仔细考虑所授课程的目标、学员的特点、学员的理解水平等问题。这可以通过与学员及学员所在部门的领导进行交谈找到答案。

2. 确定课程的主要章节标题和培训课时分配

在确定课程的主要章节标题时可以参考市场上类似课程的大纲介绍，可以取长补短、查漏补缺，时间安排的确定是分配章节内容所需时间的前提，也是设计案例、游戏、讨论内容的前提和掌控案例、游戏、讨论时间的必然要求。

3. 收集资料，编写内容

（1）理论知识。理论知识的资料可以从相关教材类图书、网络和公司资料中发掘。

（2）知识应用的设计。知识应用包括案例、游戏、活动等环节的设计。这些可以从网络、实务类图书或自己的切身经历等中获取素材，并编排成可操作、可应用的内容等。这一部分内容的关键在于对案例、游戏、活动进行分析和总结，并设法将其控制在可控范围内。

某公司开展的针对管理人员的"员工激励"课程的讲师手册如表7-3所示。

表7-3 "员工激励"课程的讲师手册

课程构成	授课内容和方式	授课说明
开场	各位学员都是有着激励经验的专家，对于员工激励你们都有自己的独到体会，现在请大家用3~5分钟的时间填写发到你们手中的第一份材料，这份材料主要用来测试你们的激励水平。稍后，我将就测试结果进行分析。 **激励能力自我测试题** 1. 在激励下属时，你选择激励方式的依据是什么？ A. 根据下属的特点选择　　B. 根据公司的制度选择 C. 依据自己的偏好选择 2. 你怎样认识各种激励方式的重要性？ A. 都是有效的，要综合利用 B. 不同的方式效果不同　　C. 要有选择地用 3. 准备激励下属时，你是否会花时间思考应怎样选择激励方式？ A. 每次都要思考　　　　　B. 在特殊情况下会思考 C. 不会思考，严格执行公司制度	1. 以测试题导入，帮助学员明确本次课程学习的重要性和必要性，激发学员的学习主动性 2. 所需授课材料包括计算机、投影仪、白板、白板笔

（续表）

课程构成	授课内容和方式	授课说明
开场	4. 为了使激励方式更有针对性，你会怎样去掌握下属的个性、特点与偏好？ A. 多重方式并用　B. 通过沟通去掌握　C. 根据自己的观察去掌握 5. 你通常采用几种激励方式激励下属？ A. 5 种以上　　　B. 3～5 种　　　　C. 3 种以下 6. 你采用的激励方式是否能达到理想的效果？ A. 通常都能达到　B. 大部分能达到　C. 部分能够达到 7. 你如何对下属进行激励？ A. 物质激励和精神激励并重　　　　B. 以精神激励为主 C. 以物质激励为主 8. 你如何认识物质激励？ A. 需要和精神激励相结合　　　　B. 物质激励是必需的 C. 是最好的激励方式 9. 你何时对下属进行赞美和表扬？ A. 随时随地　　　B. 当下属有良好表现时 C. 当下属有突出成绩时 10. 作为管理者，你如何认识惩罚？ A. 有时候也是一种激励　　　　　B. 有时候会打击员工 C. 是管理者的一种态度 试题结果说明： 选 A 得 3 分，选 B 得 2 分，选 C 得 1 分 24 分以上，说明你的激励能力很强，请继续保持和提升。 15～24 分，说明你的激励能力一般，请努力提升。 15 分以下，说明你的激励能力很差，急切需要提升。 　　通过对测试题目的分析可以知道，尽管各位在激励能力上有着独到的体会，但是整体的激励能力有待提高，在完成今天的学习后，你将能够： 1. 列出激励的不同类型和方法； 2. 判断员工激励中存在的问题； 3. 根据激励对象的不同特点选择适当的激励方法； 4. 对员工进行有效的激励。	1. 以测试题导入，帮助学员明确本次课程学习的重要性和必要性，激发学员的学习主动性 2. 所需授课材料包括计算机、投影仪、白板、白板笔

课程构成	授课内容和方式	授课说明
第一部分认识激励	一、员工为什么需要激励 （该部分的讲解可以通过播放视频片段来帮助学员理解和掌握） 二、马斯洛需求层次理论及其带给我们的启示 （以图解幻灯片的形式讲解） 三、赫茨伯格的双因素理论及其带给我们的启示 （以图解幻灯片的形式讲解） 四、其他激励理论及其带给我们的启示 （以图解幻灯片的形式讲解） 五、当前企业中员工的真正需求是什么 （该部分的讲解引入学员讨论环节，通过学员表述自己在工作中的需求，引导学员形成对员工需求的共识）	1. 以讲授法为主，辅之以讨论互动 2. 所需授课材料包括计算机、投影仪、白板、白板笔、活动挂图
第二部分你可以选择的激励方式	一、物质激励 （一）目前企业常用的物质激励的做法 （二）评判物质激励是否到位的标准 （三）最大化发挥物质激励的技巧 （四）物质激励案例介绍 二、精神激励 （一）目前企业常用的精神激励的做法 （二）评判精神激励是否到位的标准 （三）最大化发挥精神激励的技巧 （四）精神激励案例介绍	1. 以讲授法为主，辅之以案例讲解 2. 所需授课材料包括计算机、投影仪、白板、白板笔
第三部分掌握有效的激励技巧	一、评估员工和工作 （一）合理安排工作量 （二）工作丰富化 （三）工作扩大化 二、同员工分享信息以获得理解和支持 三、工作反馈多表扬、少批评 四、信任和充分授权 五、及时询问员工的工作进展，并提供支持 六、敏锐发现员工消沉、老化的信号 七、营造创新、参与的工作氛围	1. 以讲授法为主，辅之以小组讨论 2. 所需授课材料包括计算机、投影仪、白板、白板笔

（续表）

课程构成	授课内容和方式	授课说明
第四部分结尾	激励没有固定的一用即准的法则，因为激励的对象不同，激励的时机不同，激励的风格不同，激励的环境不同，但是所有的激励都必须基于对对方的尊重和信任。我希望大家在课程结束后、在开展工作的过程中能够时刻牢记下面这个故事。 故事的梗概如下表所示。 **课程结尾故事梗概** 一个囚犯在外出修路时，捡到了1 000元钱，他不假思索地将钱交给了狱警。狱警却轻蔑地对他说："你别来这一套，你用自己的钱变着花样来贿赂我，想以此作为资本减刑，你们这号人就是不老实。" 囚犯万念俱灰，认为这个世界上再也不会有人相信他了。晚上，他越狱了。 亡命徒中，他大肆抢劫钱财，准备外逃。在抢得足够的钱财后，他登上了一列开往边境的火车。火车上很挤，他只好站在厕所旁。这时，一位十分漂亮的姑娘走进厕所，关门时却发现门栓坏了。她走出来，轻声对他说："先生，您能为我把门吗？" 他愣了一下，看着姑娘纯洁无瑕的眼神，点了点头。姑娘红着脸进了厕所，而他像一个忠诚的卫士，目不转睛地守着门。 这一刹那，他改变了主意，火车到达下一站的时候，他下车到车站派出所投案自首了。	1. 以故事结尾，通过故事给学员留下深刻的印象，增强本次授课的效果 2. 所需授课材料包括计算机、投影仪、白板、白板笔

三、编制学员手册

学员手册是学员参加培训时得到的培训资料，包括学员需要或者被要求掌握的所有知识要点。学员手册的内容和形式可以根据课程的需要有多样化的选择，如可以选择教材、培训资料的某些部分或讲义的某些资料等。在开展培训的过程中，培训组织者也会发放补充资料，包括参考资料、讲义、案例分析资料、角色扮演资料以及游戏说明资料等。

编写学员手册时要满足的要求如表7-4所示。

表7-4　学员手册编写要求及其说明

编写要求	要求说明
准确性	只有确保内容的准确无误才能保持课程在学员心中的可信度
针对性	学员手册的编写内容要紧紧围绕学习目标来组织，在满足学习目标要求的基础上增加内容的趣味性
难易适中	学员的文化程度和理解能力存在差别，这就要求编写学员手册时应充分考虑学员的文化水平和理解能力的要求，以免给学员学习增加压力
留出适当空白	编制学员手册时，应适当留出空白供学员在学习过程中进行记录
排版的适宜性	在编写学员手册时，应当设计合适的字体和字号

学员手册的形式比较灵活，可以是一本外购的图书，也可以是自编的一套教材。就自编的学员手册而言，主要表现为PPT形式。

编制PPT形式的学员手册可以培训师制作的课程演示文稿为蓝本，根据学员的特点，进行内容调整和排版优化。利用讲稿编制学员手册的优点包括以下四个方面。

（1）内容同培训师的授课内容一致，便于学员复习。

（2）内容简洁，一目了然，便于理解、记忆。

（3）恰当的图片可以帮助学员理解课程内容。

（4）编制时间短，花费成本低。

学员手册的编制模板如下所示。

关于"领导授权"课程的学员手册模板

一、学习目标

当你学习完本课程后，应当达到以下学习目标。

1. 能够准确复述有效授权的____个要素。

2. 能够默写授权的____个基本原则。

3. 运用所学知识，能够准确判断工作中哪些做法不是有效的授权方法。

4. 能够运用有效授权原理，改变自己曾经做过的不合理授权的做法。

二、本课程的考核方法

采用闭卷考试的方法，对学员是否达成学习目标进行考核。

三、本课程的内容要点

（一）了解授权

1. 授权的必要性。（具体内容略）

2. 授权的要素。（具体内容略）

（续）

3. 授权的原则。（具体内容略） （二）授权常会遇到的障碍 1. 自己做会比员工做得更快。（具体内容略） 2. 不放心员工的工作能力。（具体内容略） 3. 认为员工不愿承担过多的工作。（具体内容略） （三）授权的方法 1. 按项目授权。（具体内容略） 2. 按任务授权。（具体内容略） 3. 按职能授权。（具体内容略） （四）授权的步骤 1. 准备授权。（具体内容略） 2. 下达指令。（具体内容略） 3. 监控进展。（具体内容略） 4. 授权改善。（具体内容略）	

第二节　课程实施准备与运营

培训师要把课堂上要讲授的内容掌握得滚瓜烂熟，对训练中可能出现的各种情况做到心中有数，对自己要提出的问题以及学员可能提出的问题早做设计，对游戏互动、实操演练、小组讨论都配置得当。

一、掌握五大要点

充分的准备是确保培训效果的必要条件，为了避免在走到授课现场时才发现遗漏了应该准备的东西，从而影响情绪或授课效果，培训师在开展培训前应确保自己进行了充分的准备，表7-5所述的五大要点可以帮助培训师检查准备工作是否充分。

表7-5　培训课程准备五大要点

五大要点	问题的具体方面
授课目标	学员为什么来参加培训，培训课程结束后学员可以从培训中得到什么
授课内容	自己在课堂上要传授哪些主题，讲授课程时要考虑学员的层次水平，讲授课程需要哪些设施设备，授课需要准备哪些材料

（续表）

五大要点	问题的具体方面
学员详细特征	学员的年龄、国籍、文化程度、工作资历、培训期望和思维特点等信息
具体授课时间	课程的具体时间，包括一年中的哪个时段，工作日还是公休日，上午、下午还是晚上
具体授课地点	授课地点在哪栋楼、哪个房间，室内布置有什么特点，座位如何摆放，光线、温度等舒适度和抗干扰程度如何

在明确需要准备的事项后，可以借助表7-6所示的项目汇总表总结自己的准备成果。

表7-6　培训准备项目汇总表

准备项目	项目具体内容					
学员情况	学员平均资历		最高资历		最低资历	
	学员平均年龄		最大年龄		最小年龄	
	接受过的训练					
课堂需要解决的问题						
课堂要用的案例						
课堂要开展的活动						
课堂要用的故事						
课堂要用的视听素材						
可能要用的辅助工具						
可能会出现的提问						
可能出现的意外情况						
可能的表现优秀者						
可能的表现不佳者						
潜在的支持者						
潜在的问题制造者						

二、准备所需的资源

（一）设备、设施准备

1. 设备、设施的内容

包括计算机、投影仪、激光笔、教鞭、教具（教学模型）、黑板和白板、工具、讲师教材、白板和白板刷、投影仪和投影屏幕、录音、摄像设备、麦克风和电池、座位牌等。

2. 掌握"三不"原则

设备、设施的准备应当把握三个原则，即不遗漏、不损坏和不陌生。

（1）不遗漏。不遗漏就是根据所需设备、设施的清单，核对应准备的设备、设施已经齐全，不存在遗漏的情况。

（2）不损坏。不损坏就是保证已经准备齐全的设备、设施无损坏情况，不会影响使用。

（3）不陌生。不陌生就是对各类设备、设施进行试操作，确保使用效果能够满足课程讲授的需要。

（二）文本材料准备

1. 文本材料的内容

文本材料指的是在教学过程中要用到的以纸张、硬盘等形式存在的与授课内容相关的材料。具体包括如图 7-3 所示的五类文本材料。

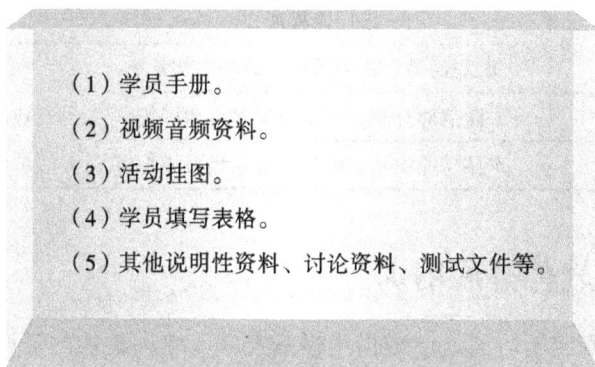

（1）学员手册。

（2）视频音频资料。

（3）活动挂图。

（4）学员填写表格。

（5）其他说明性资料、讨论资料、测试文件等。

图 7-3　培训课程文本材料内容

2. 掌握"三全一准"原则

在准备文本材料时，应做到"项目全、内容全、数量全、表达准确"。

（1）"项目全"是指根据所需文本材料的清单，确保文本材料种类齐全，无遗漏。

（2）"内容全"是指每一类文本材料的内容都没有缺失，能够达到授课的要求。

（3）"数量全"是指对每类文本材料的数量进行清点，确保所需的数量符合要求。如学员手册人手一份，应确保总份数不低于总人数，并在此基础上多准备几份。

（4）"表达准确"是指培训师一定要认真核对文本材料的内容，确保表述准确、完整，不存在模糊不清、表达错误、排版不当的情况。

待这些准备工作都准备到位后，企业培训管理工作者就可依照既定的培训计划实施培训了。在培训实施过程中，培训组织者需做好培训期间各种突发事件的应对工作，确保培训计划的顺利进行。

第三节 基于移动互联网技术的培训课程实施

传统的培训课程实施主要包括场地选择、现场准备、签到管理、纪律管理等内容，要求所有学员和培训师以及培训人员在特定的时间、地点，参加特定的培训课程。

与传统培训课程不同，基于移动互联网而展开的培训活动具有移动化的特征，员工可以随时随地获取自己需要的知识、技能等培训内容。

依托 App 应用软件、微信社交软件、网络直播平台等开发的一对一或一对多的培训课程，具有移动化、碎片化、个性化和多元化的特征，其培训课程的表现形式也各具特色，如表 7-7 所示。

表 7-7 培训课程的形式

培训工具	培训课程形式	课程内容
App 应用软件	游戏通关、视频讲解、语音、文章等	专业知识技能
微信社交软件	微信群分享、公众号文章、微课等	行业动态、标杆企业文化
网络直播平台	产品功能演示、课堂讲授、场景模拟等	产品介绍、操作演示

一、运用 App 软件开展培训

企业可通过自身定制培训 App 或借用第三方 App 培训机构的资源对员工进行培训。企业利用 App 开展培训，其实施方便快捷，培训评估数据立等可取，因此这一培训方式受到广泛应用。基于 App 的培训课程具有以下特点，如图 7-4 所示。

图7-4 App 培训课程实施的特点

下面是一家公司制定的培训 App 软件，其界面设置情况如图7-5 所示。

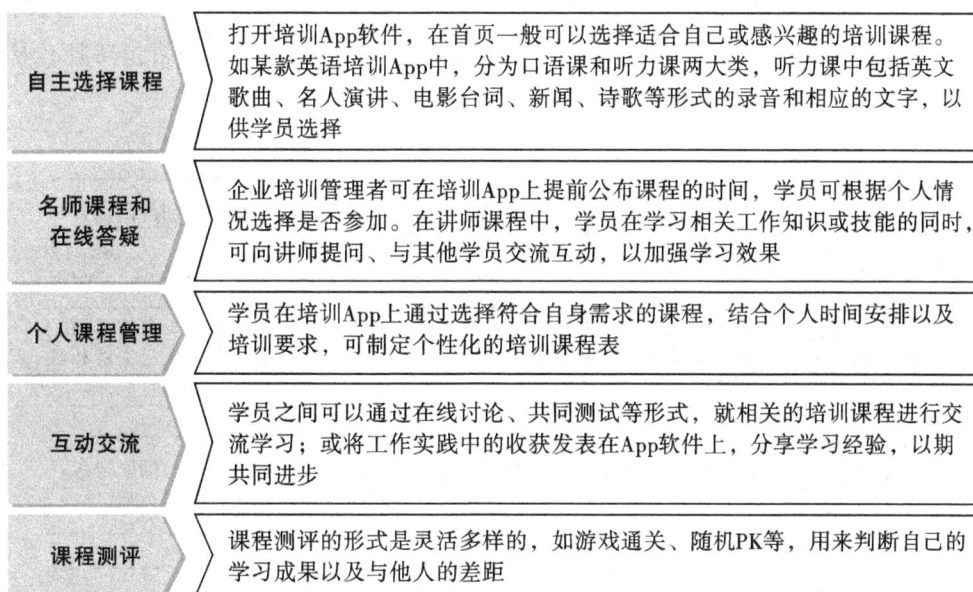

图7-5 界面设置

二、基于微信的移动学习平台

随着互联网技术的发展，移动学习已逐渐成为员工重要的学习方式。微信作为目前国内最受欢迎的社交网络平台之一，其在线互动、主动推送、受众广泛等特点都与移动学习者的需求紧密贴合。因此，利用微信这一平台来实施培训也是很多企业采用的方式之一。

基于微信的移动学习应当能够充分突出学习的交互性，充分展现教学内容的多样性，充分激发员工的学习积极性。图7-6根据移动学习的特点，设计了基于微信平台的培训设计框架。

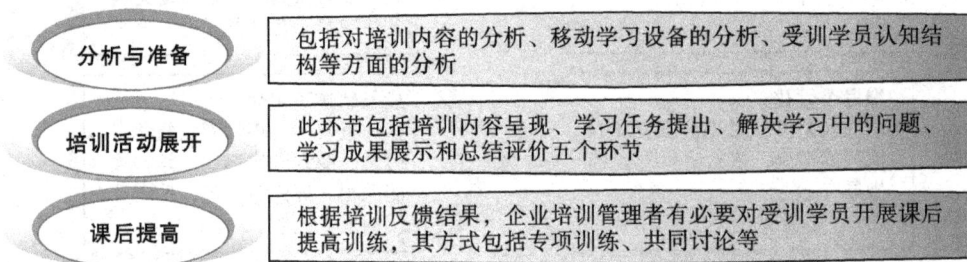

分析与准备 —— 包括对培训内容的分析、移动学习设备的分析、受训学员认知结构等方面的分析

培训活动展开 —— 此环节包括培训内容呈现、学习任务提出、解决学习中的问题、学习成果展示和总结评价五个环节

课后提高 —— 根据培训反馈结果，企业培训管理者有必要对受训学员开展课后提高训练，其方式包括专项训练、共同讨论等

图7-6 设计框架

在实践中，一些企业会运用微信公众号这一工具对内部员工进行培训。利用微信公众号开展培训的课程形式多样、内容丰富，是学员了解企业文化，学习知识、技能的有效工具。利用微信公众号这一平台对员工进行培训时，其界面设置的项目包括但不限于如图7-7所示的四项。

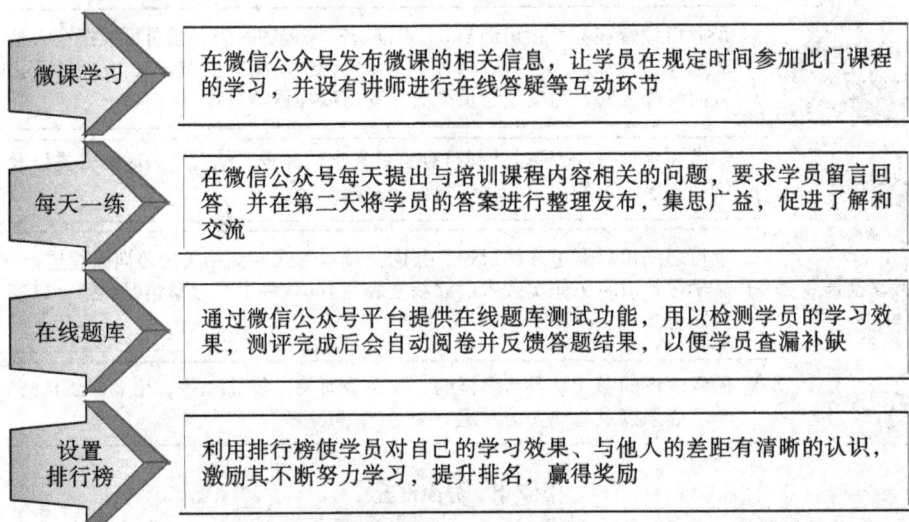

微课学习 —— 在微信公众号发布微课的相关信息，让学员在规定时间参加此门课程的学习，并设有讲师进行在线答疑等互动环节

每天一练 —— 在微信公众号每天提出与培训课程内容相关的问题，要求学员留言回答，并在第二天将学员的答案进行整理发布，集思广益，促进了解和交流

在线题库 —— 通过微信公众号平台提供在线题库测试功能，用以检测学员的学习效果，测评完成后会自动阅卷并反馈答题结果，以便学员查漏补缺

设置排行榜 —— 利用排行榜使学员对自己的学习效果、与他人的差距有清晰的认识，激励其不断努力学习，提升排名，赢得奖励

图7-7 界面设置项目

下面提供一则示例，供读者参考。

某公司培训部要求各部门组织员工利用微信群开展学习交流活动，并制定了相关学习计划和规定，相关内容如下。

1. 人员构成及其职责

（1）学习微信群由一位群主、一位助理、一位积极分子以及群成员构成。

（2）微信群总人数应在40人左右，人数较多的部门可分为若干个群。

（3）群主每两周确定一次学习主题，每天早上按时提出一个观点/概念、一个话题或者一个案例示范，发布主持词，引导大家讨论。群主可以根据实际需要，引入外部资源。

（4）助理协助群主关注当天群内学员的反应并进行引导，布置作业，必要时纠正讨论方向，每天晚上做简单的总结。

（5）积极分子带头分享作业，分享实践做法和心得感悟，促进大家积极交流，成为言传身教的领路人。

（6）群成员每天参与讨论、提交作业，随时将自己的困顿、迷茫、疑惑写出来，让大家集思广益。

2. 微信群学习规定

（1）群成员针对主题内容进行研讨，每人每周至少分享一次收获。

（2）群主将每周的精彩分享上传至公共邮箱，每月总结学习成果。

（3）群主每两个月组织一次沙龙或社会实践活动。

3. 群内行为约束

（1）群成员尽量少发表情、图片等；生日祝福和节日祝福只能出现三条祝福信息，群主对多发者给予警告。

（2）直接提出疑问，直接发布感悟、观点、实践成果等。

（3）新群友加入时，为表示欢迎，可发三条信息，使其尽快了解讨论内容。

（4）不允许在群里@某某，进行与主题无关的聊天活动。

（5）不贴长篇文章，可发链接，慎重分享未经核实的内容。

一个主题学习结束后，群主可借助微信公众号发表文章分享精彩内容，使学习和讨论继续延伸，成为没有期限的主题论坛。通过群成员之间内容的讨论和观点碰撞，可以促使群成员在较短的时间内迅速吸收、巩固知识，并将新知识与实践紧密结合。

第八章

培训课程总体评价

第一节　培训课程评价模型与方法

一、目标评价模型

20 世纪 30 年代，泰勒提出了目标评价模型。他认为课程评价就是对课程在何种程度上实现了既定目标的评价。其课程评价的主要步骤及说明如图 8-1 所示。

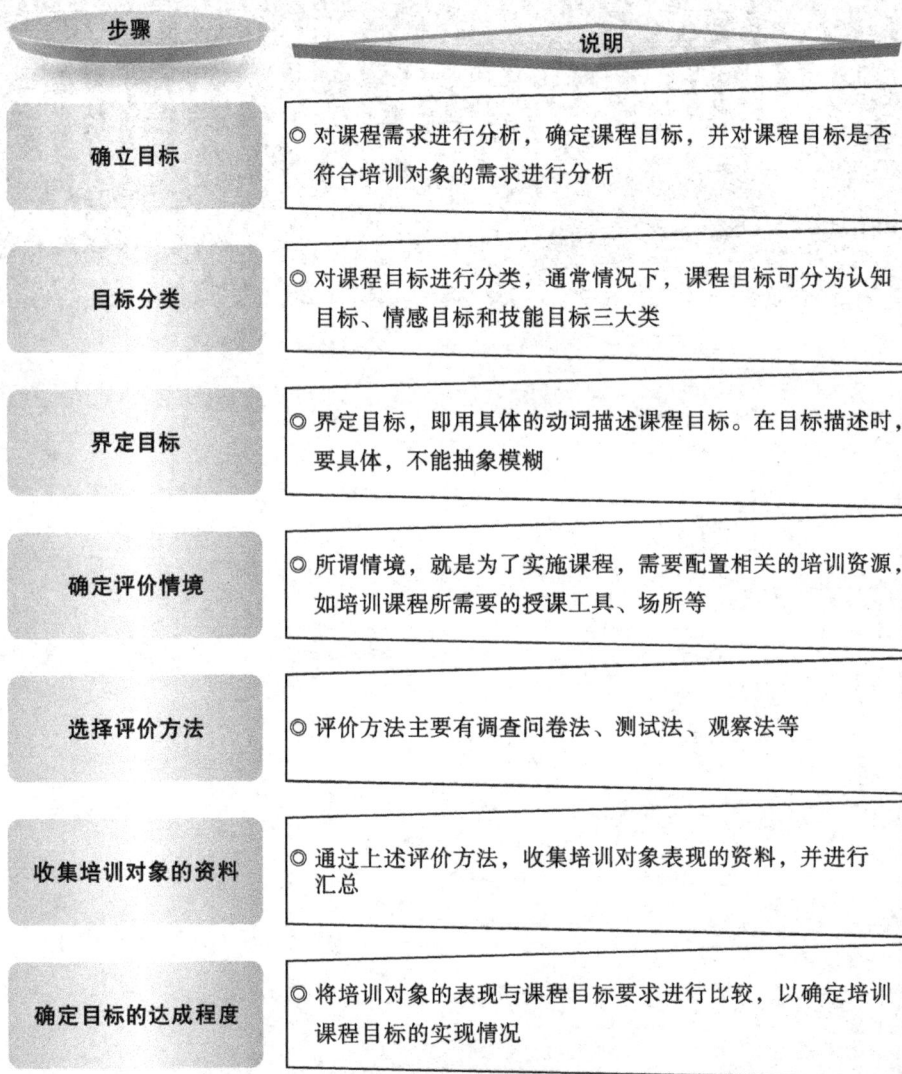

步骤	说明
确立目标	◎ 对课程需求进行分析，确定课程目标，并对课程目标是否符合培训对象的需求进行分析
目标分类	◎ 对课程目标进行分类，通常情况下，课程目标可分为认知目标、情感目标和技能目标三大类
界定目标	◎ 界定目标，即用具体的动词描述课程目标。在目标描述时，要具体，不能抽象模糊
确定评价情境	◎ 所谓情境，就是为了实施课程，需要配置相关的培训资源，如培训课程所需要的授课工具、场所等
选择评价方法	◎ 评价方法主要有调查问卷法、测试法、观察法等
收集培训对象的资料	◎ 通过上述评价方法，收集培训对象表现的资料，并进行汇总
确定目标的达成程度	◎ 将培训对象的表现与课程目标要求进行比较，以确定培训课程目标的实现情况

图8-1　目标评价模型的主要步骤及说明

二、差距评价模型

20世纪60年代，普罗沃斯提出了差距评价模型，该模型主要体现在"差距"上，即将设计的课程目标与实际达到的课程目标之间的差距，作为改进课程的依据。差距评价模型主要包括五个阶段，如图8-2所示。

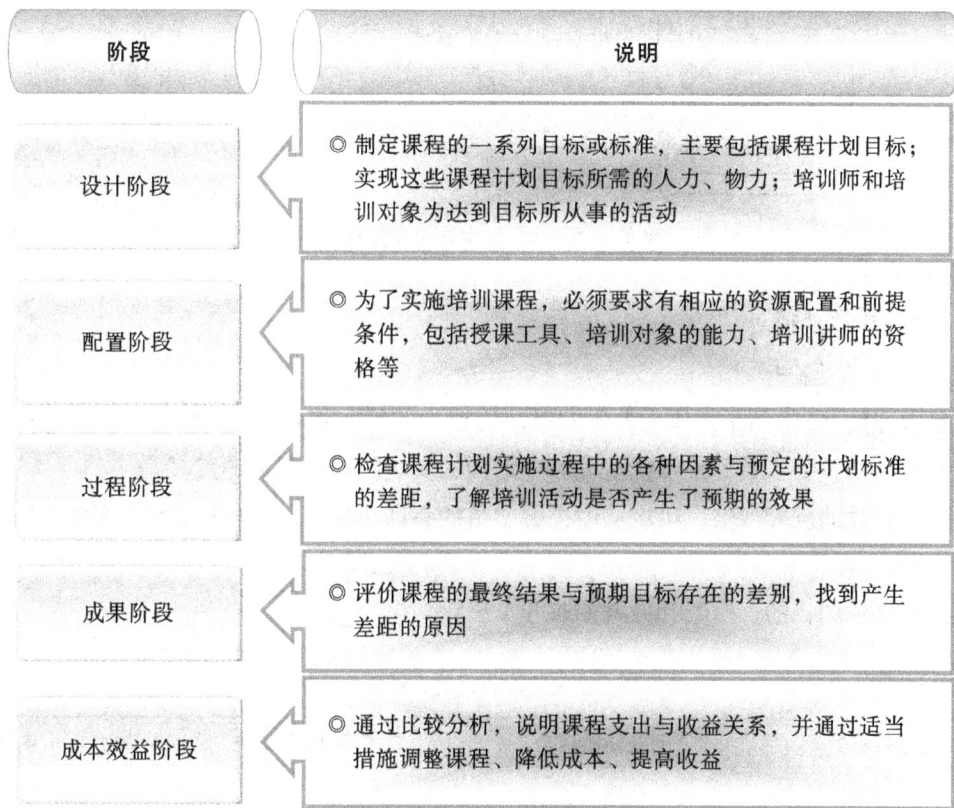

阶段	说明
设计阶段	◎ 制定课程的一系列目标或标准，主要包括课程计划目标；实现这些课程计划目标所需的人力、物力；培训师和培训对象为达到目标所从事的活动
配置阶段	◎ 为了实施培训课程，必须要求有相应的资源配置和前提条件，包括授课工具、培训对象的能力、培训讲师的资格等
过程阶段	◎ 检查课程计划实施过程中的各种因素与预定的计划标准的差距，了解培训活动是否产生了预期的效果
成果阶段	◎ 评价课程的最终结果与预期目标存在的差别，找到产生差距的原因
成本效益阶段	◎ 通过比较分析，说明课程支出与收益关系，并通过适当措施调整课程、降低成本、提高收益

图8-2　差距评价模型阶段说明图

三、柯氏四级评估模式

柯氏四级评估模式是企业在实践中应用最广的一种评估模式，它是将培训评估分成四个级别，分别为反应评估、学习评估、行为评估和结果评估。这四级之间是层层递进的关系，当从低级别进入高级别时，评估的程序和内容都会变得复杂一些，所需的评估时间也更多一些。在实施评估的过程中，评估人员不能凭借自己的理解，想当然地随意跨越、省略某个级别。这四级之间的关系如图8-3所示。

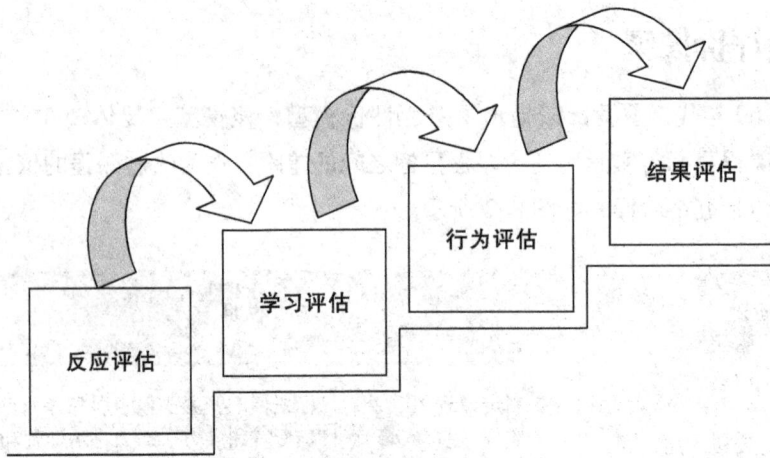

图8-3 柯氏四级评估模式示意图

（一）反应评估

1. 反应评估概述

反应评估（Reaction）作为柯氏四级评估模式的第一级别，是了解学员对培训项目的满意程度的重要工具，是掌握学员对于培训的反应的积极程度的工具。

开展有效的反应评估，可以从中把握学员的参训动机，并为合理设计后续课程项目提供参考。

反应评估的目的、对象和方式如表8-1所示。

表8-1 反应评估的目的、对象和方式

反应评估目的	反应评估对象	反应评估方式	反应评估时间	说明
评估学员对培训过程的满意程度	课程主题的重要性和及时性 课程总体进度安排和时间安排 培训师的表达及教学技巧运用 课程内容有效性和教材的质量 课程各类辅助材料的有效适当 课程场地设备及其他服务质量	电话调查 问卷调查 观察法 访谈法	课程结束时	责任目标

2. 反应评估实施

大多数培训项目的组织者或课程设计人员通过填写评估表的方式了解学员的反应情况，事实也证明，表单和调查问卷的确能够起到良好的评估作用。设计反应评估表单和问卷时，需要遵循如下六大准则。

136

（1）事先明确自己所要评估的事项。

（2）表单和问卷设计可量化。

（3）书面意见胜过口头沟通。

（4）学员回答保证真实可信。

（5）制定认可的评估标准并参照执行。

（6）评估完成后与学员进行再沟通。

在进行培训反应评估时，必须确保充足的信息反馈和较短的评估时间，因为大多数参训学员在培训结束后并不想在培训评估表上花费太多时间。

培训反应评估表的样例如表8-2所示。

表8-2　培训反应评估表样例一

为了了解本课程对您需求的满足程度，我们需要您花费几分钟的时间填写这份表格，填写表格时请注意以下两点。

1. 请务必填写您的真实感受，这对我们很重要。

2. 请注意所有的选择性题目均为单选题目，请在相应的选项后画"√"。

下面请作答。

1. 培训课程的内容与我的工作的相关程度。

A. 密切相关　　　B. 一般相关　　C. 关系不大　　D. 没什么关系

说明：＿＿＿＿＿＿＿＿＿＿＿＿＿＿＿＿＿＿＿＿＿＿＿＿

2. 培训课程的讲解方式是否生动、有趣？

A. 很吸引人　　　B. 比较有趣　　C. 一般　　　　D. 没感觉

说明：＿＿＿＿＿＿＿＿＿＿＿＿＿＿＿＿＿＿＿＿＿＿＿＿

3. 辅助材料的选用和设计的满意程度。

A. 很满意（　）　B. 满意（　）　C. 一般（　）　D. 不满意（　）　E. 很不满意（　）

说明：＿＿＿＿＿＿＿＿＿＿＿＿＿＿＿＿＿＿＿＿＿＿＿＿

4. 您对培训服务（培训场所的舒适度、方便性、及时性）的满意程度。

A. 很满意（　）　B. 满意（　）　C. 一般（　）　D. 不满意（　）　E. 很不满意（　）

说明：＿＿＿＿＿＿＿＿＿＿＿＿＿＿＿＿＿＿＿＿＿＿＿＿

5. 您对课程培训师的仪容仪表和讲课风格的满意程度。

A. 很满意（　）　B. 满意（　）　C. 一般（　）　D. 不满意（　）　E. 很不满意（　）

说明：＿＿＿＿＿＿＿＿＿＿＿＿＿＿＿＿＿＿＿＿＿＿＿＿

6. 就本次课程而言，您认为需要改进的地方在哪里，请填写您的宝贵意见。

＿＿＿＿＿＿＿＿＿＿＿＿＿＿＿＿＿＿＿＿＿＿＿＿＿＿＿＿

表8-2对培训过程进行了笼统的反应评估，并没有对反应评估的各个具体事项进行细化说明，而且问题的选项设计比较简单。这种评估表难以全面了解参训学员对培训效果的反应程度。

表8-3是对培训项目进行细化后的可供参考的培训反应评估表样例。

表8-3 培训反应评估表样例二

1. 您对本课程的哪些讲解感到难以理解？

A. 理论知识　　B. 案例讲解　　C. 故事　　D. 游戏　　E. 其他，_____

2. 您对培训师的哪些表现存在不满意的地方？（可多选）

A. 穿着，说明_____　　　　B. 讲课语速，说明_____

C. 语言表达，说明_____　　D. 逻辑分析，说明_____

3. 您对我们提供的培训场地和资料是否满意：A. 是　B. 否，请说明：_____

4. 您对培训内容的感受是：

A. 所讲的内容我都感兴趣，但一些我想听到的内容没有听到，如_____

B. 我想听的都讲到了，而且讲得很透彻。

C. 我想听的都讲到了，但讲得不够清楚，没有解决我想解决的难题。

D. 其他，请说明_____

5. 您对在培训过程中所用的PPT展现形式的印象是？（可多选）

A. 标题内容完整、统一，能够展现我想了解的东西。

B. 色彩搭配和谐一致，美观大方，没有令人眼花缭乱的感觉。

C. 字体、字号选择适中，没有看不清楚的感觉。

D. 没有什么特别，跟我听过的其他课程差不多。

您希望有哪些改进，请告诉我们_____

6. 在本次培训过程中，能让您感到兴奋或感兴趣的内容是？

A. 理论环节，透彻易懂　B. 讨论环节受益匪浅　C. 游戏互动感触颇深

D. 故事环节发人深省　　E. 案例环节，他山之石

若您都不选，请说明原因_____

7. 您认为本次培训为您提高自己的工作效率和解决工作问题提供的帮助在于：

A. 帮助拓展解决难题的思路　　　B. 提供解决问题的有效的工具或方法

C. 激发我去了解其他相关的知识　D. 需要反思自己的态度或能力，取得进步

E. 其他，请说明_____

8. 您认为培训中安排的练习、讨论和活动占用的时间长短情况如何？

A. 太长　　B. 长　　C. 刚好　　D. 短，您认为恰当的时间是____分钟

9. 您认为今后的课程安排应该在哪些方面进行改进？

A. 增加课堂趣味性　B. 培训师的语速和逻辑分析　C. 增加案例　D. 增加故事

E. 增加讨论和游戏等互动环节　F. 减少理论知识　G. 其他，请说明_____

3. 反应评估结果的汇总和分析

反应评估结果的计算就是将反应评估的所有意见进行汇总并量化分析的过程，这就需要赋予每个选项以相应的分数。

对于如"很满意—满意——般—不满意—很不满意""非常好—很好—好——般—差""优秀—良好—合格—差—非常差"等评价选项均会赋予等差相同的分值，如"优秀—5 分，良好—4 分，合格—3 分，差—2 分，非常差—1 分"。当然，也可对具体分数进行调整，比如对于选项为"一般"以下的可赋予负分值。分值的赋予本身只是一种工具，对分值结果进行合理分析才是关键。

对所有评估表进行综合统计，统计的具体方法为将每个选项的赋予分值同选择这一选项的总人数相乘，并将所得的结果相加，然后除以所收答卷的总数，如此即可得出关于某一选项的平均分。现举例予以说明。

假如收上来的评估表的总数量为 40 份，在关于课程内容的选项以及所赋予的分值如下：

您对培训内容的满意程度为：A. 很满意（5 分）；B. 满意（4 分）；C. 一般（3 分）；D. 不满意（2 分）；E. 很不满意（1 分）。

对本题目各选项的人数汇总情况为：A 为 25 人，B 为 8 人，C 为 4 人，D 为 2 人，E 为 1 人。

则关于本题目得分的计算方法为：

$(5 \times 25 + 4 \times 8 + 3 \times 4 + 2 \times 2 + 1 \times 1) /40 = 4.35$（分）

（二）学习评估

学习评估相对于反应评估要更为复杂一些，所需花费的时间和成本也更多一些。

在描述培训课程的目标时，大多数是对学员知识、技能和态度的描述。这不仅是学习评估的主要对象，也是进行第三级行为评估和第四级结果评估的前提。

学习评估的目的、对象和方式如表8-4所示。

表8-4　学习评估的目的、对象和方式

学习评估的目的	学习评估的对象	学习评估的方式	评估时间	说明
衡量受训学员的学习效能，即学习成果获得程度，包括知识、技能、态度等	与课程内容相关的知识 与课程内容相关的技能 与课程内容相关的态度	测验考卷、实地操作、观察评分、小组研讨	课程开始前 课程进行时 课程结束后	学习目标

进行学习评估时，比较常见的就是通过纵向对比和横向对比的方法，借助问卷、表

格、面谈等工具，把握参训学员知识、技能和态度的变化情况。

1. 纵向对比

纵向对比指的是在培训课程开始前和培训结束后，通过问卷、表格、面谈等工具，针对不同课程的具体内容要求而实施的对参训学员知识、技能和态度的变化程度的了解和分析。

纵向对比针对的是个体参训学员的知识、技能和态度的变化情况。

设计进行纵向对比的问卷、表格、面谈内容时应把握以下两个原则：

（1）紧紧围绕不同课程内容的具体目标而体现差别；

（2）评估实施的时间为培训开始前和培训结束后，评估内容一致。

2. 横向对比

横向对比就是通过设定试验组和参照组，并对这两组的知识、技能和态度的变化情况进行分析，从而测定培训内容的效果。其中，试验组指接受过培训的人员，参照组指未接受过培训的人员。

在确定试验组和参照组时，必须确保参照组和试验组具有相同的特征，如工作内容、工作时间、年龄特征、数量等。

大多数企业在开展培训时，主要是通过进行综合测评的方式来进行可量化的横向对比。下面举例进行说明。

某公司在开展"沟通管理"培训时，确定了试验组和参照组，对培训前后的培训效果的变化情况进行测量。测量在培训开始前一天和培训结束后的第二个月的月底进行，测量的方式就是进行笔试答题，试卷的满分为100分。通过测量形成了如表8-5所示的测量结果。

表8-5　沟通管理学习评估测试得分表

	试验组得分	对照组得分
培训前	62.5	66.8
培训后	82.3	77.2
分值增幅	19.8	10.4
培训净增分值	19.8－10.4＝9.4	

从表8-5可以看出，通过培训增加的价值为9.4分。

对试验组和参照组培训前后的测量，可以对培训的知识、技能或态度的变化情况进行总体把握。然而，要想对培训在具体哪类知识、技能，哪些方面的态度等情况进行测量，就需要对测量的相关题目的得分情况进行分析。下面再以 A 公司的实例加以说明。

在某公司的关于"沟通管理"的测试题目中关于第 9 题的试验组和参照组的回答情况如表 8-6 所示。

表 8-6　参训学员沟通管理测试第 9 题得分分析表

第 9 题：当你听到公司里有人在背后说别人坏话时，你会怎么做？ A. 如果能制止就制止他们 B. 听归听，绝不参与其中 C. 如果确实说得有道理，也可能会参加讨论					
	试验组本题选择人数			参照组本题选择人数		
	A 项人数	B 项人数	C 项人数	A 项人数	B 项人数	C 项人数
培训前	12	8	5	11	10	4
培训后	15	9	1	11	11	3
分值增幅	3	1	−4	0	1	−1
培训贡献度	若以 A 项答案为我们所提倡的行为，则可以根据 A 项选择人数的多少来衡量培训效果的变化，即 3 − 0 = 3					

从表 8-6 中可以看出，通过培训增加的价值为 3。

（三）行为评估

1. 认识行为评估

行为评估相对于反应评估和学习评估而言，是更为复杂的评估阶段。

行为评估的目的、对象和方式如表 8-7 所示。

表 8-7　行为评估的目的、对象和方式

行为评估的目的	行为评估的对象	行为评估的方式	评估时间	说明
了解受训学员在工作上对所学知识、技能和态度的应用情况，即知识、技能、态度的实际运用程度	知识、技能和态度在实际工作中的应用状况	访谈法、调查问卷、全方位评估	培训结束后三个月或半年	变化目标

行为改变取决于多种因素，如行为改变预期、行为改变的条件、行为改变的成本等。对于有些受训学员而言，具备了行为改变的能力，但因为缺乏可预期的回报而不去改变；

而另外一些学员具备了能力，也拥有可预期的回报，但缺乏行为改变的条件；还有一些学员就是不具备改变的能力，尽管具备其他条件，也难以达到行为改变的要求。

进行行为评估，要对以下三个问题作出回答。

（1）什么时候实施评估。

（2）多长时间评估一次。

（3）采取什么方式评估。

2. 行为评估有效实施的条件

行为评估效果的达成程度取决于以下各条件的满足程度。

（1）采用试验组和参照组的对比方式进行。

（2）给予行为改变以充足的时间。

（3）在培训前后均需进行对比。

（4）增加评估次数以确保评估测量的准确性、客观性。

（5）不只对受训人员进行测量，还要包括受训人员上级、下属、同事及能够经常观察受训人员行为的人。

在实施行为评估时，可根据影响行为评估的要素设计评估试题和内容，以调查问卷或面谈的形式开展评估，具体内容如图8-4所示。

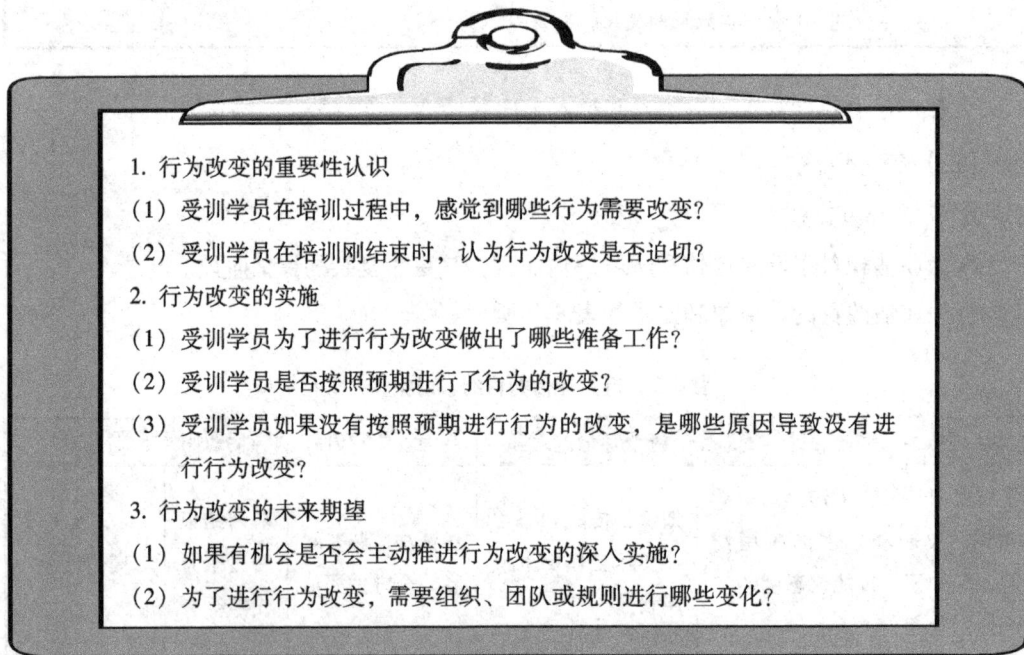

1. 行为改变的重要性认识

（1）受训学员在培训过程中，感觉到哪些行为需要改变？

（2）受训学员在培训刚结束时，认为行为改变是否迫切？

2. 行为改变的实施

（1）受训学员为了进行行为改变做出了哪些准备工作？

（2）受训学员是否按照预期进行了行为的改变？

（3）受训学员如果没有按照预期进行行为的改变，是哪些原因导致没有进行行为改变？

3. 行为改变的未来期望

（1）如果有机会是否会主动推进行为改变的深入实施？

（2）为了进行行为改变，需要组织、团队或规则进行哪些变化？

图8-4　行为评估内容设计参考样例

3. 行为评估表单样例

在培训实践工作中，很多企业通过培训效果跟踪表的形式对行为变化进行评估，表8-8为培训效果跟踪表的样表。

表8-8 培训效果跟踪表

学员填写内容			
学员姓名		所属部门	
组织部门		培训时间	
培训课程名称			
培训内容 （要求学员掌握的技能）			
学员所在部门领导填写			
该学员在日常工作中是否运用了培训中学到的技能，请举例说明			
您怎样督促该学员运用培训所学技能			
通过这次培训，该学员的工作绩效有了怎样的改进			
您对培训工作有何建议与要求			
领导签名			

（四）成果评估

成果评估是四级评估体系中最为复杂和难以准确测量的评估级别。一方面，企业有对培训项目的成本和收益进行量化分析以判断培训的必要性和重要性的需求，另一方面又由于以下三个原因，无法对培训效果进行全面、量化的评估。

◆ 培训管理人员不知道怎样对培训结果进行测量。

◆ 培训管理人员不知道怎样将培训结果和培训成本进行量化对比。

◆ 培训管理人员无法证明积极有效的结果在多大程度上是通过培训取得的。

成果评估的目的、对象和方式如表8-9所示。

表8-9 成果评估的目的、对象和方式

成果评估的目的	成果评估的对象	成果评估的方式	评估时间	说明
测量培训对组织产生的最终成果，即培训对于组织产生的经济效益	数量、质量、效率、安全、成本等具体目标，如生产率、离职率等	趋势线分析、训练前后对比法、专家评估、全方位满意度调查	培训结束后半年或一年	组织目标

　　培训人员评估授课成果时可以通过对前面三级评估的优化和完善来进行。培训人员可以通过查找一些培训实施后行为发生变化的实例和证据，来弥补无法全面、量化地对培训项目实施评估的缺憾。

　　如关于"销售技巧"课程培训效果评估的成果评估阶段可以设计如表8-10所示的评估分析表。

表8-10 "销售技巧"课程培训效果评估分析表

1. 评估实施时间	课程结束一年后
2. 评估指标	(1) 销售增长率、销售服务满意度调查、销售服务投诉率 (2) 销售人员流失率、客户流失率
3. 评估实施办法	由培训评估人员通过收集公司相关数据和指标、对客户开展调查等方式完成
4. 评估结果分析	(1) 培训结束后一年内公司销售额增长率为＿＿％，较培训实施前的＿＿％增加了＿＿个百分点 (2) 对公司客户开展的销售服务满意度调查问卷的综合评分为＿＿分，较公司上一年的调查问卷的综合评分高出＿＿分 (3) 公司销售投诉率为＿＿％，较公司去年的投诉率降低了＿＿％，而投诉事项多为一些与培训课程内容关系不大的事项，这较上一年发生了很大变化，说明培训效果取得了一定的成果 (4) 销售人员流失率为＿＿％，较上年降低了＿＿个百分点 (5) 客户流失率为＿＿％，较上年降低了＿＿个百分点

四、在线测试

运用 App 软件、微信等平台实施培训是基于移动互联网这一技术载体来开展工作的，利用的是学员零散的或适宜的时间进行的碎片化学习，所以相对应的评价方法会与其他培训课程的评价方法有所差别。

以采用 App 软件实施的培训课程为例，企业培训管理人员可以设计一套测试系统，用于对学员进行随时测试，具体测试方式可为在线答题、模拟操作等不同形式；同时，测试平台上还可自动记录学员做错的试题，通过错题回顾、专题培训等方式，加强对学员薄弱知识点、技能的培训。

五、设置排行榜

基于互联网技术而开发的培训项目，在系统设置上，可通过设置排行榜来评估学员的培训课程参与和学习情况。

学员的排行榜可通过对学习时间、测试结果、每日打卡情况、课题讨论情况、互助学习等因素综合评价得出，使学员清楚自己与他人的受训状况。

企业培训管理者可利用排行榜对排名靠前和进步名次较多的学员进行可视化的奖励，从而激励所有学员认真学习培训课程。

第二节　培训课程总体评价工具

一、培训评估表

（一）培训师自我评估表

培训师完成授课后需要进行自我评价，通过对照学员需求，回顾自己在课堂上的表现，以期不断改进授课效果。培训师进行自我评估的内容如表 8-11 所示。

表 8-11　培训师自我评估表

课程基本信息	课程名称		开课时间	
授课内容评价	导入		素材	
	切题		案例	
	活动		收结	
	课堂气氛		师生互动	

（续表）

授课技巧评价	语言表达		肢体语言	
	时间掌握		技巧细节	
授课材料评价	幻灯配合		板书效果	

（二）学员课程评估表

1. 样表一

通过了解学员对课程的评价，可以比较准确地判断课程组织的成功与否。学员课程评估表的样式如表8-12所示。

表8-12　学员课程评估表

课程名称		课程时间	
培训讲师		培训方式	
一、学员基本情况			
姓名		工作岗位	
联系电话		工作年限	

二、课程满意度调查项目（在相应选项下的表格内画"√"）

调查项目		很满意 （5分）	满意 （4分）	一般 （3分）	不满意 （2分）	极不满意 （1分）
课程内容	课程目标的明确性、可量化					
	课程内容与需求的匹配度					
	课程内容编排的合理性					
	理论知识讲解浅显易懂					
	案例互动环节生动有趣					
关于讲师	对课程内容的驾驭程度					
	沟通技巧的掌握程度					
	仪容仪表整洁得当					
	激发学员兴趣的程度					
	课程时间的掌控程度					
	培训工具运用的熟练程度					

（续表）

关于培训组织	培训时间安排的合理性					
	现场服务水平					
	培训材料和通知下发的及时性					
	培训辅助工具和材料的准备情况					
三、本次培训中您感到最受益匪浅的内容是：						
四、您对课程不满意的地方有哪些？						
五、其他建议：						

2. 样表二

企业在开展一些基层员工的技能培训时，常用的评估表如表8-13所示。

表8-13　学员技能培训评估表

姓名：＿＿＿＿＿＿＿＿　　工号：＿＿＿＿＿＿＿＿　　部门：＿＿＿＿＿＿＿＿

课程基本情况	课程名称			
	开课时间			
课程过程评估	出勤情况	迟到＿＿次，　早退＿＿次	评分标准	
	参与程度		4分——很好	
	理解程度		3分——好	
	动手能力		2分——一般	
	测试结果		1分——不合格	
课程跟踪评估	该培训科目内容对该员工岗位工作的指导成效：			
	很有效	有效	一般	无用
实践应用概述				
学员签名：＿＿＿＿＿＿　部门经理签名：＿＿＿＿＿＿　培训师签名：＿＿＿＿＿＿				

（三）课程运营评估表

基于互联网平台而实施的培训项目，可从以下六个层面对课程运营情况进行评估，具体如表8-14所示。

表 8-14 App 等培训评估内容

评估层面	内容说明
应用模式层面	评估基于互联网平台而开发的培训课程使用了哪些方法，哪些员工群体在使用等
技术层面	分析整个培训软件的运行情况，主要涉及培训功能的满足程度如何，提供的数据报告是否达到预期等
内容层面	着重于从课程内容本身的角度来评估，评估这些内容是否满足学员的需求、在"分享"层面上保证了预期的效果
实施层面	通过考核学员的学习情况、学员的满意度等方面，评估培训项目的实施情况
组织层面	考虑培训软件能否满足学员和企业的需求
绩效层面	评估重点在于 ROI（投资回报率）的分析计算，并提交评估报告

（四）培训课程质量评估表

结合 App 培训软件及其他网络培训方式的特性，企业培训管理人员需要根据培训的实际情况设计合理的课程评估指标体系，具体如表 8-15 所示。

表 8-15 App 等培训课程评估的指标体系

评估指标	权重	分级	评价标准
课程目标实现程度	25%	一级	达到了课程大纲设定的课程目标，部分课程目标甚至超过了预期的课程目标
		二级	勉强完成课程大纲所设定的课程目标，实施结果与课程目标存在一定差异
		三级	课程目标难以达到课程要求，实施效果与课程目标有较大差异
课程内容	20%	一级	课程内容的针对性和实用性强，课程内容难度适宜
		二级	大部分课程内容具有一定的实用性和针对性，课程难度较为合理
		三级	大部分课程内容的针对性和实用性较差，课程内容难度不适宜
引起注意和兴趣的维持	10%	一级	课程教学设计中使用的策略与教授内容相关，且容易引起学员兴趣
		二级	使用的策略与课程内容的相关性不强，在一定程度上分散了学员的注意力
		三级	课程教学设计较少使用策略，很难引起学员的兴趣和注意力
案例应用	10%	一级	在整个课程过程中，充分使用了案例
		二级	在需要使用案例的时候才使用案例
		三级	较少地使用案例，难以满足课程要求

（续表）

评估指标	权重	分级	评价标准
课后练习	15%	一级	提供了与课程目标和内容一致的课后实践练习
		二级	提供了与其目标和内容较为相关的课后实践练习
		三级	较少提供课后实践练习
学习互动	10%	一级	在培训中能做到持续互动，促进了学员之间的交流学习
		二级	在培训中设置了互动环节，使学员间有一些交流
		三级	互动部分较少，学员之间的交流不多
员工满意度	10%	一级	员工调查问卷表上有80%以上的员工表示满意或较为满意
		二级	员工调查问卷表上有60%上的员工表示满意或较为满意
		三级	员工调查问卷表上员工表示满意或较为满意的比例低于60%

在此基础上，培训运营人员还需要根据培训课程评估指标和各指标的权重，设计出培训课程质量评分表，确定各等级对应的分值，以便打分、评分时参考使用。具体如表8-16所示。

表8-16　培训课程质量评分表

编号：　　　　　　评估员姓名：　　　　　　评估日期：____年__月__日

评估指标	课程目标	课程内容	引起注意和兴趣	案例应用	课后练习	学习互动	员工满意度
单项满分	25分	20分	10分	10分	15分	10分	10分
一级	20~25分	16~20分	7~10分	7~10分	11~15分	7~10分	7~10分
二级	11~19分	11~15分	4~6分	4~6分	6~10分	4~6分	4~6分
三级	0~10分	0~10分	0~3分	0~3分	0~5分	0~3分	0~3分
单项得分（X）							
得分							

二、培训评估调查问卷

使用培训评估调查问卷的目的在于，通过对参与培训的学员、培训师或其他人员的问卷调查，尽可能全面地把握培训效果。调查问卷相对于评估表而言，能够从更多角度、更多层面获取尽可能详细的信息。

（一）开放式调查问卷

开放式调查问卷的优点就是，不限制调查问题的答案，由被调查者根据自己的理解和感受予以回答。其不足之处在于，如果不对问题的解答进行一定的限制，很可能填写的信息并非是调查问卷设计者所需要的。

开放式调查问卷的样例如下所示。

尊敬的学员：

您好！请您花费几分钟的时间帮助我们完成此份培训效果评估问卷，您的评价对于我们改进培训工作来说非常重要。衷心感谢您的合作！

一、您的个人基本情况

姓　　名：＿＿＿＿＿　　部　　门：＿＿＿＿＿　　职　　务：＿＿＿＿＿

培训时间：＿＿＿＿＿　　培训地点：＿＿＿＿＿　　培训讲师：＿＿＿＿＿

培训主题：＿＿＿＿＿＿＿＿＿＿＿＿＿＿＿＿＿＿＿＿＿＿＿＿＿＿＿＿＿

二、关于培训组织

1. 本次的培训内容是否符合您的需要，请详细说明。

＿＿＿＿＿＿＿＿＿＿＿＿＿＿＿＿＿＿＿＿＿＿＿＿＿＿＿＿＿＿＿＿＿＿

2. 培训开展前，您收到的有关本次培训的详细资料是什么样的？资料使用过程中存在哪些问题？

＿＿＿＿＿＿＿＿＿＿＿＿＿＿＿＿＿＿＿＿＿＿＿＿＿＿＿＿＿＿＿＿＿＿

3. 培训现场的环境布置存在哪些问题，您希望做出哪些改善？

＿＿＿＿＿＿＿＿＿＿＿＿＿＿＿＿＿＿＿＿＿＿＿＿＿＿＿＿＿＿＿＿＿＿

三、关于培训内容

1. 请简述此次培训中的主要内容和观点，您是否认同这些内容和观点，为什么？

＿＿＿＿＿＿＿＿＿＿＿＿＿＿＿＿＿＿＿＿＿＿＿＿＿＿＿＿＿＿＿＿＿＿

2. 本课程中哪一部分内容对您用处是最小的？

＿＿＿＿＿＿＿＿＿＿＿＿＿＿＿＿＿＿＿＿＿＿＿＿＿＿＿＿＿＿＿＿＿＿

3. 本课程讲授内容中您认为哪一部分可以被改善/调整/压缩？

＿＿＿＿＿＿＿＿＿＿＿＿＿＿＿＿＿＿＿＿＿＿＿＿＿＿＿＿＿＿＿＿＿＿

四、关于培训讲师

1. 本次培训的讲师给你留下的最深刻的印象是什么？＿＿＿＿＿＿＿＿＿＿

2. 本次培训的讲师在授课技巧和控场方面存在哪些不足？＿＿＿＿＿＿＿＿

五、关于培训成果

1. 您认为此次培训对您的管理思想有改变吗？为什么？＿＿＿＿＿＿＿＿＿

2. 您认为此次培训有实用价值吗？为什么？＿＿＿＿＿＿＿＿＿＿＿＿＿＿＿

（续）

3. 您认为本次培训投入的时间和费用对于培训收获来讲值得吗？为什么？

_____

4. 如果您的同事也有同样的培训需求，您会给他什么样的建议？_____

5. 关于培训后的行动_____

您在未来的一段时间将如何运用您在本次培训中所学的内容。

_____

六、请填写您对本次培训的整体满意程度

_____

（二）封闭式调查问卷

封闭式调查问卷是将备选答案以选项的形式列出，由被调查者从中选择自己认为正确的答案的调查问卷形式。封闭式调查问卷的优点是培训管理者便于对问卷结果进行汇总和分析，缺点是有限的选项可能难以完全体现被调查者的真实想法。因此，设计封闭式调查问卷时，必须要确保答案的全面性。封闭式调查问卷的样例如下所示。

尊敬的学员：

您好！请您花费几分钟时间帮助我们完成此份培训效果评估问卷，您的评价对于我们改进培训工作来说非常重要。衷心感谢您的合作！

一、您的个人基本情况

姓　　名：_____　　部　　门：_____　　职　　务：_____

培训时间：_____　　培训地点：_____　　培训讲师：_____

培训主题：_____

二、本次的培训内容是否符合您的需要？

A. 太简单，一点都用不上　　B. 不太需要　　C. 一般　　D. 比较需要　　E. 非常需要

三、您认为本次课程学习过程中存在问题的事项为：（可多选）

A. 进度　　B. 讲师授课技巧　　C. 学习材料的发放　　D. 培训服务　　E. 其他

四、您是否愿意推荐这位培训师进行相关课程的培训活动？

A. 是　　　　　　　　B. 否

五、您是否愿意推荐本课程？

A. 是　　　　　　　　B. 否

六、您认为本课程的内容在您工作中的应用是否迫切？

A. 非常迫切　　　B. 比较迫切　　　C. 一般　　　D. 不是很迫切

（续）

> 七、您认为在实际工作中要想根据培训所学知识做出改变，需要具备什么条件？
>
> A. 领导的支持　　　B. 提高相关薪酬待遇　　　C. 足够的时间　　　D. 工作条件
>
> 八、请选择您对本次培训的整体满意程度并在括号内画"√"
>
> 很满意（　）　　满意（　）　　一般（　）　　不满意（　）　　很不满意（　）

在设计调查问卷时，为了弥补封闭式调查问卷的不足，同时发挥开放式调查问卷的优点，就产生了半开放式调查问卷。半开放式调查问卷是指给出主要的答案，而将未给出的答案或用其他一栏表示，或留以空格，由被调查者自行填写。

三、培训评估报告

撰写培训评估报告是向培训组织的主管或其他领导提供评估结论并对评估结论进行分析，在此基础上提出建议的过程等。

培训评估报告的内容如表8-17所示。

表8-17　培训评估报告内容构成表

报告构成模块	各模块具体内容
导言	1. 培训评估实施背景，即被评估的培训项目的概况，包括项目投入、时间、参加人员及主要内容 2. 介绍评估目的和评估性质。评估目的包括评价培训课程绩效、培训学员的参与程度、改进培训课程等。评估性质包括需求分析、过程分析、产出分析等 3. 说明实施此次评估以前是否有过类似的评估，以便评估报告审阅者同之前的评估进行对比
阐述实施评估过程	1. 介绍评估的设计方法、抽样方法、统计方法以及资料收集方法等 2. 介绍开展评估所依据的指标及其说明
阐明评估结果	根据评估实施过程中的相关内容，对评估结果进行阐述和分析
解释运用评估结果	1. 根据数据分析结果提出支持培训和反对培训的理由 2. 是否存在更为经济和优化的途径以改进培训效果 3. 培训课程的开展在多大程度上满足了培训需求
附录	收集和分析资料所使用的图表、问卷、原始资料等
报告提要	对报告摘要进行概括，便于评估报告审阅者快速掌握报告要点

以下是两则评估报告模板，供读者参考。

某公司培训评估报告模板

| 封面内容 |

公司 LOGO

××集团公司××分公司
关于《××××》课程的
培训评估报告
××××年××月××日

| 正文内容 |

一、培训基本情况

培训基本情况如下表所示。

培训基本情况汇总表

公司名称	（填写受训企业名称）	
课程名称		
培训负责人	培训助理	
培训师	评估人员	

二、培训整体情况

（一）课程项目介绍

课程名称：

授课讲师：

授课时间：

培训人数：

（二）评估实施情况

共有____人参加了本次培训，培训评估参与率达到____%，本次评估通过发放问卷的形式进行，共发放问卷____份，收回问卷____份，其中有效问卷____份。

三、学员基本情况和评估指标

（一）学员基本情况

学员名单及其基本情况如下表所示。

学员个人情况信息表

学员姓名	工作部门	工作年限	职务级别	备注

（续）

（二）评估指标

本次评估所使用的指标如下表所示。

课程评估指标一览表

指标类别	讲师授课效果	培训材料设计	培训服务质量
具体指标	课堂授课内容的针对性 课堂气氛的掌控能力 课堂授课逻辑性与系统性 授课现场互动效果 课堂语言表达效果	教材内容的适用性 教材设计的系统性和逻辑性 案例设计的实用性 辅助材料使用的恰当性 学员用材料发放的及时性	教室选择与环境布置 工作人员的服务态度

四、评估数据统计分析

（一）统计结果汇总表

根据评价指标形成的培训结果汇总表如下所示。

培训结果汇总表

项目 / 姓名　指标	讲师授课效果					培训材料设计					培训服务质量	
	课堂授课内容的针对性	课堂气氛的掌控能力	课堂授课逻辑性与系统性	授课现场互动效果	课堂语言表达效果	教材内容的适用性	教材设计的系统性和逻辑性	案例设计的实用性	辅助材料使用的恰当性	学员用材料发放的及时性	教室选择与环境布置	工作人员服务态度
指标评分												
综合评分												

根据上表，对课程满意程度分类汇总的结果如下表所示。

（续）

课程满意程度分类汇总表

满意程度	非常满意 （9～10分）	满意 （7～8分）	一般 （6分）	差 （4～5分）	很差 （1～3分）
人数					
总体满意率	得分在6分以上的人数数量/受训总人数×100%				

（二）统计结果分析

1. 讲师授课效果

（1）课堂授课内容的针对性

①利用饼图或其他图示进行直观展示（具体图示略）。

②本指标的评分达＿＿分，满意率为＿＿％。

（2）课堂气氛的掌控能力

①利用饼图或其他图示进行直观展示（具体图示略）。

②本指标的评分达＿＿分，满意率为＿＿％。

（3）课堂授课逻辑性与系统性

①利用饼图或其他图示进行直观展示（具体图示略）。

②本指标的评分达＿＿分，满意率为＿＿％。

（4）授课现场互动效果

①利用饼图或其他图示进行直观展示（具体图示略）。

②本指标的评分达＿＿分，满意率为＿＿％。

（5）课堂语言表达效果

①利用饼图或其他图示进行直观展示（具体图示略）。

②本指标的评分达＿＿分，满意率为＿＿％。

2. 培训材料设计

（1）教材内容的适用性

①利用饼图或其他图示进行直观展示（具体图示略）。

②本指标的评分达＿＿分，满意率为＿＿％。

（2）教材设计的系统性和逻辑性

①利用饼图或其他图示进行直观展示（具体图示略）。

②本指标的评分达＿＿分，满意率为＿＿％。

（3）案例设计的实用性

①利用饼图或其他图示进行直观展示（具体图示略）。

②本指标的评分达＿＿分，满意率为＿＿％。

（续）

（4）辅助材料使用的恰当性

①利用饼图或其他图示进行直观展示（具体图示略）。

②本指标的评分达＿＿分，满意率为＿＿%。

（5）学员用材料发放的及时性

①利用饼图或其他图示进行直观展示（具体图示略）。

②本指标的评分达＿＿分，满意率为＿＿%。

3. 培训服务质量

（1）教室选择与环境布置

①利用饼图或其他图示进行直观展示（具体图示略）。

②本指标的评分达＿＿分，满意率为＿＿%。

（2）工作人员的服务态度

①利用饼图或其他图示进行直观展示（具体图示略）。

②本指标的评分达＿＿分，满意率为＿＿%。

五、受训学员其他建议汇总

对于评估问卷中的开放性问题的汇总如下表所示。

姓名	对本次课程的综合评语	其他建议

六、评估总结

（一）从评估内容可以获得相关信息

（1）本培训课程好的方面（具体内容略）。

（2）本培训课程有待改进的地方（具体内容略）。

（二）总结性评价

本次培训活动总体而言非常成功，达到了预期的培训要求，学员参与的积极性也非常高。

七、评估附录

（一）图表

附图表。

（二）问卷

附所有评估问卷。

（三）其他资料

附其他相关资料。

关于销售人员××培训项目的评估报告

一、培训项目基本情况

培训项目名称		培训对象	
培训讲师		培训机构	
主办单位		受训人数	
培训日期		培训地点	
培训项目实施背景	（略）		

二、培训评估实施过程及方法（略）

三、培训评估结果分析

　　本次培训评估的平均值为3.3分，介于"达到期望值"与"高于期望值"。具体到每项内容的总评估分数如下图所示。

　　1. 关于课程内容的评估：各项分数介于2.6—3.2（见下图）。

　　2. 关于培训讲师的评估：各项分数介于3.2—3.6。"多媒体运用"得分最高，为3.6。

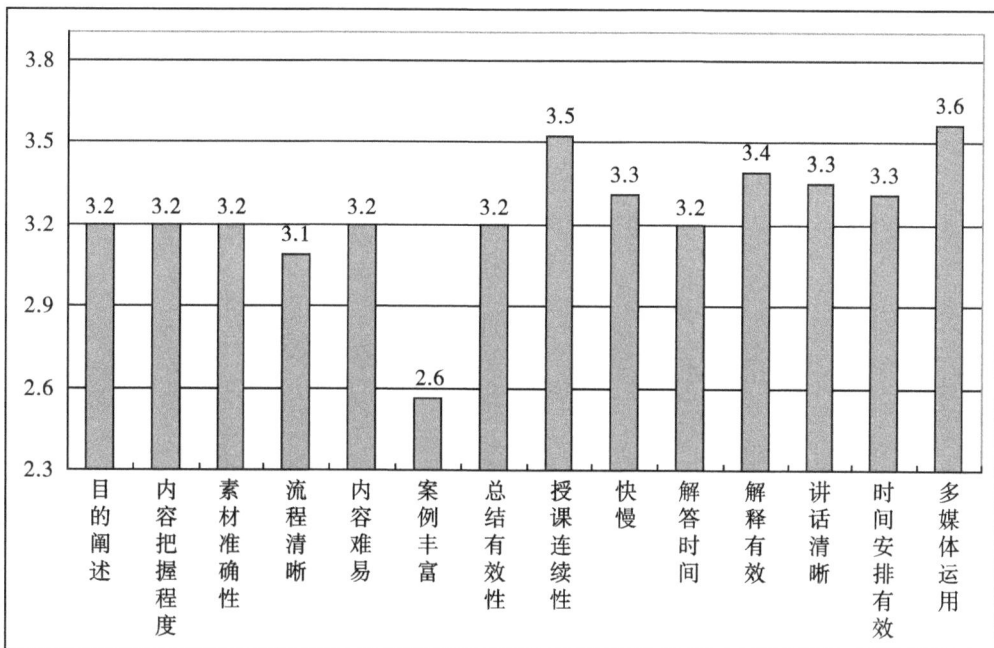

（续）

	觉得培训需要改进的地方	觉得培训中值得肯定的地方
意见1	内容较多，可设专题	对工作有实际帮助
意见2	增加案例，调整提问的方式	清晰、敏捷、易懂
意见3	多增加案例，提前发放培训材料	重点突出，内容全面
意见4	多配合案例，讲义可以再生动一些	
意见5	讲师互动少，案例少	
意见6	用实例讲解，容易理解	

3. 收集的部分学员意见

4. 关于受训员工的评估

（1）培训结束后，通过测试，发现学员对培训内容掌握得比较到位（附成绩统计表格）

（2）培训结束后一个月，某些学员的销售业绩提高了（附销售数据简单的比较）

第九章

培训课程设计开发案例

第一节 某公司"高效沟通"课程设计案例

一、了解培训背景

B公司是一家大型的家电生产企业，成立于1998年，目前有员工1 500多人，年产值为2亿多元人民币。随着市场竞争越来越激烈，企业的整体效益出现下滑趋势，企业通过对中层管理人员的年度培训需求进行调查，了解到企业现任管理岗位人员上任时间较短，并且大多是从基层管理职位或各部门的业务骨干中提拔上来的。

企业通过对中层管理人员的需求进行调查分析，把沟通能力的提升列为中层管理人员需要培训的重点内容之一。

二、分析培训需求

（一）调查对象

公司各职能部门的主要负责人（共计40人）。

（二）调查方式

通过访谈和问卷调查的方式对其进行分析。

1. 访谈

除了与公司各职能部门的负责人（40人）分别进行面谈之外，还需要与公司部分高层以及下属人员针对这40人平时的工作表现进行面谈（保证对所谈内容保密）。

2. 问卷调查

共发出40份问卷调查，回收有效问卷35份。

（三）学员分析

1. 任职时间

从表9-1可以看出，50%的中层管理者到目前岗位的任职时间不足一年，这足以说明其管理经验尚待提高。

表9-1 任职时间调查表

任职时间	1~6个月以内	6个月~1年	1~2年	2年及以上
中层管理者人数	4	16	8	12
所占比例	10%	40%	20%	30%

2. 学历情况

表9-2是对中层管理人员的学历调查情况，从表中可以看出本科学历者和专科学历者是中层管理者队伍的主力军。因此，企业在课程设计的过程中应注意他们的学历情况。

表9-2　中层管理者学历情况表

学历 人数比例	博士	硕士	本科	专科	职高
中层管理者人数	2	5	18	10	5
所占比例	5%	12.5%	45%	25%	12.5%

3. 学习态度

通过对调查问卷进行分析，发现中层管理者的学习动机很明确。在目前的管理工作中，对他们的沟通能力要求很高，他们现在很需要通过培训提升这项能力。

（四）职务分析

通过查阅公司的职务说明书以及绩效考核资料，并通过与有经验的中层管理者的谈话，发现有效沟通对中层管理者做好日常工作很重要，这种沟通不仅包括与上级和下级的沟通，还有与重要客户的沟通。

（五）解决方案

通过对中层管理者个人情况和职务的分析，发现中层管理者很需要这项培训。根据公司现存的课程资料以及现有人员，可以开发"高效沟通"这门培训课程。

三、设计培训课程

（一）编制课程大纲

大多数中层管理者具备专科以上学历。因此，企业培训管理者在设计课程时应注意学员的学习能力，设计适合他们的授课方式以及课程内容。"高效沟通"的课程大纲如下所示，供读者参考。

"高效沟通"课程大纲

一、课程名称

高效沟通。

二、课程对象

公司各职能部门的负责人。

三、课程目标

◆ 能够描述人际沟通中存在的障碍。

（续）

◆ 熟练掌握沟通中必要的技巧和心态。

四、课程特点

◆ 讲师的角色是教练和促进者。

◆ 以大量的现实生活和工作中存在的问题为主线进行讲授。

五、课程内容

课程内容如下表所示。

课程单元构成以及时间分配表

单元	构成	内容	时间
第一单元 沟通	沟通现状 阻碍沟通的要素	错误沟通的影响 沟通能力的诊断 沟通是什么 听/说体验活动 阻碍沟通的因素	2 小时
第二单元 积极倾听技巧	关注 确认事实 共鸣	确认事实概念 换一种对话方式 共鸣三阶段 感情（感觉）确认实习	4 小时
第三单元 有效表达技巧	有效的表达 提问/回答	有效的表达方法 我的信息/你的信息 有效的提问要领/实习 封闭型/开发型提问 封闭型/开放型提问的转换/活用	6 小时

六、授课讲师

公司内部专业的培训师。

七、授课方式

讲解＋故事＋游戏＋现场情景模拟。

八、课程时间

培训时间为2天，2009年6月7~8日，课时为12小时。

九、授课地点

授课地点为公司内部的培训教室____。

（二）编制讲师手册

为了能够顺利且有效地完成培训，达到预期的培训效果，课程开发人员应对讲授过程进行预先设计，这就需要编制讲师手册。针对"高效沟通"这一课程制作的讲师手册如下所示，供读者参考。

"高效沟通"课程讲师手册

第一部分　开场白和课程导入

一、开场白

时间：15 分钟。

目的：明确本课程的主要内容以及课程中的纪律问题。

所需资源：计算机、投影仪、写字笔、写字板及活页挂图。

授课方式：讲解。

今天的课程主要讲的是：问题分析及解决，本课程包括三方面的内容，即提升问题解决能力的基本种类、问题解决工具和如何挖掘生产中存在的问题。

在上课之前，先讲一下课堂纪律：

遵守上课时间，不迟到、不早退。

手机置于振动状态。

课堂上不准打电话。

不要在课堂上随意走动。

不准吸烟及大声喧哗。

二、课程导入

破冰活动

目的：使学员之间尽快熟悉，调动大家学习的积极性，活跃气氛，我们在上课之前将对学员进行分组。

时间：25 分钟。

所用工具：写字板、写字笔。

第二部分　沟通

时间：120 分钟。

目的：明确本节主要讲授的内容：错误沟通的影响、沟通是什么、影响沟通的要素。

所需资源：计算机、投影仪、写字笔、写字板及活页挂图。

授课方式：讲解＋故事＋游戏。

一、错误沟通的影响

时间：20 分钟。

授课方式：讲解。

（续）

（一）错误沟通的内容是什么（内容略）。

（二）错误沟通对我们的影响（内容略）。

二、沟通能力的诊断

时间：20 分钟。

所需资料：沟通能力测评试卷。

讲授方式：提问＋讲解。

本节采用自测表的形式进行，向学员发放自测表，看学员目前的沟通能力。

沟通能力自测表

1. 当您的同事对您进行劝告或批评时，您的态度如何		
A. 很乐意接受	B. 能接受一部分	C. 比较抵触，难以接受
2. 在您的工作非常忙碌时，您的同事请您帮忙，您会怎么做		
A. 尽力而为	B. 有时会推辞	C. 拒绝的时候比较多
3. 您与下属共同谈论工作时，您一般会怎样		
A. 以赞扬和鼓励为主	B. 赞扬多，批评少	C. 通过批评让其不断进步
4. 当同事的性格、生活方式等与您有很大出入时，您会如何处理		
A. 很快适应，能融洽相处	B. 通过沟通会慢慢适应	C. 很难适应
5. 当您到一个新的环境或单位时，您如何面对您不认识的人		
A. 很快就能熟悉	B. 能和部分人很快熟悉起来	C. 慢慢熟悉他们
6. 当您的同事做了一件让您感到不舒服的事时，您会如何处理		
A. 沟通后能够原谅他们	B. 能站在他们的角度重新审视问题	C. 敬而远之
7. 当您在工作中遇到难题时，您会如何处理		
A. 喜欢向同事求助	B. 在无能为力时求助同事	C. 从不求助，自己解决
8. 当同事取得重大成就时，您会如何表示		
A. 祝贺他并愿意倾听他的经验	B. 表示祝贺	C. 很羡慕，很希望自己也能取得
9. 如果公司里有人在背后说别人的坏话，您会怎么处理		
A. 如果能制止，就制止他们	B. 绝不参与其中	C. 即使听到，也不扩散
10. 在与客户进行沟通时，您能迅速发现客户的兴趣点吗		
A. 见面几分钟后就能发现	B. 要经过一段时间的沟通	C. 要通过几次沟通才能发现

（续）

评分标准：

选 A 得 3 分，选 B 得 2 分，选 C 得 1 分

24 分以上，说明您的沟通能力很强，请继续保持和提升

15 ~ 23 分，说明您的沟通能力一般，请努力提升

14 分及以下，说明您的沟通能力很差，急需提升

三、沟通是什么

时间：30 分钟。

授课方式：讲解。

讲解内容（略）。

四、听/说体验活动

时间：30 分钟。

授课方式：活动。

活动内容（略）。

五、阻碍沟通的因素

时间：20 分钟。

授课方式：讲解 + 提问。

讲解内容（略）。

第三部分　积极倾听技巧

时间：240 分钟。

目的：明确本节主要讲授的内容：关注、确认事实以及产生共鸣等。

所需资源：计算机、投影仪、写字笔、写字板及活页挂图。

授课方式：讲解 + 故事 + 游戏 + 讨论。

讲师讲解：在沟通中，倾听是最重要的环节，是有效反馈的前提。因此，提高倾听技巧能够帮助我们提高沟通能力。在讲授本节课程内容之前，我们先来做个游戏。游戏规则如下表所示。

游戏规则一览表

游戏目的	有效提高游戏参与者的倾听能力 提高游戏参与者的信息处理能力		
时间	30 分钟	用具	白纸若干张
游戏 步骤	1. 首先，讲师向学员提出一个问题：小林和大林是两兄弟，小林有 5 只羊，大林有 15 只羊，请问他们家有多少只羊 2. 有人回答 20 只羊吗？还有其他的答案吗？这时候讲师可以给出答案："不能从题目中知道小林家有几只羊" 3. 组织学员进行讨论		

（续）

问题讨论	1. 为什么许多学员能够给出"精确"的答案 2. 在沟通中倾听有何重要性 3. 倾听别人的讲话后，应怎样利用已有的信息进行判断
培训技巧	1. 上面的问题是没有答案的，因为不能从上面的信息得到他们家是否还有三林、四林或其他的亲属 2. 还可以用下面的问题引出讨论 （1）小明的妈妈有四个儿子，大儿子叫大毛，二儿子叫二毛，三儿子叫三毛，那四儿子叫什么？ （2）爷爷指着红色的牡丹对两个孙子说："能告诉我这朵花是什么颜色吗？"一个孙子说："能"；另一个说"红色"

讲师讲解：倾听时，需要进行独立判断，不能根据一些不充分的信息妄下结论。

在沟通中要仔细倾听，不要答非所问。

下表是本节要讲授的主要内容。

积极倾听技巧的内容一览表

章节	内容	授课方式	时间
第一节	确认事实的概念	讲解＋案例分析	60 分钟
第二节	换一种对话方式	讲解＋讨论	60 分钟
第三节	产生共鸣的三个阶段	讲解＋讨论	60 分钟
第四节	感情（感觉）确认的联系	现场情景模拟	30 分钟

第四部分　有效表达技巧

时间：360 分钟。

目的：明确本节讲授的主要内容：有效表达方法、有效提问要领以及开放型和封闭型提问的活用。

所需资源：计算机、投影仪、写字笔、写字板及活页挂图。

授课方式：讲解＋故事＋游戏＋案例分析。

讲师讲解：首先引入下面这个小故事，说明表达技巧能够带来的好处。

（续）

林肯拒绝妙语

有一位夫人来找林肯总统，她理直气壮地说："总统先生，你一定要给我儿子一个上校的职位。我们不是要求您的恩赐，而是我们应该有这样的权利。因为我的祖父曾参加过雷斯顿战役，我的叔父在布拉教斯堡是唯一没有逃跑的人，我的父亲又参加过纳奥林斯之战，我的丈夫是在曼特莱战死的，所以我说应该给我儿子一个上校的职位。"

"夫人，你们一家三代为国服务，对国家的贡献实在够多了，我深表敬意，现在您能不能给别人一个为国效力的机会？"林肯接过话说。

表达技巧的小故事

下表是有效表达技巧的主要内容。

有效表达技巧的主要内容表

章节	内容	授课方式	时间
第一节	有效的表达方法	讲解＋案例分析	60 分钟
第二节	我的信息、你的信息	讲解＋讨论	60 分钟
第三节	有效的提问要领/实习	讲解＋讨论＋练习	60 分钟
第四节	封闭型/开放型提问	讲解＋练习＋讨论	90 分钟
第五节	封闭型/开放型提问的转换/活用	讲解＋实际操作	60 分钟

第五部分　课程回顾

时间：30 分钟。

工具：写字板和写字笔。

授课方式：提问＋游戏。

讲师讲解：

◆ 现在回顾本课程的所有内容（提问的方式）。

◆ 考查学员所学知识的运用情况（做游戏）。

（续）

游戏规则一览表	
游戏名称	谁来比划谁来猜
游戏步骤	1. 每组选出两个人，选定一个队员进行比划，另一个队员猜 2. 向比划者每人发一张纸（完全一样），在纸上写下十个名词，然后打乱顺序，再随机分发给他们。在此过程中，任何人都不能说话 3. 比赛开始，每组两个人面对面站立，比划一方要让对方尽快猜出纸上名词，比划者不能说话 4. 用时最短的小组获胜
问题讨论	1. 获胜的原因是什么 2. 在对名词进行描述时有什么技巧
讲师讲解	表达时话不在多，而在于精。表达要确定重点和关键 说不是最重要的，让别人听懂才是目的

四、评估培训课程

对于中层管理者的"高效沟通"培训课程评估主要是对培训效果的评估。通过调查问卷的方式对培训效果进行评估，如表9-3所示。

表9-3 "高效沟通"培训效果评估调查表

评价对象	具体调查内容	1分	2分	3分	4分	5分
整体培训	对此次培训课程的整体评价					
	本次培训的组织工作做得是否到位					
	您觉得本次培训的后期工作做得如何					
培训课程	课程内容是否清晰明确					
	您认为培训教材适合您吗					
	您觉得培训内容对您的日常工作有帮助吗					
	课堂气氛的活跃程度					
	视觉辅助工具的运用是否合适					
	您认为受训人员的参与程度如何					
	您认为在课程内容方面应有哪些改进					

（续表）

评价对象	具体调查内容	1分	2分	3分	4分	5分
培训方法	在此次培训过程中，您接触到哪几种培训方法					
	培训方法的灵活性、活跃性程度					
培训讲师	仪表仪态					
	语言表达能力					
	肢体语言运用技巧					
	语调运用技巧					
	问题问答的准确性					
	授课技巧运用程度					

第二节　某公司"有效指导"课程设计案例

一、了解培训背景

某公司是一家高科技生产企业，拥有各类工作人员共800多人。近年来，受员工就业观念以及行业竞争加剧的影响，公司的人员流动率较同行业企业增加了8%。这一现象影响了公司规模持续扩张和经济效益稳步提升目标的实现。

现有员工的综合素质和技能无法满足公司快速发展的需要；更重要的是，那些被认为具备发展潜力的员工的流失率高于其他员工的流失率，而公司通过大批招聘而来的新员工，往往要经过较长时间才能融入公司。员工对公司缺乏归属感，公司难以形成一支可持续的管理梯队。

到底采取什么样的方法才能解决人才培养困难和人才流失严重的问题呢？人力资源部作为人员管理的主导部门，被要求拿出解决问题的方案。

二、分析培训需求

人力资源部的陈经理拥有丰富的人力资源管理经验，他深知"人员流失率过高"是各类因素综合作用的结果，如公司薪酬水平不具有竞争力、公司各项福利保障不具有吸引力、公司文化难以得到认同，以及其他各种各样的员工自己的问题。为了尽快明确各种因素对造成"人员流失率高"这一问题的影响程度，陈经理组织召开了部门会议，安排部署招聘主管、培训主管、薪酬主管及劳动关系主管就各自所负责的事项进行调查，并形成报告。

一周以后，各主管汇报了自己的调研结果。综合而言，企业在招聘、培训、薪酬、劳动关系管理等方面尽管存在一些有待改善的地方，但是不足以导致如此高的员工流失率，问题到底出在哪里呢？陈经理认为，要解决这一问题，当务之急就是同公司员工接触，了解他们的想法。公司采取了以下方法来了解员工的需求。

（一）使用问卷调查发掘员工需求

使用问卷调查的方式是尽可能多地了解被调查者的想法的最好方法。为此，人力资源部设计了如下问卷调查题目。

各位同仁：

为了协助公司完成快速扩张和提高经济效益的目标，更好地落实人力资源发展规划，帮助员工实现职业生涯规划，公司人力资源部特设计了如下问题，了解您在工作方面的宝贵想法和建议，请您用15分钟左右的时间来完成问卷。

我们对您的要求是：全面、真实地填写您的想法，这对于我们、公司和您来说都非常重要。谢谢您的合作，祝工作愉快！

一、您个人的基本情况

姓　　名：_____　所在部门：_____　入职时间：_____

工作岗位：_____　学　　历：_____

二、在刚入公司的初期，您是否感到公司的实际情况与您想象的反差太大，从而产生失落感？

A. 基本没有过　B. 有时有过　C. 常常有这样的感受　D. 其他，请说明

三、您在刚进入公司的时候如果遇到困难（如缺少办公用品、工作环境不熟悉等），能找到帮助您的人吗？

A. 大部分时间能　B. 有时可以　C. 很少　D. 几乎不能

四、您是否感到公司给您安排的工作不能充分发挥您的学识和能力？

A. 经常有这种想法　B. 有时有这种想法　C. 很少有这种想法　D. 几乎没有这种方法

五、您是否因为自己没有工作经验或专长而担心不能顺利完成工作任务？

A. 常常有这种担心　B. 有时也担心　C. 几乎不担心　D. 从未有过这种想法

六、您在进入企业的初期，通过什么方法了解公司的工作要求及其他事项？

A. 通过培训完全能够掌握并应用　　　B. 通过培训掌握大部分并应用

C. 培训只能掌握一部分并应用　　　　D. 有些东西培训了也没用，感觉实际上不是那么回事

E. 经过培训掌握的东西还不如老员工的言传身教　F. 其他，请说明

七、您是否在遇到困难的时候常常不知道如何求助才能得到帮助？

A. 是的，我总怕打扰同事，让人家反感　　B. 有时候我不好意思开口

（续）

C. 一般情况下我还是能够获得我需要的帮助的

D. 我总是能够很轻易地找到能帮助我的人并且顺利地获得他的帮助

八、您与和您意见不合、性格相差很大的同事相处时感到困难吗？

A. 是的，我总是尽量避免和他们相处　　B. 有时候感觉相处有困难，感到痛苦

C. 很少如此，除非对方特别古怪　　　　D. 无论什么同事和我相处通常都很愉快

九、您在工作中遇到压力时，通常通过什么方法缓解？

A. 很难缓解，不知道怎么缓解　B. 跟家人倾诉　C. 跟同事倾诉　D. 其他，请说明

十、当工作遭遇挫折和失败的时候您是否感到非常沮丧，不敢轻易再作新的尝试？

A. 是的，我因此有颇多困扰　　　　　　B. 有时会出现这种情况

C. 很少如此，我很会调节自己的情绪　　D. 不会因此而困扰

E. 我的工作还没有遇到过什么挫折

十一、您在工作中是否经常产生诸如焦虑、烦躁、情绪低落、生气等不良情绪？

A. 是的，经常有　B. 有时有过　C. 很少　D. 几乎没有

十二、您认为组织的发展目标与您个人的事业发展是协调一致的吗？

_____

十三、从总体上讲，您感到您是否胜任目前的工作？您对工作的整体满意度感觉如何？

_____

_____

人力资源部针对最近到岗的新入职员工及工作年限在一年以内的员工发放了问卷，通过对回收问卷的分析，人力资源部得出的结论是，新员工在完成工作任务的同时，需要尽快认可企业文化，建立对公司的归属感。

（二）运用访谈掌握员工需求的满足现状

人力资源部在对新入职员工进行问卷分析的基础上，通过访谈法，同企业各部门的主管和经理进行了交流，并做出了详细的访谈记录。

访谈结果包括以下两个方面。

（1）部门经理和主管能够认识到培养员工归属感的重要性和必要性。

（2）新员工缺乏有效的指导，部门经理和主管常常将指导与工作领导、任务分配等内容等同起来。

（三）总体结论

公司需要培养员工的归属感，让其认同企业文化，主动发挥潜力，以改变现状。

（四）解决对策

人力资源部陈经理在掌握了这种情况后，认为实施导师制是一种行之有效的方法，可以挑选公司的资深员工和有丰富经验的主管作为新入职员工的导师，帮助新入职员工解决工作、生活和学习中的问题。

陈经理的提议得到了公司高层的认可，但是拥有丰富经验的员工恰恰缺乏如何指导新员工的技巧和方法。为了确保导师指导的有效性，陈经理决定针对所有即将成为导师的员工开展"有效指导"课程的培训。

三、设计培训课程

（一）编制培训大纲

人力资源部培训主管负责组织开展"有效指导"课程的设计开发工作，培训主管认为需要开展以下四个方面的工作。

◆ 培训课程单元构成。

◆ 确定培训方式和培训场地。

◆ 确定培训评估和考核方法。

◆ 确定所需培训费用。

针对这种情况，人力资源部培训课程开发人员制定了如下课程大纲，供读者参考。

"有效指导"课程培训大纲

一、培训对象

即将担任新员工导师的资深员工和部门主管等。

二、培训时间

1 天。

三、课程目标

1. 描述指导的原则及意义。

2. 列举错误的指导给工作带来的不良后果。

3. 讲解正确的指导方式、方法。

四、课程单元构成及时间分配

具体如下表所示。

（续）

课程单元构成及时间分配表

单元构成	主要内容	分配时间	培训地点	授课方法
第一单元	一个优秀的指导者具备哪些特征	1 小时	行政楼 第三会议室	以面授为主，结合案例、游戏等，每班 40 人，分 4 期授课
第二单元	有效指导的方法	1 小时		
第三单元	有效指导的工具	2 小时		
第四单元	有效指导的步骤	2 小时		
第五单元	有效指导的技巧	1 小时		

五、课程考核

课程考核采用课程结束时当场考核、课程结束三个月时考核和课程结束一年后考核的综合考核方式。主要通过调查问卷和对诸如员工流失率一类的指标进行分析等方法测定。

六、课程实施所需的文本和表单

1. 讲师手册。

2. 学员教材。

3. 学员签到表。

4. 课程调查评估表。

5. 课程培训评估报告。

（二）编制讲师手册

公司人力资源部决定外请培训师开展"有效指导"课程的讲授工作。为此，培训主管要求外请培训师编写讲师手册和推荐学员教材。

通过讲师手册，培训主管可以把握培训师的思路，提出改进意见，确保培训的有效性。在经过修改和完善后，形成了如下讲师手册，供读者参考。

"有效指导"课程讲师手册

一、课程导入

各位学员大家好，非常荣幸能够跟各位一起开始进行今天的学习，其实我们今天能够相聚的原因就在于贵公司刚刚推出的导师制。所以，各位也很清楚，你们今天坐在这里的身份就是一名导师。

可能各位会想，导师就是老师，"传道授业解惑"也就可以了，再说，我们都上过那么多年的

（续）

学，当学生不容易，当老师谁不会呢？对于这个问题，不用我回答，请大家看以下的这些视频资料，并告诉我，假如你是导师，你会怎么处理这些问题。

播放视频资料（视频资料主要是展现导师开展指导工作的困境和处理棘手问题时的不知所措，目的在于让学员明白要想成为一名合格的导师，还需要掌握很多技巧）。

二、一位优秀的指导者具备哪些特征

（一）什么是指导

（略）

（二）指导的种类

（略）

（三）高效指导的特征

（略）

三、有效指导的方法

请大家填写发到你们手中的自测试题，判断你所掌握的指导方法。

自测试题如下所示。

有效指导方法自测试题

1. 作为指导者，你通常根据什么对员工进行指导？ A. 根据员工的特点　　B. 根据要达成的绩效目标　　C. 根据自己的计划
2. 对员工进行指导前，你首先要做什么事？ A. 确认其指导需求　　B. 与其共同制定指导目标　　C. 制订指导计划
3. 当员工在你的指导过程中提出了想法或观点，你如何反应？ A. 站在他们的角度思考　　B. 依实际情况考虑　　C. 根据自己的经验辨别
4. 面对不同于自己风格的员工，你通常如何对他们进行指导？ A. 自己改变，适应员工　　B. 一起改变，相互适应　　C. 促使员工适应自己
5. 你通常采用怎样的方式向员工传达指导内容？ A. 通过讨论，引导他们自己发现　　B. 通过发问进行启发　　C. 直接告知
6. 作为指导者，你通常采用怎样的方式指导员工？ A. 言传身教　　　　　　B. 以身示范　　　　　　C. 沟通指导
7. 作为指导者，你是否能够经常发现一些指导员工的方法或技巧？ A. 经常能　　　　　　B. 有时能　　　　　　C. 偶尔能
8. 当你指导员工的方法效果不佳时，你会如何想？ A. 指导方法有问题　　B. 我没有把方法用好　　C. 员工有问题

（续）

9. 你是否愿意尝试用新的指导方法来指导员工？
A. 总是很愿意　　　　　　B. 有时会愿意　　　　　　C. 偶尔愿意

10. 你是否做指导方法应用后的经验总结？
A. 通常会做　　　　　　　B. 有时会做　　　　　　　C. 偶尔会做

（一）因人施教

了解对方的性格，进而进行指导。

（二）学练结合

不仅要告诉对方怎么做，而且要亲身演练、以身作则。

（三）情景模拟

通过模拟让学员明白在面对某一种特殊情况时，如何选择合适的指导方法。

四、有效指导的工具

（一）指导工作计划表

（二）工作演示指导记录表

（三）工作讲解指导记录表

（四）指导过程自我评价表

五、有效指导的步骤

（一）认识问题，掌握实施

（二）充分思考，选择方法

（三）实施指导

（四）确认效果

六、有效指导的技巧

（一）发问和应答技巧

（举例说明）。

（二）倾听和反馈技巧

（举例说明）。

（三）表扬和批评技巧

（举例说明）。

（四）学会利用细节进行指导

（举例说明）。

七、拥有进行有效指导的心态

（一）不挑剔、不苛求

（二）充分尊重对方

（续）

（三）绝不自以为是

（四）绝不妄下断语

八、结尾

各位学员，2016 年即将过去，我想各位在感慨时光荏苒时，也更加期待即将到来的 2017 年能够给我们带来更大的收获。收获来自播种，今天我们的付出必将迎来明天的收获！我们有理由相信，导师制必将能够给贵公司的发展注入强劲的动力。你们和你们所指导的同事也必能共享贵公司快速发展的硕果！

四、评估培训课程

（一）课后及时评估

在每期培训授课结束时，企业培训管理者通过向学员发放问卷，了解学员对课程的满意程度，并及时与培训师进行沟通，便于培训师及时改进，不断提高培训效果。问卷调查的内容如下所示，供读者参考。

"有效指导"课程培训问卷调查表

一、填表说明

1. 问题选项中 1～5 每个数字的含义如下。

"1"代表"坚决反对"。

"2"代表"反对"。

"3"代表"既不赞成也不反对"。

"4"代表"赞成"。

"5"代表"极为赞成"。

2. 请填写您的真实感受，这对我们改进培训效果和您的进步非常重要。

二、调查正文

（一）基本情况

培训课程名称：_____　　培训师姓名：_____

接受培训时间：_____　　培训地点：_____

（二）关于课程内容

课程内容调查试题

1. 课堂中学到的技巧对我来说非常需要	1	2	3	4	5
2. 本课程帮助我提升了作为合格和优秀导师的技能	1	2	3	4	5
3. 课程穿插的案例和视频资料非常恰当，便于理解	1	2	3	4	5

（续）

<table>
<tr><td colspan="2">（三）关于培训师</td></tr>
<tr><td colspan="2" align="center">培训师授课技巧调查试题</td></tr>
<tr><td>1. 培训师能够有效引导课堂讨论和发言</td><td>1　　2　　3　　4　　5</td></tr>
<tr><td>2. 培训师讲课风格幽默，通俗而具有说服力</td><td>1　　2　　3　　4　　5</td></tr>
<tr><td>3. 培训师的表达能力非常好</td><td>1　　2　　3　　4　　5</td></tr>
<tr><td colspan="2">（四）关于总体讲授效果</td></tr>
<tr><td colspan="2" align="center">总体讲授效果调查试题</td></tr>
<tr><td>1. 整体评价</td><td>1　　2　　3　　4　　5</td></tr>
<tr><td>2. 您对于本课程的满意度</td><td>1　　2　　3　　4　　5</td></tr>
<tr><td colspan="2">3. 改进意见，请列举在下面</td></tr>
</table>

（二）课后定期跟踪

培训课程结束后，人力资源部向培训学员所属部门发放培训效果跟踪表，对学员培训内容的应用情况进行追踪。培训效果跟踪表的内容如表9-4所示。

表9-4　"有效指导"课程培训效果定期跟踪表

学员姓名		培训日期		课程名称	
所在部门		工作职务		入职时间	
培训内容					
应用情况					
被指导人员的工作改善情况					
备注					

第三节 某公司"QC工具应用"课程设计案例

一、了解培训背景

某公司为一家中型生产制造企业，成立于2003年。公司产品质量在市场上有口皆碑，客户订单越来越多，现有生产能力已不能满足客户需求了。公司高层为了解决该问题，决定扩大公司规模。

规模扩大后，生产部提拔了一大批新的生产质量管理人员，随之产品不合格率也提高了2.1%。这不仅严重影响了公司的生产进度，同时造成了巨大的生产浪费。经分析发现，该结果是由于这些人员不能熟练运用各种质量管理工具而造成的。

为此，公司高层要求人力资源部提出对策，对新晋生产质量管理人员进行质量工具应用培训。

二、分析培训需求

（一）培训需求调查

为了更确切地了解这批新晋生产质量管理人员对生产质量工具的应用培训需求，人力资源部协同生产部进行培训需求调查。

调查结果显示：新晋生产质量管理人员中，80%以上的人对七种常用生产质量工具的应用范围、应用程序、应用要点不是很清楚。

（二）新晋生产质量管理人员特征分析

1. 一般特征分析

（1）这批新晋生产质量管理人员大部分都是从生产一线提拔起来的，他们年龄大部分都在25～35岁。

（2）在本公司的生产质量管理人员中，男性质量管理人员所占比例较大，约占95%，而女性质量管理人员所占比例仅为5%。

2. 初始能力分析

（1）这批新晋生产质量管理人员的生产操作技术水平较高，相关生产经验较为丰富。因此，他们具备了学习生产质量工具应用知识所必须掌握的技能。

（2）在这批新晋生产质量管理人员中，多数人掌握的相关知识都是通过"师傅带徒弟"的形式获得的，可能存在相关知识不够专业的问题。因此，他们可能不具备培训目标所要求具备的专业知识。这就需要培训师在培训过程中，首先要为这批新晋生产质量管理人员讲解与本次培训课程有关的专业知识。

（三）培训课程设计难点与重点

（1）在本次培训中，培训课程的主要目标要求培训对象能够运用质量管理工具解决生产质量问题。因此，本课程的培训重点在于以下两方面。

①每种质量管理工具的应用范围。因为只有新晋生产质量管理人员明确了质量管理工具的应用范围，才能在产品出现质量问题时，选择适合的质量管理工具。

②每种质量管理工具的应用程序。新晋生产质量管理人员掌握了质量管理工具的应用程序后，可以按其一步步操作，降低质量管理工具的使用难度。

（2）考虑到培训对象自身专业知识较欠缺的问题，本次培训课程设计的难点在于如下两方面。

①每种质量管理工具的原理和概念。

②每种质量管理工具的应用要点，即应用注意事项。

三、设计培训课程

（一）编写课程大纲

课程开发人员根据培训需求调查结果和新晋生产质量管理人员的特点，设计适合他们的授课方式以及课程内容。"QC 工具应用"的课程大纲如下所示。

"QC 工具应用"课程大纲

一、课程名称

QC 工具应用。

二、课程对象

新晋的质量管理人员。

三、培训时间

12 小时。

四、课程目标

1. 知识目标

（1）列举常用的七大质量管理工具名称。

（2）记忆每种质量管理工具的应用范围。

（3）记忆每种质量管理工具的应用程序。

（4）记忆每种质量管理工具的应用要点。

2. 技能目标

（1）根据实际生产过程中出现的质量问题，能够准确选择解决该问题的质量管理工具。

（2）能够学会使用每种质量管理工具。

（续）

3. 情感、态度和价值观

新晋生产质量管理人员认识到七种 QC 工具的重要作用后，在实际生产过程中，他们会更多地选择使用质量管理工具解决生产中的质量问题，从而提高生产效率、降低生产浪费。

五、课程单元构成以及时间分配

具体如下表所示。

课程单元构成以及时间分配表

单元构成	主要内容	时间分配
第一单元	检查表	90 分钟
第二单元	层别法	90 小时
第三单元	柏拉图	120 小时
第四单元	鱼骨图	90 小时
第五单元	直方图	90 小时
第六单元	散布图	90 小时
第七单元	控制图	150 小时

六、授课讲师

授课讲师为公司具有丰富理论知识和管理实践经验的生产管理者。

七、课程培训方法

讲授法、案例分析法、现场演示。

（二）编写讲师手册

大多数新晋生产质量管理人员都是从一线提拔上来的，他们的学历普遍不高。因此，讲师在编写讲师手册时，要尽量使其语言通俗易懂，便于他们理解。"QC 工具应用"的讲师手册如下所示。

"QC 工具应用"讲师手册

第一部分　讲师自我介绍与课程导入

一、讲师自我介绍

目的：让新晋生产质量管理人员对讲师有一个了解。

时间：5 分钟。

（续）

二、课程导入

导入语：古语云"工欲善其事，必先利其器"，同样，对生产质量管理人员来说也不例外，要想高效解决我们在生产过程中遇到的质量问题，那么，首先要学会使用相关的质量管理工具。在本次培训课程中，我们就来学习一下质量管理七大工具，即检查表、层别法、柏拉图、鱼骨图、直方图、散布图、控制图。下面我们正式开始学习。

时间：5分钟。

第二部分　检查表

授课时间：90分钟。

所需工具：计算机、投影仪、写字笔、写字板以及活页挂图。

授课方法：讲授法、案例分析法。

一、什么是检查表

讲解：检查表又称查检表和调查表。其是以简单的数据，用容易理解的方式制成的图形或表格，使用者通过对图表中数据的分析处理，能得到某种事件发生的频率。它是七大质量管理工具中最简单、使用最频繁的工具。检查表一般分为记录用检查表和点检用检查表，其具体说明如下图所示。

记录用检查表

用于掌握问题发生的分布状况，分析缺点或不良发生的属性及数量，并进行登记，其又分为计数值检查表和计量值检查表

1. 计数值检查表。事先将要调查的项目予以层别，以正字或画记的方式将结果登记在对应组内
2. 计量值检查表。将测定结果的数据登记在对应组内，以掌握分布状况

点检用检查表

将点检项目事先确定好后，记录于表上，并据以点检确认，主要记录事项主要有以下三项

1. 点检项目，记录调查中需要点检的主要项目
2. 点检内容，对于各项目的内容进行具体描述
3. 点检结果，对各内容的检查标准进行登记，并做好精确记录

检查表的类型

二、应用范围

讲解：检查表能系统地收集资料、积累数据、确认事实并可对数据进行粗略的整理和分析。当必须记下某种事件发生的具体情况时，想了解某件事件发生的次数时或收集信息时，均可用检查表。其在质量管理方面适用于以下两种情况，如下图所示。

（续）

| 1 | 由同一个人或者在同一个工作台重复观察和收集生产数据时 |
| 2 | 当收集有关事件、缺陷、缺陷原因、缺陷部位、缺陷原因等的频数或特征的数据时 |

检查表应用范围

讲解：用检查表统计完成后，可以利用柏拉图进行加工整理，以便掌握问题的关键。

三、应用程序

讲解：检查表的使用程序如下图所示。

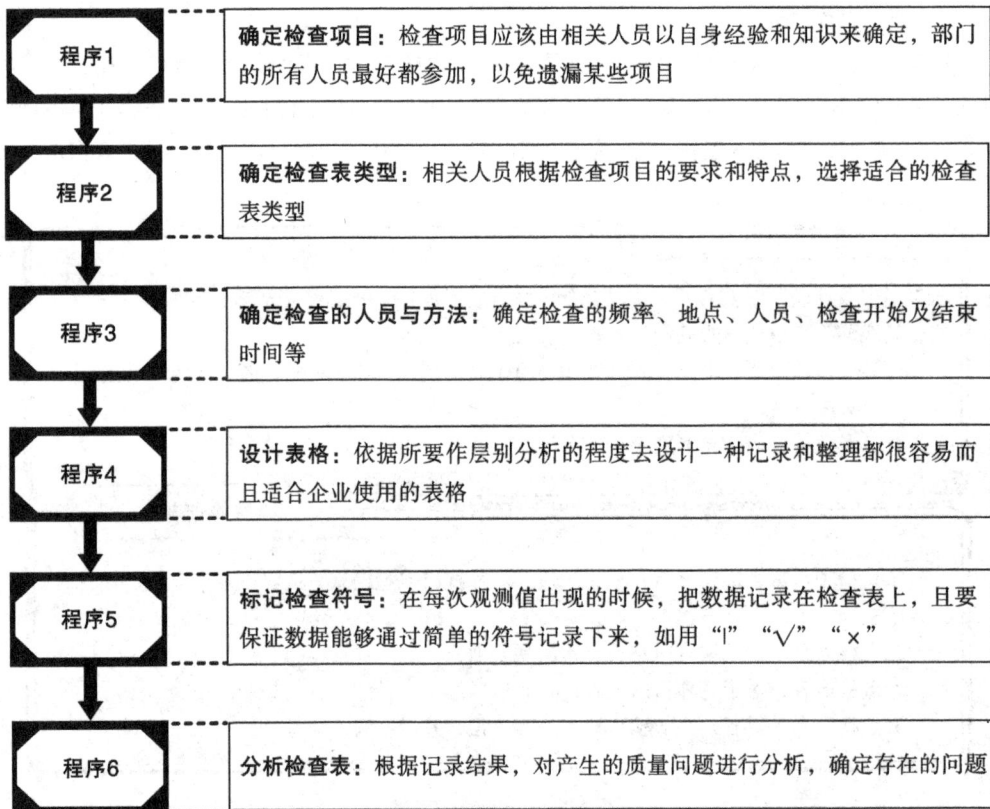

程序1	**确定检查项目**：检查项目应该由相关人员以自身经验和知识来确定，部门的所有人员最好都参加，以免遗漏某些项目
程序2	**确定检查表类型**：相关人员根据检查项目的要求和特点，选择适合的检查表类型
程序3	**确定检查的人员与方法**：确定检查的频率、地点、人员、检查开始及结束时间等
程序4	**设计表格**：依据所要作层别分析的程度去设计一种记录和整理都很容易而且适合企业使用的表格
程序5	**标记检查符号**：在每次观测值出现的时候，把数据记录在检查表上，且要保证数据能够通过简单的符号记录下来，如用"l""√""×"
程序6	**分析检查表**：根据记录结果，对产生的质量问题进行分析，确定存在的问题

检查表的应用程序

四、应用举例

讲解：我们知道了什么是检查表、检查表的应用范围和应用程序，下面我们看一个计量值检查表的应用举例。

（续）

案例

某灯具工厂关于计量值检查表的应用举例

一、实例概述

某灯具厂质检人员为了了解该厂生产的某种白炽灯的寿命分布情况（白炽灯寿命低于
3 000小时为不合格品），在记录白炽灯寿命的过程中，质检人员使用计量值检查表进行统计。

二、计量值检查表的应用

1. 确定检查项目

计量值检查表的应用项目就是白炽灯寿命这一质量特征值。

2. 确定数据收集的时间

白炽灯寿命测试实验的开始时间直至结束时间为数据的收集时间。

3. 设计表格

灯具厂根据白炽灯的使用寿命范围来设计检查表，并在设计好的表中做出相应的标记。

某灯具厂的白炽灯使用寿命检查表

使用寿命范围（小时）	检查记录	小计	所占百分比
3 000 以下	|	1	0.33%
3 001 ~ 4 000	正正正正...	69	23%
4 001 ~ 5 000	正正正正...	170	56.67%
5 001 及以上	正正正正...	60	20%
合计	—	300	100%

三、分析检查表

通过检查表可知，该厂生产的白炽灯的不合格率为0.33%，有23%的白炽灯寿命介于
3 001 ~ 4 000 小时，有56.67%白炽灯的寿命介于4 001 ~ 5 000 小时。有20%的白炽灯寿命超
过5 000 小时。通过这个检查表可知，白炽灯的不合格率控制在该厂规定的范围之内，质量水
平正常。

五、应用要点

讲解：我们在应用检查表时，要注意七个要点。

（续）

检查表应用要点

1. 根据检查的目的，确定收集数据的方式和分析数据的方法。

2. 针对具体项目的检查，需设计专门的检查表。

3. 调查表的设计应以便于操作工人记录为原则，文字注释部分应尽可能列入调查表中，操作工人只需简单地标记即可。

4. 使用者应将检查表放置在便于使用的地方，如在产品质量检验过程中，可以将检查表放置在检验工作台上，便于检验人员填写。

5. 应尽量取得分层的信息，通常情况下归类中不能出现"其他问题类"。

6. 应立即与措施结合，事先规定对什么样的数据发出警告和处罚。

7. 如果检查项目是很久以前制定而现已不适用的，必须重新研究和修订。

第三部分　层别法

授课时间：90分钟。

所需工具：计算机、投影仪、写字笔、写字板以及活页挂图。

授课方法：讲授法、案例分析法。

一、什么是层别法

讲解：层别法又称分类法、分组法或分层法，它是把收集到的数据按照不同的分类标志进行分类，把性质相同、生产条件等类似的数据分为一类，以便进行比较分析，找出影响质量的原因和责任者的一种方法。下面我们来看一下层别分类和层别法的特点。

1. 层别分类

讲解：层别分类包括部门层别、过程区域层别、操作员层别、机械设备层别、作业条件层别、时间层别、原材料层别、测量层别、检查层别、环境气候层别、地区层别、制品层别、其他层别等。

2. 特点分析

讲解：层别法的主要特点分析如下图所示。

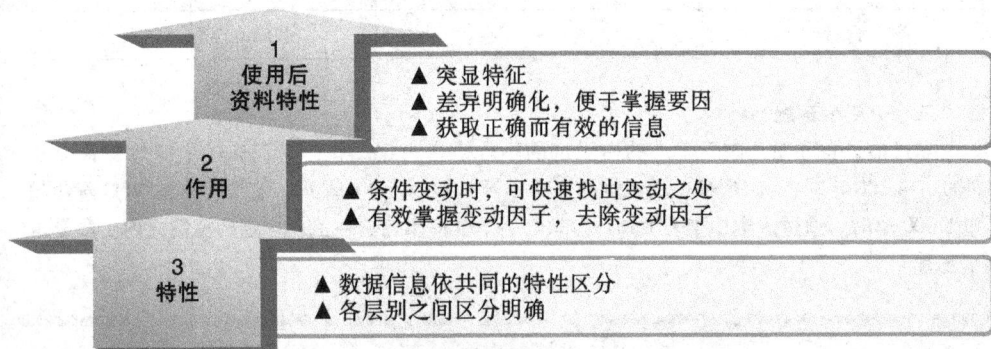

1 使用后资料特性	▲ 突显特征 ▲ 差异明确化，便于掌握要因 ▲ 获取正确而有效的信息
2 作用	▲ 条件变动时，可快速找出变动之处 ▲ 有效掌握变动因子，去除变动因子
3 特性	▲ 数据信息依共同的特性区分 ▲ 各层别之间区分明确

层别法特点分析

（续）

二、应用范围

讲解：层别法是一种有效的质量管理方法，通常其应用在两个方面，如下图所示。

| 1 | 对产品品质不良的追踪 |
| 2 | 分层法与其他质量控制方法结合使用，如检查表法、控制图、直方图等，以便更好地控制产品质量 |

层别法应用范围

三、应用程序

讲解：层别法的应用程序可以分为五个步骤，具体程序说明如下图所示。

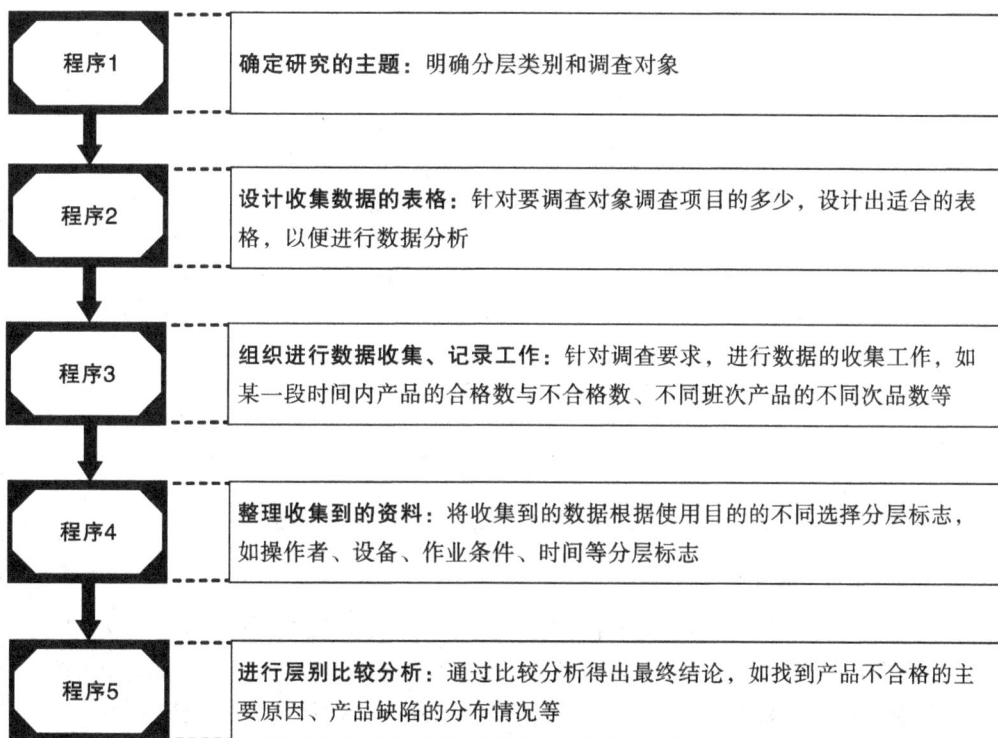

程序1	**确定研究的主题**：明确分层类别和调查对象
程序2	**设计收集数据的表格**：针对要调查对象调查项目的多少，设计出适合的表格，以便进行数据分析
程序3	**组织进行数据收集、记录工作**：针对调查要求，进行数据的收集工作，如某一段时间内产品的合格数与不合格数、不同班次产品的不同次品数等
程序4	**整理收集到的资料**：将收集到的数据根据使用目的的不同选择分层标志，如操作者、设备、作业条件、时间等分层标志
程序5	**进行层别比较分析**：通过比较分析得出最终结论，如找到产品不合格的主要原因、产品缺陷的分布情况等

层别法应用程序

四、应用举例

讲解：在了解了层别法的应用范围和应用程序后，下面我们通过一个案例来巩固之前所学过的知识。

（续）

案例

某工厂关于层别法的应用举例

一、实例概述

某工厂是北京一家知名企业，其生产的 A 产品在华北地区的市场占有率约为 90%。最近其产品出现较多的哑色不良品，该厂的质量部经理组织质量部的相关人员针对产品哑色进行了分析，在分析的过程中他们主要采用了分层法。

二、分析产品哑色的原因

通过现场分析，得知在生产工艺上，各操作者的操作方法大致相同，影响产品质量的主要原因是原材料的不同。

三、利用分层法分析

根据分析得出的产品哑色原因，该厂质量管理人员选择以供应商为分层标志进行分层，具体如下表所示。

按供应商分层的产品哑色调查表

材料	哑色	无哑色	发生率
甲供应商	5	480	1.04%
乙供应商	6	410	1.46%
丙供应商	4	590	0.68%
共计	15	1 480	1.01%

四、提出改进措施

由上表可知，丙供应商生产的原材料导致产品出现哑色的概率最低，因此，××工厂得出的改进措施就是尽量选择丙供应商提供的原材料，以减少出现哑色不合格品，或者是重新选择质量较高的材料供应商，以免因原材料来源唯一而使采购供应工作受到限制。

五、应用要点

讲解：我们在掌握了层别法的应用范围、应用程序后，我们还要注意在应用过程中应注意的六个要点，以达到最佳使用效果，具体应用要点如下。

（续）

层别法应用要点

1. 收集数据之前应明确层别角度。

2. 层别的对象具有可比性。

3. 使用层别法时，要深入产品生产现场，准确找到形成质量问题的主要原因。

4. 分层时应使同一层的数据波动幅度尽可能小，各层间的差距尽可能大。

5. 运用层别法进行数据分层时可以按几个不同的层别分层而分别得到某一方面的结论，但是不同层别的数据之间存在着有机联系时（即因素之间存在着交互作用时），孤立分层进行分析将会导致错误的结论，这时应将不同层中有关联的因素放在一起进行综合考虑。

6. 用层别法分析质量数据时，可多采用对比的方法确定改进措施或方案。

第四部分　柏拉图

授课时间：120 分钟。

所需工具：计算机、投影仪、写字笔、写字板以及活页挂图。

授课方法：讲授法、案例分析法。

一、什么是柏拉图

讲解：柏拉图法又称排列图法、主次因素分析图法，它是将某一期间收集的质量数据按照影响质量的各种原因分类，计算某种因素对质量的影响程度，并按照大小顺序进行排列，列表作图，以便分清主次因素的一种方法。下面我们分别来看一下柏拉图的演进过程、分类及其基本形式。

1. 柏拉图的演进

讲解：柏拉图的演进过程大体分为四个阶段，如下图所示。

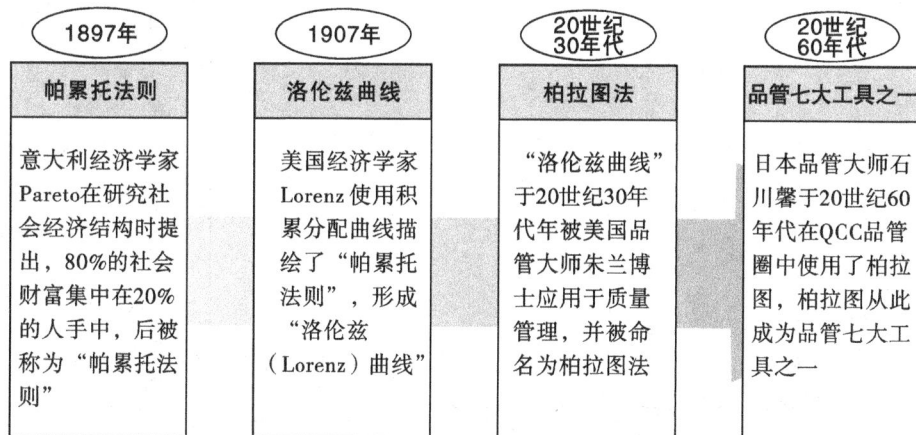

1897年	1907年	20世纪30年代	20世纪60年代
帕累托法则	**洛伦兹曲线**	**柏拉图法**	**品管七大工具之一**
意大利经济学家Pareto在研究社会经济结构时提出，80%的社会财富集中在20%的人手中，后被称为"帕累托法则"	美国经济学家Lorenz使用积累分配曲线描绘了"帕累托法则"，形成"洛伦兹（Lorenz）曲线"	"洛伦兹曲线"于20世纪30年代年被美国品管大师朱兰博士应用于质量管理，并被命名为柏拉图法	日本品管大师石川馨于20世纪60年代在QCC品管圈中使用了柏拉图，柏拉图从此成为品管七大工具之一

柏拉图演进过程

（续）

2. 柏拉图分类

讲解：柏拉图可用于分析现象和分析原因，具体分类和应用范围如下表所示。

柏拉图分类和主要用途一览表

分类	特点	适用问题
分析现象 用柏拉图	这种柏拉图和不良结果有关，用于发现主要问题	◆ 品质：不合格、故障、顾客抱怨、退货、维修等 ◆ 成本：损失总数、费用等 ◆ 交货期：存货短缺、付款违约、交期拖延 ◆ 安全：发生事故、出现差错等
分析原因 用柏拉图	这种柏拉图和过程因素有关，用于发现主要问题	◆ 操作者：班次、组别、年龄、经验等 ◆ 设备：机器、工具、模具、仪器等 ◆ 原材料：制造商、工厂、批次、种类等 ◆ 作业方法：作业环境、工序先后、作业安排等

3. 柏拉图的基本形式

讲解：柏拉图用双直角坐标系表示，左边纵坐标表示频数，右边纵坐标表示百分比，分析线表示累计百分比，横坐标表示影响质量的各项因素，按影响程度的大小（即出现频数多少）从左到右排列。通过对柏拉图的观察分析可以抓住影响质量的主要因素。柏拉图的一般形式如下图所示。

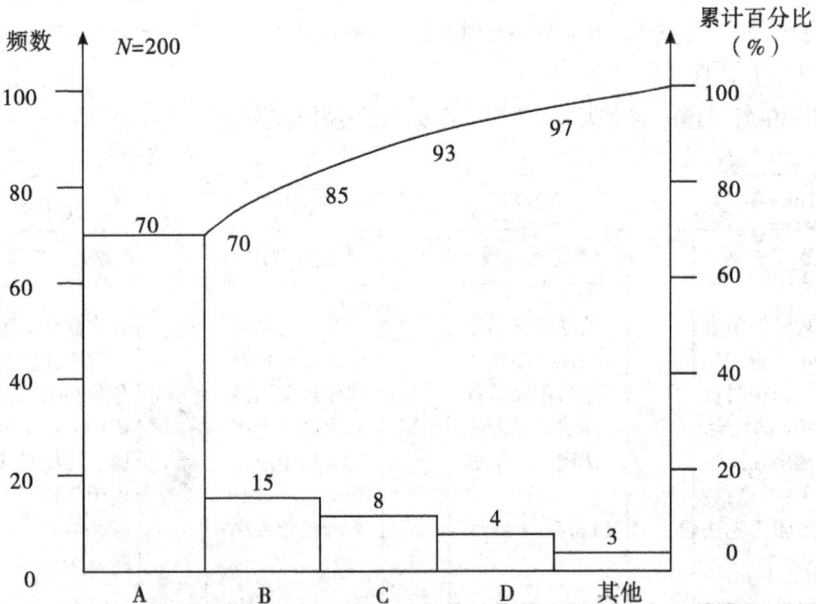

柏拉图的基本形式

（续）

二、应用范围

讲解：柏拉图主要应用在四个方面，具体如下图所示。

1	作为降低不良率的依据。适用于计数值统计中，分析关键的少数及有用的多数
2	确定改善目标。任何不良质量问题都可以用柏拉图进行分析，以便确定改善目标
3	确认改善效果。将改良质量问题前后的柏拉图进行对比，可以确认问题改善的效果
4	发掘生产现场的重要问题点。将生产结果或者要因的数据加以分类并绘制柏拉图，以找出少数的关键要因

柏拉图应用范围

三、柏拉图应用程序

讲解：我们在使用柏拉图时，应遵循下列程序。

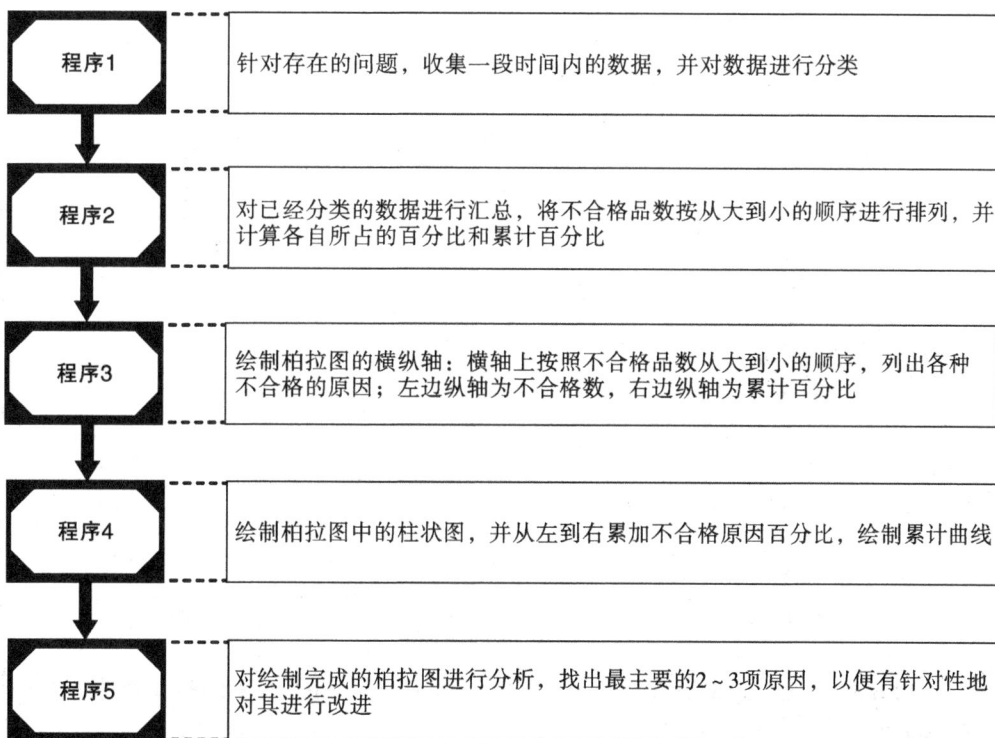

程序1	针对存在的问题，收集一段时间内的数据，并对数据进行分类
程序2	对已经分类的数据进行汇总，将不合格品数按从大到小的顺序进行排列，并计算各自所占的百分比和累计百分比
程序3	绘制柏拉图的横纵轴：横轴上按照不合格品数从大到小的顺序，列出各种不合格的原因；左边纵轴为不合格数，右边纵轴为累计百分比
程序4	绘制柏拉图中的柱状图，并从左到右累加不合格原因百分比，绘制累计曲线
程序5	对绘制完成的柏拉图进行分析，找出最主要的2~3项原因，以便有针对性地对其进行改进

柏拉图应用程序

（续）

四、柏拉图应用举例

讲解：下面我们以某电子器械制造厂为例，说明如何应用柏拉图。

案例

某工厂关于柏拉图的应用举例

某工厂主要生产五金器件，在2011年6月工厂为某家生产企业生产一批漏斗。为了提高产品质量，质量检验专员统计某焊接车间6月份焊接缺陷数据，经过排列后，结果如下表所示。

6月份焊接缺陷数据统计表

项目	频数	百分比	累计百分比
焊缝气孔	61	61	61%
夹渣	20	20	81%
焊缝成型差	8	8	89%
焊道凹陷	6	6	95%
其他	5	5	100%
合计	100	100%	——

根据上述数据，绘制柏拉图，具体如下图所示。

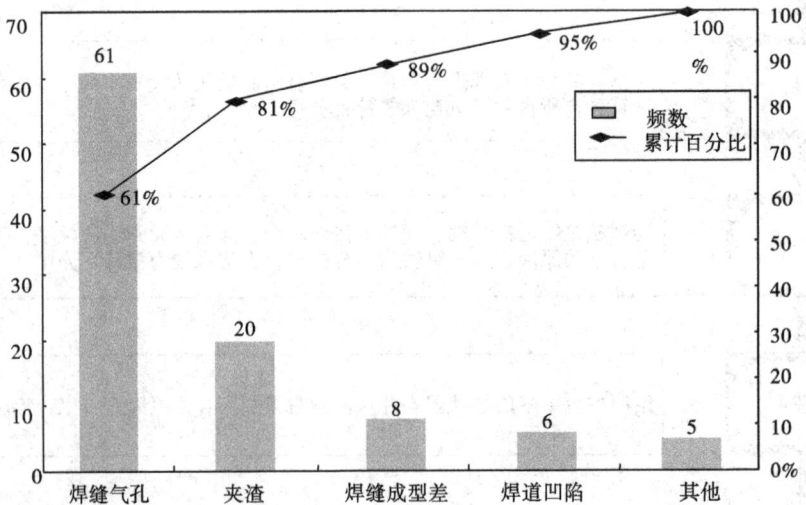

经过分析，焊缝气孔和夹渣两项占所有焊接缺陷的80%，是造成6月份焊接缺陷的主要原因，应针对这两项不良做出改进。

（续）

五、应用要点

讲解：在使用柏拉图时，必须注意六方面的问题，如下所示。

柏拉图应用要点

1. 柏拉图的分类项目不能太多或太少，5~9项比较合适。当划分的类别过少时，柏拉图会失去意义；当数据类别大于九项时，可将不重要项目归为其他类，其他类的项目如果大于前几项，则必须加以分析甄别。

2. 使用柏拉图时，各项目的分配比例不能相近或者相似。当各项的分配比例相近时，柏拉图会失去意义，应从其他角度收集数据再做分析。

3. 如果数据类别已经很清楚，则无须再使用柏拉图。

4. 分析柏拉图时，一般只需重点分析前面2~3项即可得到结果。

5. 对确定的主要因素采取措施后，还可重新绘制柏拉图对比实施后的效果。

6. 柏拉图可以和鱼骨图结合使用，用以确认要因。

第五部分　鱼骨图

授课时间：90分钟。

所需工具：计算机、投影仪、写字笔、写字板以及活页挂图。

授课方法：讲授法、案例分析法。

一、什么是鱼骨图

讲解：鱼骨图，又名因果分析图、因果图、石川图、树枝图和特性要因图，是用于分析特性与影响特性的可能原因之间的因果关系，并通过追求原因、寻找对策来促进问题解决的工具。1953年，日本东京大学石川馨教授和他的助手在研究工作中，第一次使用鱼骨图来分析影响质量问题的因素。

1. 特性与要因

讲解：在质量管理领域，把结果称作特性，把原因称作要因。特性，即作业的结果，表示作业的好坏程度。在生产现场通常指管理的问题、改善的对象，一般包括品质不良、故障、等待时间等各种损失。要因，即对特性产生影响的因素，一般指可能的候补原因。要因很多，但不是所有的要因都能称为原因。特性和要因的相互关系如下图所示。

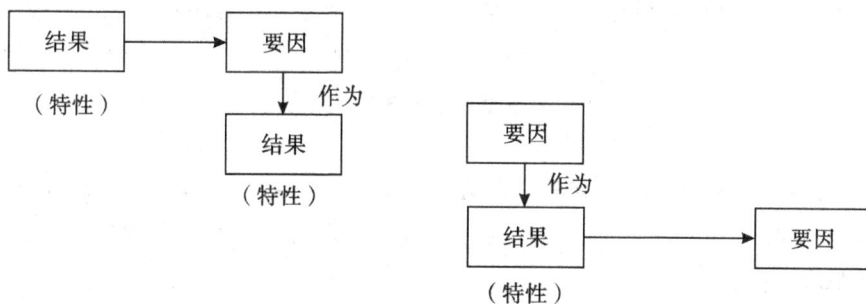

特性与要因的关系图

（续）

2. 鱼骨图的组成

讲解：鱼骨图各个组成部分及名称如下图所示。

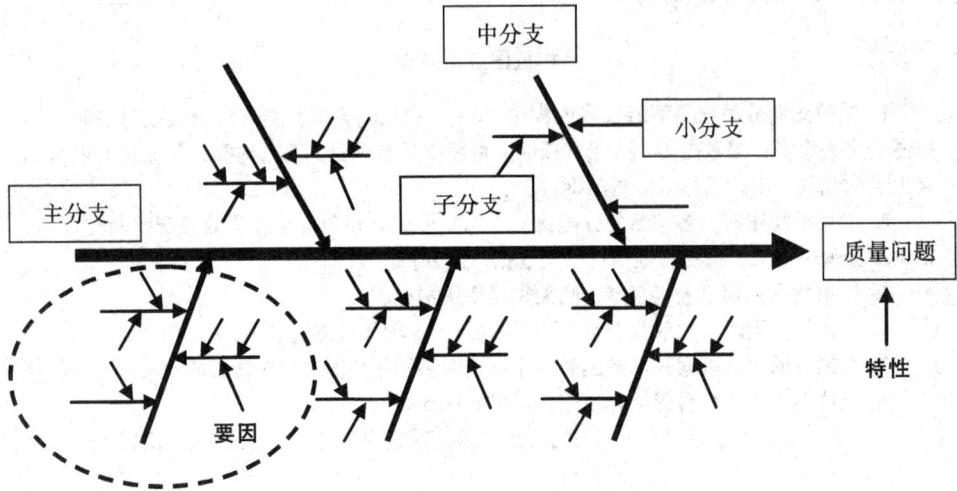

鱼骨图的组成部分示意图

二、应用范围

讲解：在质量管理工作中，鱼骨图经常被用于以下四个方面，具体如下图所示。

1	寻找质量问题，并分析发生质量问题的关键原因时
2	找出质量问题产生的影响，表示影响和原因之间的关系时
3	根据寻找的因果关系，制定改善对策，以消除产生问题的原因时
4	表示期望效果和对策之间的关系，以研究改善的目标是否达成时

鱼骨图应用范围

讲解：因为鱼骨图条理清晰、直观，所以还常被用来理顺混乱的因果关系，明晰企业战略目标的重点等。

三、应用程序

讲解：使用鱼骨图进行质量问题分析和寻找关键要因时，应遵循如下图所示的程序来进行。

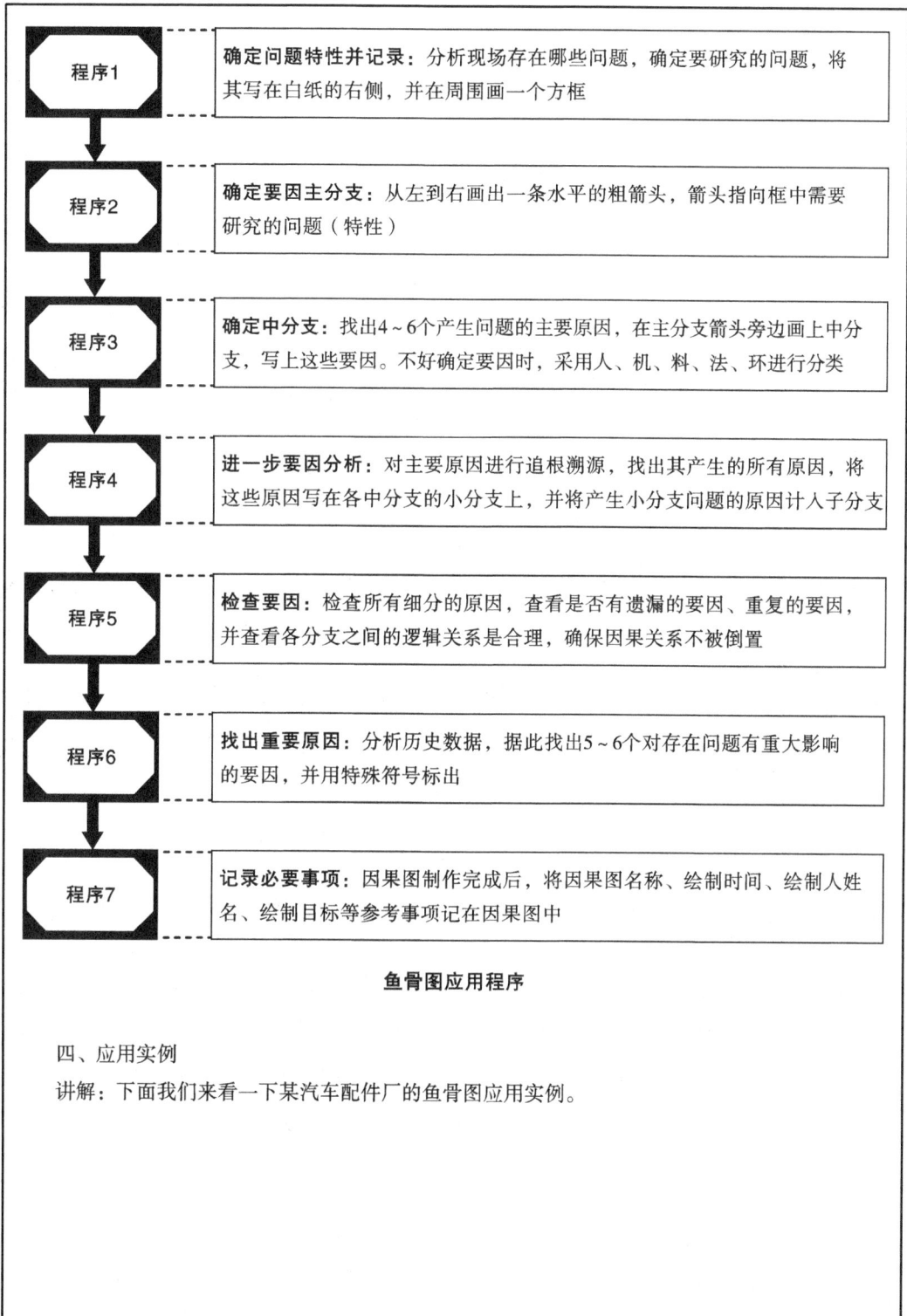

（续）

程序1	**确定问题特性并记录**：分析现场存在哪些问题，确定要研究的问题，将其写在白纸的右侧，并在周围画一个方框
程序2	**确定要因主分支**：从左到右画出一条水平的粗箭头，箭头指向框中需要研究的问题（特性）
程序3	**确定中分支**：找出4~6个产生问题的主要原因，在主分支箭头旁边画上中分支，写上这些要因。不好确定要因时，采用人、机、料、法、环进行分类
程序4	**进一步要因分析**：对主要原因进行追根溯源，找出其产生的所有原因，将这些原因写在各中分支的小分支上，并将产生小分支问题的原因计入子分支
程序5	**检查要因**：检查所有细分的原因，查看是否有遗漏的要因、重复的要因，并查看各分支之间的逻辑关系是合理，确保因果关系不被倒置
程序6	**找出重要原因**：分析历史数据，据此找出5~6个对存在问题有重大影响的要因，并用特殊符号标出
程序7	**记录必要事项**：因果图制作完成后，将因果图名称、绘制时间、绘制人姓名、绘制目标等参考事项记在因果图中

鱼骨图应用程序

四、应用实例

讲解：下面我们来看一下某汽车配件厂的鱼骨图应用实例。

（续）

案例

某汽车配件厂关于鱼骨图的应用实例

　　某汽车配件厂最近生产的轴承总是出现刀痕，针对这一不良现象，该厂从生产轴承设备的人、机、料、法、环五方面入手，利用鱼骨图进行了分析。

　　轴承出现刀痕的鱼骨图如下所示。

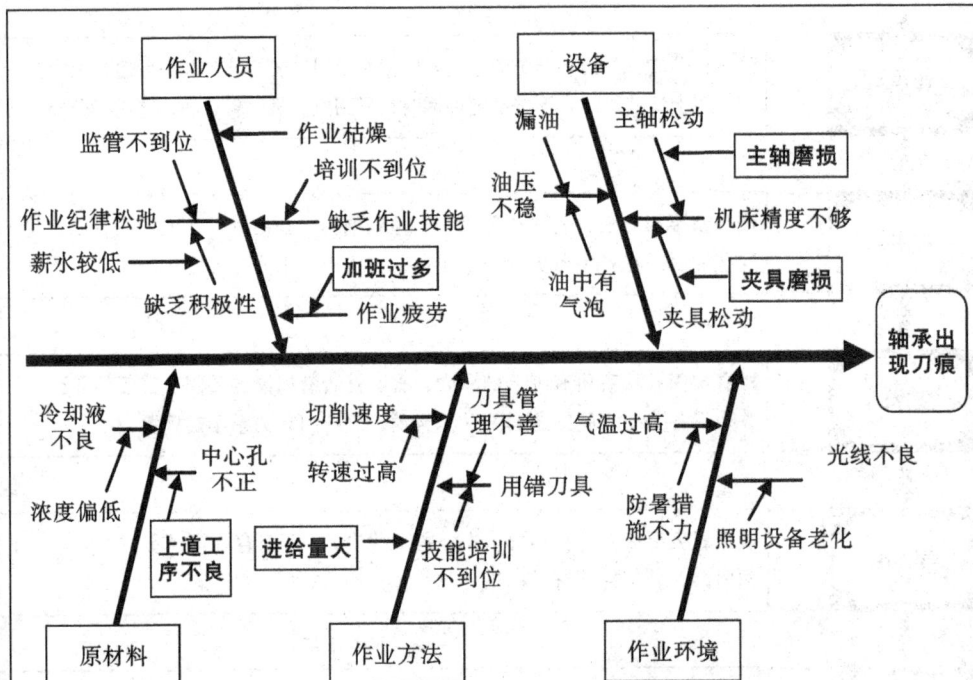

		作业人员			设备		

作业人员

　　监管不到位　　　　作业枯燥

　　　　　　　　培训不到位

作业纪律松弛　　　　缺乏作业技能

薪水较低

　　　　加班过多

　　缺乏积极性　　作业疲劳

设备

　　漏油　　　主轴松动

　　　　　　　　主轴磨损

油压
不稳　　　　机床精度不够

　　　　　　　　夹具磨损

油中有
气泡　　　夹具松动

轴承出现刀痕

冷却液
不良　　　　刀具管理不善

　　中心孔　　切削速度

　　不正　　转速过高

浓度偏低　　　　　用错刀具

　气温过高

　　　　　　　　光线不良

上道工
序不良

进给量大　技能培训
不到位

防暑措
施不力

照明设备老化

原材料　　　　作业方法　　　　作业环境

名称：轴承刀痕的鱼骨图　　　　　　　　绘制目标：寻找轴承出现刀痕的原因

绘制人：李××　　　　　　　　　　　　绘制时间：＿＿＿＿年＿＿月＿＿日

　　根据鱼骨图分析的结果，工人加班过多、设备主轴和夹具磨损、作业时进给量过大、上道工序不良是造成轴承出现刀痕的主要原因。针对分析出的原因，质量管理部进行了改进，轴承刀痕的现象基本消失。

五、应用要点

讲解：在使用鱼骨图法时，应注意以下五个方面的问题。

（续）

鱼骨图应用要点

1. 确定原因时应集思广益、全面考虑问题，尽量避免不必要的疏漏。也可反向展开分析，先通过头脑风暴找出所有的原因，然后将这些原因分门别类，明确从属关系，提炼出主要原因的类型。

2. 主要原因可以有不同的类型，但类型数一般不超过六种。确定主要原因时，现场作业一般从"人、机、料、法、环"着手，管理类问题一般从"人、事、时、地、物"着手。主要原因应用中性词进行描述，不可用"××不良"来描述。

3. 对于中分支和子分支的原因描述应尽可能具体。不要用"××部件不良"这样笼统的描述，而是要"××部件××不良"这种具体表明好坏状态的描述。

4. 如果某种原因可同时归属于两种或两种以上因素，应归到关联性最强的类别。必要时可考虑"三现主义"，即现时到现场看现物，通过相对条件的比较，找出相关性最强的要因归类。

第六部分　直方图

授课时间：90 分钟。

所需工具：计算机、投影仪、写字笔、写字板以及活页挂图。

授课方法：讲授法、案例分析法。

一、什么是直方图

讲解：直方图，又称质量分布图，是根据生产过程中收集来的质量数据分布情况，利用正态分布的原理进行分组，画成以组距为底边、频数为高度的直方型矩形图，用来分析、判断和预测生产工序的精度、工序质量及其变化，并根据质量特性分布情况进行适当调整的工具。直方图图例如下图所示。

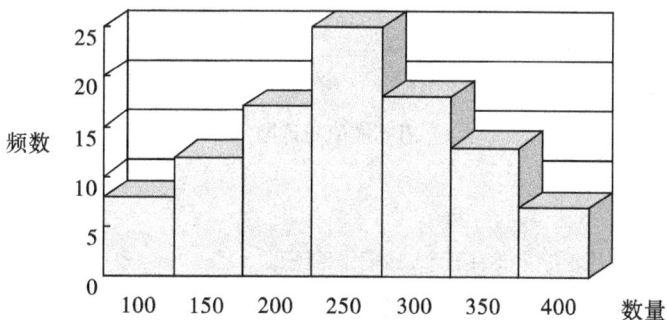

直方图图例

（续）

讲解：直方图的形状反映了质量问题的基本情况，标准直方图应呈正态分布。直方图的主要图形分类以及代表的质量状况如下表所示。

直方图的主要图形及其代表的质量状况一览表

直方图的主要图形	图形形状代表的质量状况
常态形	表示正常制程或能力
双峰形	表示混有两个以上的不同群体
峭壁形	表示收集的数据中混有假数据
孤岛形	表示工序上一定有某种异常状态发生
锯齿形	表示测量值或者计算方法有偏差
偏态形	表示规格下限受到某种原因限制而将分配左右移动

二、应用范围

讲解：直方图在质量管理中，主要应用于四个方面，如下图所示。

1	判断生产工序质量的稳定性
2	推断工序质量符合规格标准的程度
3	分析不同因素对质量的影响
4	计算工序能力

直方图应用范围

三、应用程序

讲解：直方图的应用程序主要有五个，如下图所示。

（续）

程序1	汇集抽样检验得到的一批质量数据并记录，求出其最大值和最小值
程序2	按照质量数据大小将数据分成若干组，一般情况下应分6～20组，并统计各组数据出现的频数，制定出频数分布表
程序3	计算组距的宽度，做出以组距为底、以每组频数为高的一系列矩形图形
程序4	使用绘制出的直方图分析生产过程中的质量状况
程序5	针对分析结论，采取有效的质量控制和改进措施

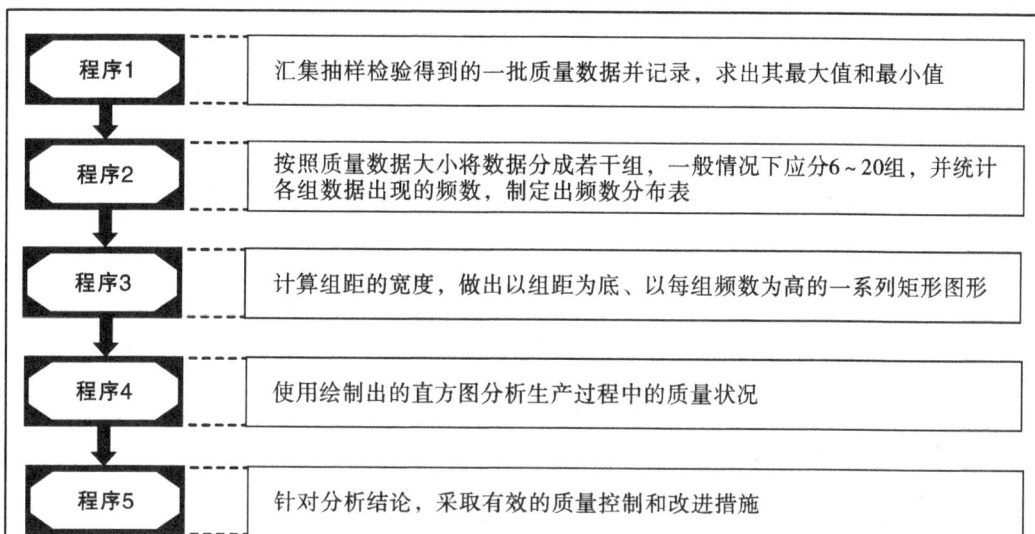

直方图应用程序

讲解：在运用直方图进行操作时，需要计算组数、组距、组界、各组中心值和制作频数分配表，相应的计算方法如下表所示。

直方图法的计算说明

计算内容	公式或者定义	公式使用说明
组数	$K = \sqrt{N}$ 或者 $K = \dfrac{R}{1 + 3.322\log N}$	K 表示组数，N 表示数据个数 R 表示全距，全距 = 数据最大值数据 – 最小值
组距	$C = \dfrac{R}{K}$	C 表示组距，K 表示组数，R 表示全距
组界	第一组下限 = 最小值 – 组界精度 第一组上限 = 第一组下限 + 组距 第二组下限 = 第一组上限 第二组上限 = 第二组下限 + 组距 第三组下限 = 第二组上限 ……	组界精度 = 数据的最小单位 ÷2
各组中心值	各组中心值 =（上组界 + 下组界）÷2	——

四、应用实例

讲解：下面我们一起来看一下某工厂运用直方图分析轴承质量状况的实例。

（续）

案例

某工厂关于直方图的应用实例

一、数据统计

某工厂生产一种轴承，要求的直径为 15.0 ± 1.0 毫米，质量检验科连续检验了50个轴承的直径，得到的数据如下表所示。

50个轴承样本直径数据表

轴承直径 X（单位：毫米）									
15.0	15.8	15.2	15.1	15.9	14.7	14.8	15.5	15.6	15.3
15.1	15.3	15.0	15.6	15.7	14.8	14.5	14.2	14.9	14.9
15.2	15.0	15.3	15.6	15.1	14.9	14.2	14.6	15.8	15.2
15.9	15.2	15.0	14.9	14.8	14.5	15.1	15.5	15.5	15.5
15.1	15.0	15.3	14.7	14.5	15.5	15.0	14.7	14.6	14.2

二、计算

$X_{\max} = 15.9$，$X_{\min} = 14.2$，$R = X_{\max} - X_{\min} = 1.7$

组数：$K = 1 + 3.322 \lg N = 6.644$，取 $K = 6$

组距：$C = 1.7 \div 6 \approx 0.3$

各组上下界：首先确定第一组下限值，应注意使最小值 S 包含在第一组中，且使数据观测值不落在上、下限上。故第一组下限值取为：$X_{\min} - \dfrac{组界精度}{2} = 14.2 - 0.5 = 13.7$

然后依次求得各组上下界，并制作频数表。

三、制作频数表

根据组数和组距，制作频数表如下表所示。

频数分布表

组序	组界值	组中值	频数	频率
1	14.15 ~ 14.45	14.3	3	6%
2	14.45 ~ 14.75	14.6	8	16%
3	14.75 ~ 15.05	14.9	13	26%
4	15.05 ~ 15.35	15.2	13	26%
5	15.35 ~ 15.65	15.5	8	16%
6	15.65 ~ 15.95	15.8	5	10%

根据频数分布表制作直方图，具体如下图所示。

（续）

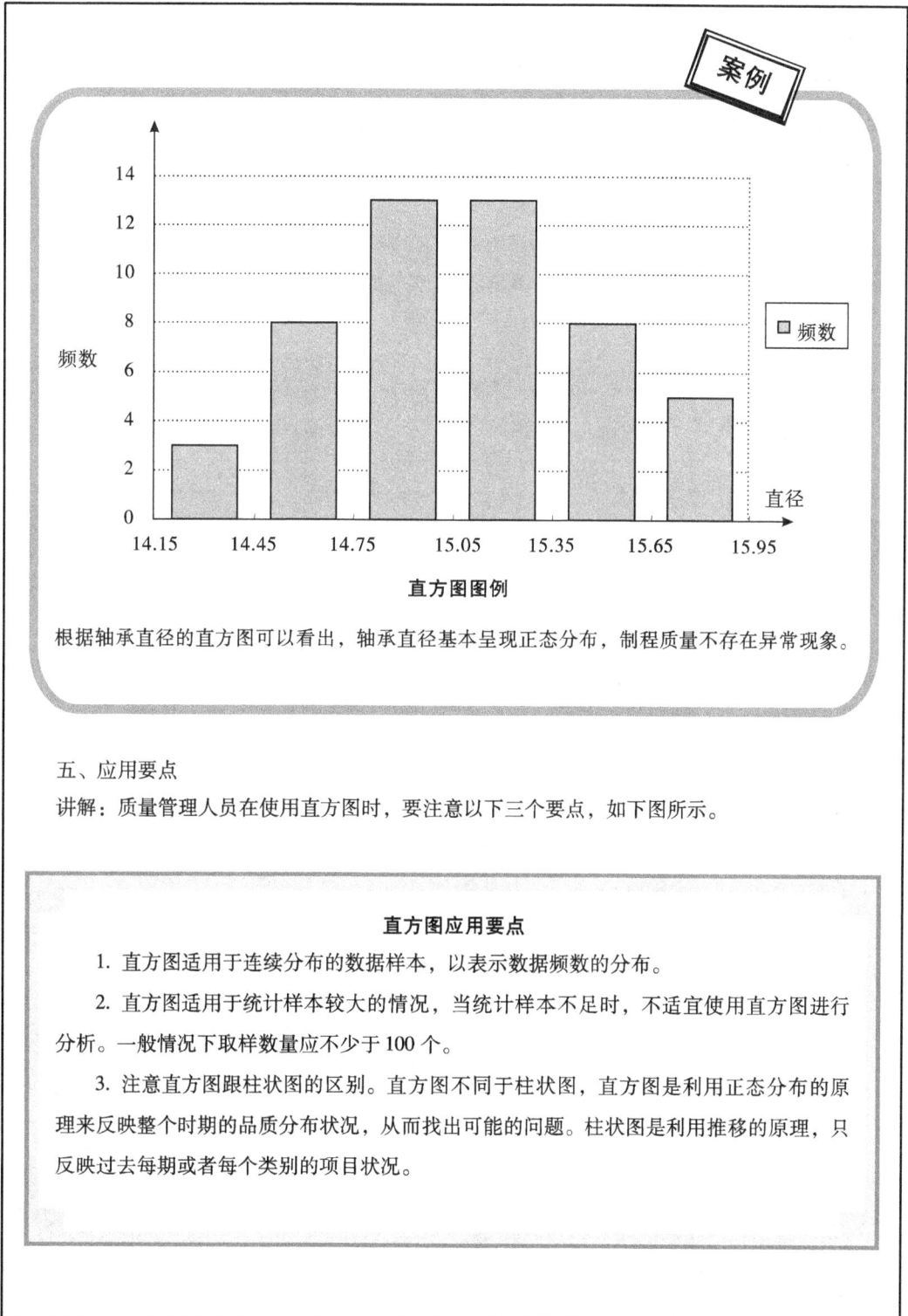

直方图图例

根据轴承直径的直方图可以看出，轴承直径基本呈现正态分布，制程质量不存在异常现象。

五、应用要点

讲解：质量管理人员在使用直方图时，要注意以下三个要点，如下图所示。

直方图应用要点

1. 直方图适用于连续分布的数据样本，以表示数据频数的分布。

2. 直方图适用于统计样本较大的情况，当统计样本不足时，不适宜使用直方图进行分析。一般情况下取样数量应不少于100个。

3. 注意直方图跟柱状图的区别。直方图不同于柱状图，直方图是利用正态分布的原理来反映整个时期的品质分布状况，从而找出可能的问题。柱状图是利用推移的原理，只反映过去每期或者每个类别的项目状况。

（续）

第七部分　散布图

授课时间：90 分钟。

所需工具：计算机、投影仪、写字笔、写字板以及活页挂图。

授课方法：讲授法、案例分析法。

一、什么是散布图

讲解：散布图又称相关图，是将两种可能相关的变量数据用点画在坐标图上，用来表示一组成对的数据之间是否有相关性的一种图表。常见的散布图主要有六种类型，如下图所示。

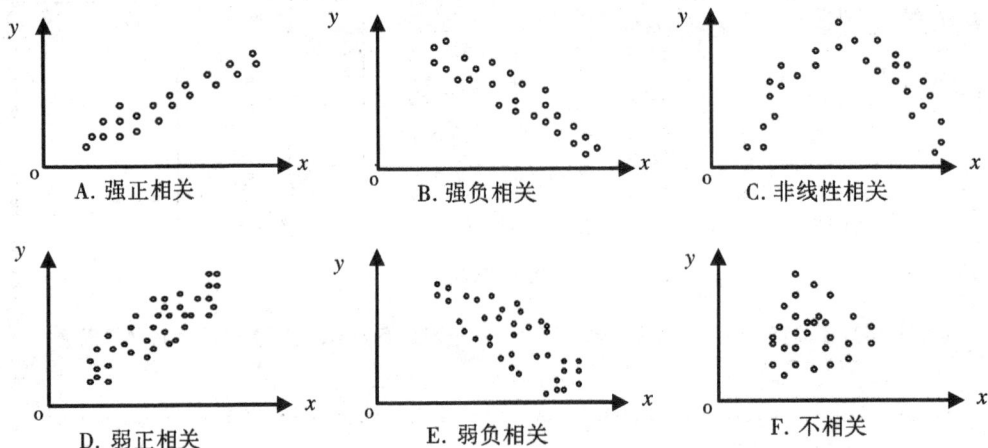

散布图的分类

二、应用范围

讲解：散布图在质量管理工作中，主要应用于两个方面，如下图所示。

| 1 | 适用于揭示两种数据之间是否存在相关关系 |
| 2 | 可用来发现和确认两种相关数据之间的关系并确认两组相关数据之间预期的关系 |

散布图应用范围

三、应用程序

讲解：散布图的应用程序主要有五个，如下图所示。

（续）

程序	说明
程序1	**确定分析对象**：选定的分析对象可以是品质特性值之间的关系、因素之间的关系和品质特性值与因素之间的关系
程序2	**收集数据**：对欲进行研究的对象收集成对数据，一般应收集25组以上，并且记录收集的日期、方法等内容
程序3	**绘制散布图轴线**：画出长度大致相等的横轴和纵轴，记上组的名称、计量单位，做好尺度标记
程序4	**绘制数据点**：按成对数据在图上绘点。如果几组数据相同，则点会重合，计算时仍要算入重合的点
程序5	**分析散布图**：利用观察法、符号检验法等方法分析散布图，确定判定结果，并制定相应的对策

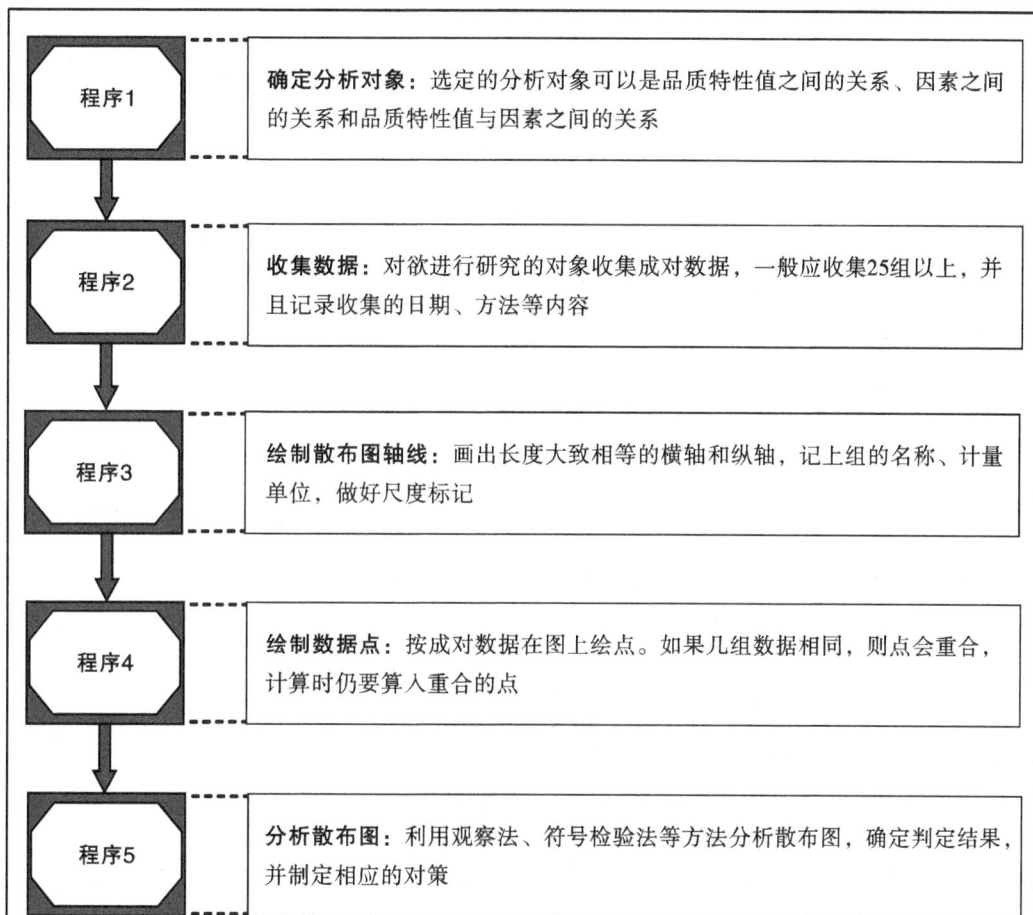

散布图应用程序

四、应用举例

讲解：下面我们看一下某合金制造厂在生产制造过程中，运用散布图分析合金的抗拉强度与影响因素关系的实例。

（续）

案例

某合金制造厂对散布图应用的实例

一、案例背景

某种合金在冲压的过程中，因为需要折弯，所以经常发生断裂现象。质量管理部经过检验发现合金的抗拉强度不足。工艺技术员经过分析，初步认为合金的抗拉强度（kg/mm^2）可能和其中的含碳量（%）大小相关。

二、收集数据

经过试验，工艺技术员得到抗拉强度 y 与含碳量 x 的相关数据30组，如下表所示。

抗拉强度与含碳量测试数据表

含碳量 x（%）	0.100	0.105	0.110	0.115	0.120	0.125
抗拉强度 y（kg/mm^2）	42.1	42.7	43.5	44.1	45.0	45.3
x	0.130	0.135	0.140	0.145	0.150	0.155
y	45.6	46.2	47.0	47.5	47.9	48.6
x	0.160	0.165	0.170	0.175	0.180	0.185
y	49.0	50.3	52.6	53.5	50.0	54.0
x	0.190	0.195	0.200	0.205	0.210	0.215
y	55.0	55.4	55.0	55.3	55.0	56.0
x	0.220	0.225	0.230	0.235	0.240	0.245
y	57.4	58.2	60.0	60.0	60.9	61.3

三、绘制图像

将含碳量 x 做横轴，抗拉强度 y 做纵轴，绘出散布图，如下图所示。

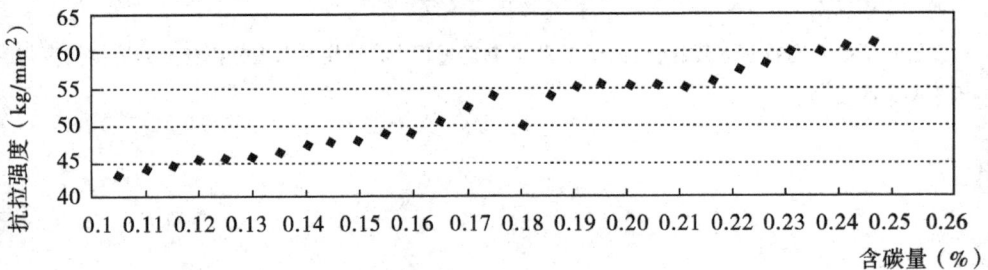

合金含碳量与抗拉强度散布图

四、结果分析

经过观察散布图，可以明显看出，抗拉强度 y 与含碳量 x 呈现强正相关。

（续）

五、应用要点

讲解：质量管理人员在使用散布图时，要注意以下六个要点，如下图所示。

散布图应用要点

1. 散布图反映的只是一种趋势，对于定性的结果还需要具体分析。
2. 注意对数据进行正确的分层，否则可能误判。
3. 分析散布图时，需要观察是否出现异常点或者离群点。
4. 当收集的数据较多时，可能会出现重复数据，对重复数据要区别分析。
5. 本书中只为举例，一般情况下两组变量的对应数至少在 25 组以上。
6. 通常情况下，横坐标用来表示原因或者自变量，纵坐标表示效果或者因变量。

第八部分 控制图

授课时间：150 分钟。

所需工具：计算机、投影仪、写字笔、写字板以及活页挂图。

授课方法：讲授法、案例分析法。

一、什么是控制图

讲解：控制图又称管理图、管制图，是一种通过在直角坐标系内绘制出控制界限，以描述生产过程中产品质量波动状态的图形。控制图的主要构成包括横纵坐标轴、中心线 CL（Central line）、上控制限 UCL（Upper Control Limit）、下控制限 LCL（Lower Control Limit）、数据点和波动曲线。其中 $CL = \mu$，$UCL = \mu + 3\sigma$，$LCL = \mu - 3\sigma$。具体请参考下图。

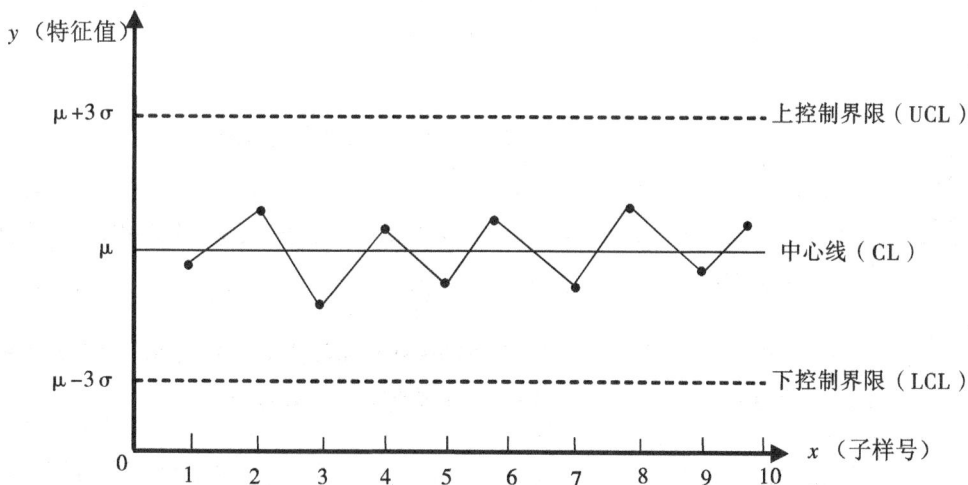

稳定状态下的控制图

讲解：控制图可分为计量值控制图和计数值控制图两大类，具体分类如下表所示。

203

（续）

控制图分类表

类型	控制图名称	适用情况
计数值控制图	p 控制图	◆ 在检验样本大小不同的情况下，统计不合格品数与不合格品率. ◆ 检查零件外形尺寸或目测检查外观的情况 ◆ 零件不合格率、材料利用率、出勤率的监控
	np 控制图	◆ 在检验样本大小相同的情况下，研究不合格品数的情况 ◆ 当不合格品的实际数量比不合格率更有利于进行过程质量分析的情况时 ◆ 在产品批量大、加工过程稳定的情况下统计不合格品数量
	c 控制图	◆ 在不同样本发生缺陷的机会相同，而且样品大小不变的情况下，统计缺陷数量
	u 控制图	◆ 适用于在不同样本发生缺陷的机会不同的情况下，统计缺陷数量 ◆ u 控制图对于样本大小和变化情况没有限制
计量值控制图	$\bar{X}-R$（均值-极差）控制图	◆ 用于控制对象为长度、重量、强度、纯度、时间、收率和生产量等计量值场合
	$\bar{X}-s$（均值-标准差）控制图	◆ 多用于子组样本容量大于 10 的场合
	M_e-R（中位数-极差）控制图	◆ 多用于现场需要把测定数据直接计入控制图进行控制的场合
	$X-R_s$（单值-移动极差）控制图	◆ 适用于对每一个产品都进行检验，采用自动化检查和测量且取样费时、成本较高的场合

二、应用范围

讲解：控制图主要应用于三个方面，如下图所示。

（续）

1	应用于过程质量评价与诊断：可以评价过程的变化情况，评估过程的稳定性，并能通过与其他方法结合，找到产生异常状况的原因
2	应用于过程质量控制：可及时掌控产品的质量品质状况，从而确定产品何时需要调整、何时需要保持原有状态
3	应用于质量改进：应用控制图可以判断和确认某个生产过程是否得到了改进，以及改进程度的大小

控制图应用范围

三、应用程序

讲解：控制图应用程序主要有七步，如下图所示。

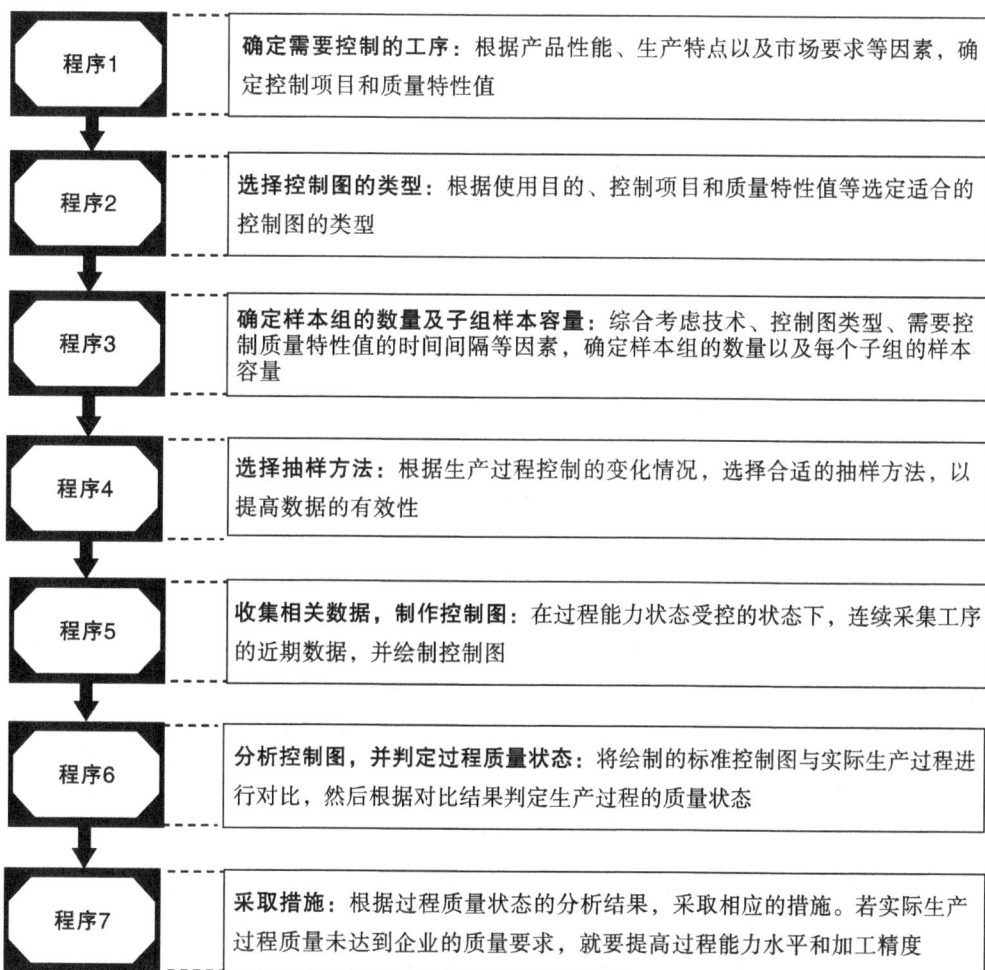

程序1	确定需要控制的工序：根据产品性能、生产特点以及市场要求等因素，确定控制项目和质量特性值
程序2	选择控制图的类型：根据使用目的、控制项目和质量特性值等选定适合的控制图的类型
程序3	确定样本组的数量及子组样本容量：综合考虑技术、控制图类型、需要控制质量特性值的时间间隔等因素，确定样本组的数量以及每个子组的样本容量
程序4	选择抽样方法：根据生产过程控制的变化情况，选择合适的抽样方法，以提高数据的有效性
程序5	收集相关数据，制作控制图：在过程能力状态受控的状态下，连续采集工序的近期数据，并绘制控制图
程序6	分析控制图，并判定过程质量状态：将绘制的标准控制图与实际生产过程进行对比，然后根据对比结果判定生产过程的质量状态
程序7	采取措施：根据过程质量状态的分析结果，采取相应的措施。若实际生产过程质量未达到企业的质量要求，就要提高过程能力水平和加工精度

控制图应用程序

（续）

四、应用举例

讲解：下面请大家看一个 np（不合格数）控制图应用实例。

案例

某机械加工厂对 np（不合格数）控制图应用的实例

一、案例背景

某机械加工厂为了监控机加工零件的质量水平，由质检科连续 25 个工作日抽取相同样本的工件，并统计质量不达标的工件数目。

为了更直观地反映质量状况，质检专员决定用不合格数控制图分析抽样的数据，并监控生产过程的质量状况。

二、收集数据

连续 25 个工作日抽样检验的统计资料如下表所示。

抽样检验 np 数据表

样本号	样本数（n）	不合格品数（np）	样本号	样本数（n）	不合格品数（np）
1	100	2	14	100	6
2	100	3	15	100	2
3	100	1	16	100	3
4	100	4	17	100	0
5	100	5	18	100	1
6	100	3	19	100	4
7	100	0	20	100	3
8	100	2	21	100	0
9	100	2	22	100	1
10	100	1	23	100	5
11	100	4	24	100	3
12	100	0	25	100	2
13	100	3	合计	2 500	60

三、计算

（一）计算平均不合格品数 np 和平均不合格品率 p

$$np = \frac{np_1 + np_2 + \cdots + np_k}{k} = \frac{\text{不合格品总数}}{\text{样本组数}} = \frac{60}{25} = 2.4$$

$$p = \frac{np_1 + np_2 + \cdots + np_k}{nk} = \frac{\text{不合格品总数}}{\text{检查样品总数}} = \frac{60}{2\,500} = 0.024$$

（续）

（二）计算控制界限

案例

$$UCL = np + 3\sqrt{np\ (1-p)} = 2.4 + 3\sqrt{100 \times 0.024 \times\ (1-0.024)} = 6.99$$

$$CL = np = 2.4$$

$$LCL = np - 3\sqrt{np\ (1-p)} = 2.4 - 3\sqrt{2.4 \times\ (1-0.024)} < 0$$

四、绘制控制图

根据计算出来的参数，制作控制图，如下图所示。

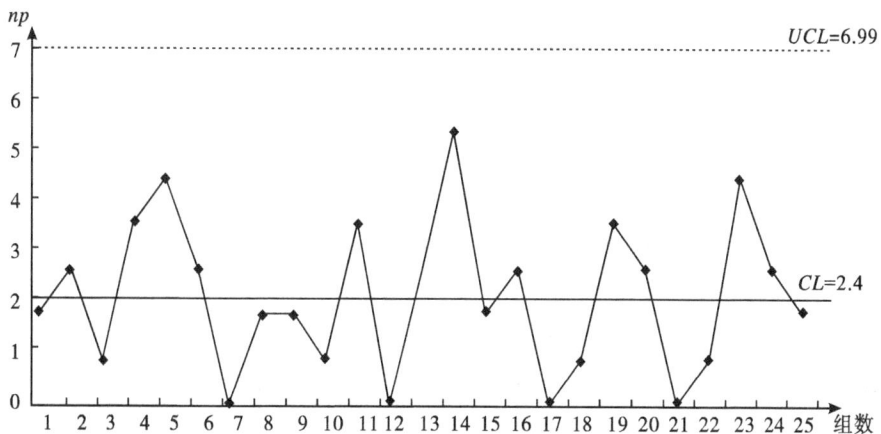

抽样检验 np 控制图

五、分析控制图

通过控制图，可以直观地看出抽检工件的质量状况正常。

五、应用要点

讲解：在应用控制图时，应注意以下四点。

控制图应用要点

1. 只有在现场作业的标准化已经完成的情况下才可以运用控制图。

2. 所选用的控制图类型应与控制项目相匹配，所选用的抽样方法以能取得合理样组为原则，控制图法的运用要与生产的过程控制相结合。

3. 控制界限应通过公式计算得来，而不能用规格值代替。

4. 如果发现了超越管理界限的异常现象，却不去努力追究原因、采取对策，那么控制图再好，也只不过是"一纸空文"。

四、评估培训课程

"QC 应用工具"培训课程主要通过调查问卷的方式进行评估，如表9-5 所示。

表9-5 "QC 应用工具"培训效果评估表

培训课程名称		培训实施时间			
培训讲师					
请对下面每一项进行评价，并在相应的栏里打"√"					
		差	一般	好	个人建议
培训课程	课程符合我的工作和个人发展需要				
	课程内容难易适中、易于理解				
	课程时间安排合理				
	课程内容设计合理，符合课程目标				
	课程内容可以很好地应用于工作中				
培训讲师	培训讲师的仪表标准、个人形象良好				
	培训讲师有充分的准备				
	培训讲师授课思路清晰，语言表达能力强				
	培训讲师对培训内容有独特精辟的见解				
	培训讲师课堂气氛和吸引力				
	培训讲师经验丰富				
	培训讲师授课方式生动多样、鼓励参与				
参加此次培训的收获	A. 获得了实用的新知识 B. 理顺了过去工作中的一些模糊概念 C. 获得了可以在工作上应用的一些有效的技巧和技术 D. 促使自己客观地观察自己以及自己的工作，帮助对过去的工作进行总结与思考 E. 其他（请填写） _____				
改进建议	此次培训的不足是什么，您的改善建议和意见是什么？（请详列） _____ _____				

第四节　某网店"客户询单转化"培训课程设计案例

一、掌握培训背景

B 网店主要销售儿童服装，成立于 2015 年，目前有 20 多名员工，其中网店客服人员有 8 人。网店运行了一段时间后，发现没有达到预定的销售目标。公司总经理要求客服主管找出原因，开展培训，希望以此提升网店客服人员的业务技能。

二、分析培训需求

（一）调查对象

网店的 8 位客服人员。

（二）调查方式

通过查看聊天记录、问卷调查以及面谈的方式对其进行分析。

1. 聊天记录

查看每位客服与客户的聊天记录，寻找其中存在的问题。

2. 问卷调查

向每位客服人员发放调查问卷，请他们填写他们认为客户最关心的十个问题以及应如何进行解答。

3. 面谈

与客服人员直接面谈，分析询单转化率低的原因，记录客服人员提出的培训需求。

（三）信息分析

1. 绩效分析

从表 9-6 中可以看出，7、8、9 三个月客服人员对客户咨询的响应较为及时，但询单转化率不尽如人意，这说明客服人员的销售沟通技巧尚待提高。

表 9-6　询单转化与响应时间

月份	询单人数	最终付款人数	询单转化率%	首次响应时间/秒	平均响应时间/秒	回复率%
7	1 760	552	31. 36	1. 22	23. 89	99. 68
8	1 683	630	37. 43	1. 07	22. 57	99. 43
9	1 941	726	37. 40	0. 95	23. 01	99. 27

2. 问卷调查

通过查看问卷，可知客服人员基本了解客户最关心的问题，但解答简单，不能运用销售技巧掌握客户心理并引导客户购买。

3. 聊天记录

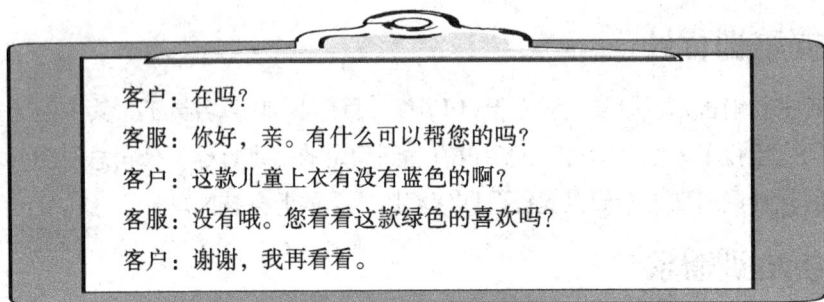

客户：在吗？

客服：你好，亲。有什么可以帮您的吗？

客户：这款儿童上衣有没有蓝色的啊？

客服：没有哦。您看看这款绿色的喜欢吗？

客户：谢谢，我再看看。

客服人员与客户聊天记录

通过对聊天记录的分析，发现客服人员的问题很明确：在与客户的沟通中，回复简单，没有就客户的需求展开相应的产品介绍和优点展示，没能吸引客户购买，所以客服人员需要进行沟通技巧能力的培训。

4. 面谈记录

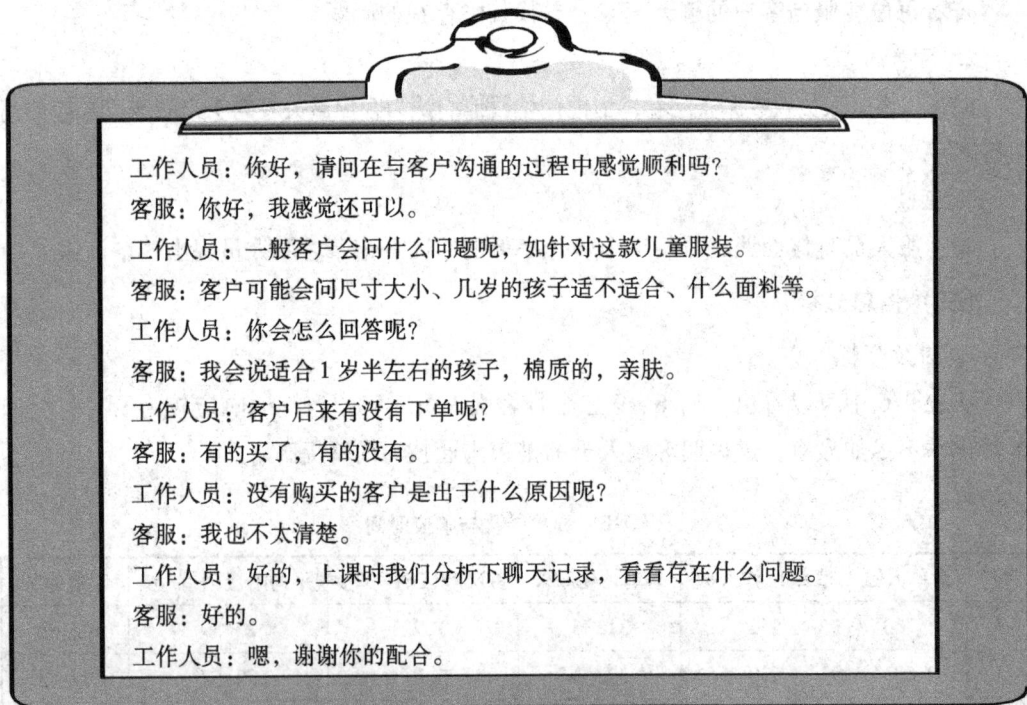

工作人员：你好，请问在与客户沟通的过程中感觉顺利吗？

客服：你好，我感觉还可以。

工作人员：一般客户会问什么问题呢，如针对这款儿童服装。

客服：客户可能会问尺寸大小、几岁的孩子适不适合、什么面料等。

工作人员：你会怎么回答呢？

客服：我会说适合1岁半左右的孩子，棉质的，亲肤。

工作人员：客户后来有没有下单呢？

客服：有的买了，有的没有。

工作人员：没有购买的客户是出于什么原因呢？

客服：我也不太清楚。

工作人员：好的，上课时我们分析下聊天记录，看看存在什么问题。

客服：好的。

工作人员：嗯，谢谢你的配合。

培训工作人员与客服人员面谈记录

通过与每位客服人员的面谈，记录每位客服人员存在的共性和个性的问题，如上述面谈记录中的客服人员可能存在对产品介绍太简单、回答客户问题的内容太少，导致客户感受不到客服人员的服务热情等原因，致使其流失了部分潜在客户。

（四）解决方案

通过对调查问卷、与客户聊天记录以及面谈等进行分析，发现客服人员需要进行沟通技巧提升、促进询单转化方面的培训，因此网店可以有针对性的开发"客服询单转化"这门培训课程。

三、设计培训课程

（一）编制课程大纲

在设计课程时，培训设计者应注意客服人员的学习能力和学习方式，设计适合他们的授课方式以及课程内容。下面是一份"客服询单转化"的课程大纲，供读者参考。

"客服询单转化"课程大纲

一、课程名称

客服询单转化。

二、课程对象

网店所有客服人员。

三、课程目标

熟练掌握与客户沟通中必要的技巧和心态，说服客户购买，提高询单转化率。

四、课程内容

课程内容如下表所示。

课程单元构成以及时间分配表

单元	构成	内容	时间
第一单元	分析客户流失的原因	客户的需求是什么 对产品有什么疑问 怎么推荐合适的产品 怎样消除客户疑虑 怎样推荐促销活动	1 小时
第二单元	利用快捷短语	根据调查问卷确定快捷回复内容 让客服人员参与制定标准、适用的快捷短语 高效执行快捷短语 深入理解快捷短语话术	2 小时

（续）

单元	构成	内容	时间
第三单元	询单总结	记录询单未转化的情况 分析原因 提出改进方案	1 小时

五、授课讲师

行业内专业的培训师。

六、授课方式

讲解＋案例＋微课。

七、课程时间

培训时间为 4 个小时。

八、授课地点

授课地点为网店内部的会议室。

（二）编制讲师手册

为了能够顺利、有效地完成课程培训，达到预期的培训效果，课程开发人员应对讲授过程进行预先设计，这就需要编制讲师手册。针对"客服询单转化"大纲制作的讲师手册如下所示，供读者参考。

"客服询单转化"课程讲师手册

第一部分　开场白

时间：15 分钟。

今天的课程主要讲的是：如何提高客服人员的询单转化率，本课程包括三方面的内容，即分析现状、利用快捷短语和询单总结。在上课之前，先讲一下课堂纪律：请遵守上课时间，不迟到、早退；将手机置于振动状态；课堂上不准打电话；不要在课堂上随意走动；不得吸烟、大声喧哗。

第二部分　分析现状

时间：60 分钟。

讲授内容：一、客户的问题是什么；二、如何回答客户的问题；三、客户存在的疑虑；四、客户没有购买的原因。

第三部分　利用快捷短语

时间：60 分钟

目的：明确与客户沟通中进行产品讲解时常用的快捷短语，进行标准化设置并应用。

（续）

讲师讲解：在沟通中，我们要事先想到客户可能会提出的各种问题，并明白如何快速回答才能消除客户的疑虑，并决定购买。现在我们来一起讨论这个问题。

组织讨论：组织客服人员进行讨论，并得出结论。

第四部分　询单总结

时间：30分钟。

目的：促使客服人员对未转化的客户信息进行记录，总结原因并改进，如下表所示。

工作总结与改进

日期	客户名称	是否转化	未转化原因	如何改进

四、评估培训课程

培训结束后，培训负责人还需对培训效果进行评估，可采用如下三种评估方式。

（一）问卷调查

通过调查问卷的方式对培训效果进行评估，如表9-7所示。

表9-7　客服人员询单转化培训效果评估调查表

评价对象	具体调查内容	1分	2分	3分	4分	5分
整体培训	对此次培训课程的整体评价					
培训课程	快捷短语是否提高了工作效率					
	能否有效解决客户对产品质量的疑问					
	能否有效解决客户对产品价格的疑问					
	能否为客户提供合适的相关产品					
	客户对服务态度的评价是否有所改善					
	销售业绩是否得到提升					
	您觉得培训内容对销售工作的指导性强吗					
	您的询单转化率提高了多少					
培训讲师	语言表达能力					
	问题问答的准确性					

（续表）

评价对象	具体调查内容	1分	2分	3分	4分	5分
培训讲师	授课技巧运用程度					
	语调运用技巧					

（二）对客服人员的工作表现进行观察

待此次培训结束后，客服主管可以通过客服人员实际的工作表现来评定此次培训的效果。

下面是一则经过培训后的客服人员的聊天记录。

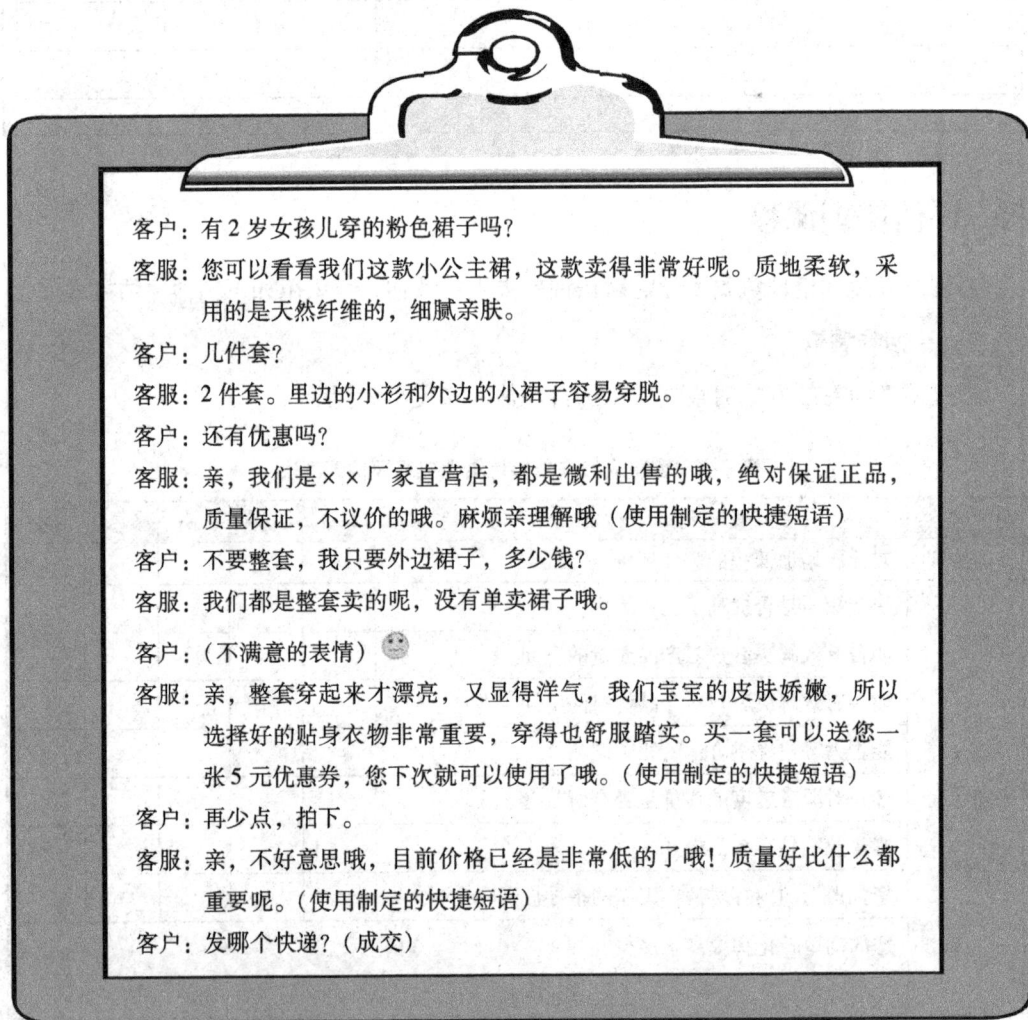

客户：有2岁女孩儿穿的粉色裙子吗？

客服：您可以看看我们这款小公主裙，这款卖得非常好呢。质地柔软，采用的是天然纤维的，细腻亲肤。

客户：几件套？

客服：2件套。里边的小衫和外边的小裙子容易穿脱。

客户：还有优惠吗？

客服：亲，我们是××厂家直营店，都是微利出售的哦，绝对保证正品，质量保证，不议价的哦。麻烦亲理解哦（使用制定的快捷短语）

客户：不要整套，我只要外边裙子，多少钱？

客服：我们都是整套卖的呢，没有单卖裙子哦。

客户：（不满意的表情）

客服：亲，整套穿起来才漂亮，又显得洋气，我们宝宝的皮肤娇嫩，所以选择好的贴身衣物非常重要，穿得也舒服踏实。买一套可以送您一张5元优惠券，您下次就可以使用了哦。（使用制定的快捷短语）

客户：再少点，拍下。

客服：亲，不好意思哦，目前价格已经是非常低的了哦！质量好比什么都重要呢。（使用制定的快捷短语）

客户：发哪个快递？（成交）

客服与客户聊天示例

很明显，这位客服人员学到了一些网店销售的技巧，由此可以说明，此次培训是有效的。

（三）工作业绩考核

待培训结束后的＿＿＿天，客服主管统计下属人员的销售业绩，通过业绩数据能直观地反映此次培训的效果。

第五节 某公司"软文营销"课程设计案例

一、掌握培训背景

某公司是一家中型健身装备、户外装备销售公司，随着移动互联网时代的到来，公司十分重视网络营销推广的作用以及与客户之间的互动，致力于为客户提供优质服务。近期公司营销总监针对产品销量增长缓慢的现状，结合公司的发展理念，计划通过培训提升营销人员的网络营销能力，以网络营销推广产品的方式，达到赢得客户信任、提高产品销量以及品牌知名度的目的。

二、分析培训需求

（一）营销人员分析

1. 一般特征分析

营销人员的一般特征分析主要包括三个方面，具体如下。

（1）该公司营销人员一般为专科或本科毕业，年龄在 20～30 岁，对同龄人的需求较为了解，同时具有一定的专业知识和文化知识。

（2）熟悉互联网、移动互联网的软件使用规则。

（3）对于健身、户外运动有一定的认同和喜爱。

2. 初始能力分析

营销人员的初始能力分析可以从两个方面进行，具体如下。

（1）具有丰富的营销知识和一定的工作经验，在一定程度上理解客户购买心理。

（2）了解健身、饮食、户外运动方面的产品信息，具有为客户提供咨询服务的能力。

（二）绩效分析

1. 期望绩效

因产品品牌知名度不高，营销人员进行了搜索引擎营销推广、线上线下联合促销、微信公众号推广、赞助户外比赛等活动，期望带动产品的销售和品牌的推广。

2. 实际绩效

营销人员的实际绩效表现在如下三个方面。

（1）产品销量在促销活动后得到小幅度提升，但过后又恢复平稳。

（2）在搜索引擎中产品排序靠后。

（3）品牌知名度不高，致使客户信任度不高。

3. 绩效差距原因分析

通过调查可知，营销人员产生期望绩效与实际绩效之间的差距主要源于以下两个方面。

（1）营销推广方式成本较高、效果不好。

（2）客户信任度和忠诚度较低。

（三）培训需求分析结论

结合对营销人员的绩效分析、调查问卷分析和访谈结果，考虑到营销成本和效果，培训主管认为应加强营销人员采用软文进行营销推广的能力，据此进行"软文营销能力提升"培训课程设计。

三、设计培训课程

（一）编制课程大纲

培训课程开发人员根据上述分析结果，设计适合他们的授课方式和授课内容。"软文营销能力提升"的课程大纲如下所示，供读者参考。

"软文营销能力提升"课程大纲

一、课程名称

软文营销能力提升。

二、课程对象

营销人员。

三、培训时间

4 小时。

四、课程目标

1. 知识目标

（1）产品知识普及。

（续）

（2）软文写作知识培训。

（3）客户购买心理、行为。

（4）广告嵌入。

（5）专题讨论引导。

2. 技能目标

（1）能够运用写作的方法与技巧，提升写作能力。

（2）灵活运用回复评论的方法与技巧，提高与客户的互动技能。

（3）运用软文营销引发与客户共鸣，取得客户信任。

五、课程单元构成以及时间分配

具体如下表所示。

课程单元构成以及时间分配表

单元构成	主要内容	具体内容	分配时间
第一单元	软文介绍	认识软文 案例分析	1 小时
第二单元	软文写作	基础写作规范 写作技巧 风险规避	2 小时
第三单元	软文营销的操作策略	突出产品特色 紧跟舆论热点 增强读者参与感	1 小时

六、授课讲师

授课讲师为公司具有丰富理论知识和软文营销实践经验的营销经理。

七、课程培训方法

讲授法、案例分析法、标杆学习法。

八、授课地点

授课地点为公司行政办公楼 2 楼会议室。

（二）编写讲师手册

担任此次培训讲师的营销经理负责讲师手册的编写工作，企业人力资源部课程开发人员辅助其进行编写。讲师手册编写完成后，人力资源部培训主管可根据公司的实际情况，提出修改意见，确保培训课程目标的实现。

本课程的讲师手册如下所示，供读者参考。

"软文营销能力提升"讲师手册

第一部分　开场白（略）

第二部分　软文介绍

一、认识软文

讲解：运用文字艺术的魅力，达到某种目的的文字组合（或文字和图片）就是软文，其具有以下特征。

软文的特征一览表

软文特征	特征说明
本质是广告	追求低成本和高效益，不回避商业本性
伪装形式	新闻资讯，管理思想，企业文化，技术、技巧文档，评论，包含文字元素的游戏等一切文字资源，使读者眼光驻留，有了解的冲动
宗旨是制造信任	使读者接受观点并倾向于相信
把产品卖点说得明白透彻	使读者有印象，了解清楚
着力点是兴趣和利益	吸引特定读者，实现精准营销

二、案例分析

讲解：请大家看一个软文案例，看完后，请大家讨论一下，这篇软文写得怎样。

案例

10 年的等待，一份让她泪流满面的礼物

晚上，她收拾完碗筷后正在拖地，她的老公一如往常，进入卧室开始上网玩游戏，而她心里却翻江倒海，禁不住抽泣起来。寂静的夜晚，她的抽泣声惊动了正在上网的老公。他心里一惊，起身来到她身边，"为啥哭啊？"她一边抽泣一边委屈地回答，"整天做家务太累了。"他牵着她的手，走到电脑旁，页面显示有自动拖地机器人正在运送中。她心里一惊，转过头去用疑惑而幸福的目光注视着老公。

他笑着解释："看你照顾家里起早贪黑，太辛苦，我给你订了一个自动拖地机器人，科学方便，选最省心的品牌，××科技是行业内百强企业，只要你轻松快乐起来，花多少钱又有什么关系呢？"老公原来一直深爱着她——这是她结婚10 周年收到的最好礼物。

软文案例分析

（续）

讲解：这篇软文以悬念式的标题吸引读者阅读，描绘了一个普通家庭丈夫和妻子的生活场景，以妻子一直承担劳累的家务活为主线引出矛盾，又通过丈夫为妻子网购自动拖地机器人的形式解决了矛盾，巧妙地将某产品穿插在故事中，引起读者的关注，达到了利用故事宣传产品的目的。

第三部分：软文写作

一、基础写作规范

讲解：简要介绍一下基础的写作规范，包括标点符号的用法、汉语书写规范、图形使用技巧等。发放学习资料，供营销人员课下学习掌握。

二、写作技巧

讲解：软文的写作形式、标题用法、内容布局与创意形式都有一定的写作技巧，用对技巧，事半功倍；不懂技巧，事倍功半。营销人员在写作软文时，要注意选择恰当的技巧，吸引读者关注，具体如下表所示。

软文写作技巧

写作内容	写作技巧
写作形式	新闻式、故事式、促销式、悬念式、逆思维式、情感式、创意式、反情感式
标题用法	悬念式、励志式、对比式、反问式、隐喻式、数字式、警告式、观点式、建议式、问题式
内容布局	层进式、"总分总"式、平行式、倒置式、镜头剪接式、倒三角式
创意形式	亲情诱导、借助权威、竞争对比、制造热卖情景、借助明星话题、捕获人群心理

讨论：每人找一篇自己喜欢的软文，分析软文中用到了哪些技巧，具有哪些好处，进行标杆学习。

三、风险规避

讲解：软文中的图片必须质量清晰，不能有歧义，不要使用别的网站有版权的图片；涉及肖像的图片必须要经过本人书面授权，避免产生不必要的法律纠纷等。

第四部分：软文营销的操作策略

一、突出产品特色

1. 介绍各类健身运动的特点，对运动衣、运动鞋的要求，突出产品优势。

2. 通过对户外技巧的科普，使产品的功能与使用方法悄然出现在户外运动过程中。

二、紧跟舆论热点

1. 使用当下网络流行词。

2. 借助明星效应。

3. 借助体育赛事。

4. 借助社会热点话题。

（续）

5. 紧抓受众关注点。

三、增强读者参与感

1. 事件性参与

讲解：使读者参与到一个事件的发展过程中，并最终吸引读者关注产品，如下例所示。

案例

一位漂亮的外地女孩在某网站发帖，说自己向往杭州，问大家她想辞职去那里找工作是不是合适，引起了本地人欢迎声一片。很快女孩说真的辞职来杭州了，但是钱不多，想问问租哪里的房子合适。很快她就找到了适宜的房子，房东也好，很感谢大家。几天后，女孩继续跟帖说发现与房东性格不合，犹豫要不要搬走。这时她还没有交房租，问大家是不是可以逃租。就在她出去找房子的时候，杭州暴雨如注，女孩发帖说出去时没关窗户，大雨将屋内地板全淹了，房东拦住不让走，要求她赔偿。刚来杭州找工作的她怎么赔得起？将心比心，一个外地女孩来到一个陌生地方求职、生存，又碰到这么多问题，本身就值得帮助，也能够引起同为打工者的共鸣。这些帖子不断激发大批网友的互动热情，纷纷跟帖出主意。管理员也几次全站置顶，一时人气爆高。结果出乎所有人意料：雨停风收，房子的水退去排干，地板没事。此后帖子下面几百、几千人站内私信问：这是什么牌子的地板？

受众参与的案例

这个故事一路讲述下来，每个环节都是亮点，也具备了话题性和冲突性，吸引读者参与其中，并想要了解产品。

2. 话题性讨论

讲解：引导长期关注的读者进行讨论，增强参与感。可在某篇文章的结尾给出讨论的话题，邀请读者留言评论，谈一些自己的经历或者观点，整理并总结大家的留言，在下期文章推送时罗列出大家贡献的内容，增强读者的参与感和话题主人翁意识。

四、评估培训课程

（一）培训课程评估方法

对于"软文营销能力提升"课程进行评估可采用两种方法，如图 9-1 所示。

课程评估方法	课程评估方法实施说明
随堂测试法	培训课程学习结束后，培训师对营销人员进行现场测试，即写一篇营销软文，人力资源部根据营销人员软文的编写情况，评价本培训课程
绩效跟踪法	培训课程结束两个星期后，人力资源部管理人员或营销经理通过统计营销人员的软文营销绩效是否有所改善和提高等，进而评价培训课程

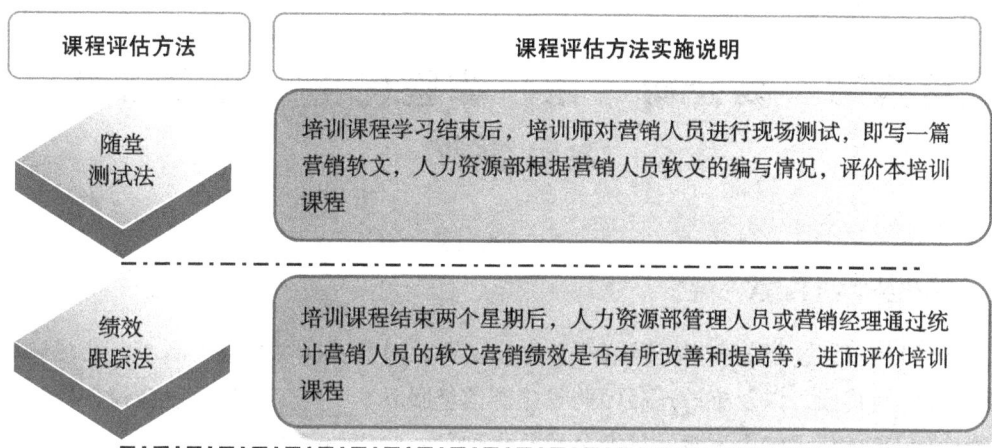

图9-1 "软文营销能力提升"课程评估方法

（二）培训课程评估工具

在进行现场评价时，人力资源部主要采用随堂测试法；在采用绩效跟踪法时，主要利用培训效果定期跟踪表。表9-8为"软文营销能力提升"培训效果跟踪表。

表9-8 "软文营销能力提升"培训效果跟踪表

营销人员基本信息（由营销人员填写）			
营销人员姓名		所属部门	
培训项目			
组织部门		培训时间	
营销人员要掌握的内容			
营销人员应用情况（营销人员直接上级填写）			
每日发布软文篇数		受众在线下单总额	
软文平均点赞次数		软文平均留言条数	
软文平均转载次数		软文平均阅读次数	
受众重复购买率		阅读购买率	
您认为该营销人员的软文写作能力是否有所提高？是否提高了产品销量？			

第六节　某公司"用户体验优化"培训课程设计案例

一、掌握培训背景

　　E 公司是一家经营在线旅行网站的企业，主要为消费者提供机票、酒店、会场、度假产品的实时搜索，以及旅游产品团购等旅游信息服务，同时为旅游行业合作伙伴提供在线技术、移动技术解决方案。近期公司收集到了一些诸如网站搜索速度较慢、App 上不易找到联系客服的方式、文章可读性差、广告弹窗太多等用户反映的问题。

二、分析培训需求

　　公司决定对公司的产品经理进行相关培训，以解决上述问题。

（一）需求分析

　　企业培训管理者从学员、职务以及环境三个方面入手分析培训需求，详细的分析内容如表 9-9 所示。

表 9-9　培训需求分析表

分析事项	分析
学员分析	公司的产品经理是从技术部门培养起来的人员或是直接从其他公司聘请的管理类人员，任职时间在一年以上
	通过与学员的谈话以及问卷调查，发现学员的工作态度很好，工作的积极性也很高，很需要接受此项课程培训
环境分析	通过访谈、问卷调查以及关键人员的面谈等方法，对公司的人力、物力、财力以及现有的培训课程和相关人员的调查结果进行分析，得出目前公司的发展目标以及公司的资源都能够支持这项培训
职务分析	通过问卷调查、观察以及查阅公司的相关资料，对产品经理进行职务分析，得出相关的工作标准、执行条件以及预期的绩效成果

（二）解决方案

1. 存在的问题

　　对上述资料进行分析，得出产品经理及公司产品目前存在的问题如表 9-10 所示。

表9-10　产品经理及产品目前存在的问题

编号	问题说明
问题1	每天面对和需要处理的工作很多，但与产品用户接触的不多，很难全面了解用户的需求与使用体验
问题2	如何有效地与其他技术人员就用户体验进行沟通，发现与解决产品问题，做到持续改善
问题3	产品的逻辑结构、整体内容需要设计得更为简洁简单、方便易用
问题4	App的交互设计不够完善、文章可读性较差
问题5	产品创新性不够，不能提供令用户称赞的体验方式

2. 解决对策

通过对上述问题的归纳总结，发现公司目前存在的问题能够通过培训的方式解决。通过此次培训，受训员工能得到以下七个方面的提升。

（1）树立以用户为中心的正确心态。

（2）理解如何收集、分析用户需求。

（3）明确如何结合用户需求设计产品的结构。

（4）明确如何根据用户意见修改产品的功能。

（5）合理设计网站布局与弹窗广告，增强文章的可读性。

（6）完善App的交互设计。

（7）创新用户体验设计。

三、设计培训课程

（一）编制课程大纲

课程设计者应设计适合学员的授课方式和课程内容。如下是"产品经理用户体验优化"的课程大纲，供读者参考。

"产品经理用户体验优化"课程大纲

一、课程名称

产品经理用户体验优化。

二、课程对象

公司的产品经理。

三、课程目标

使各位产品经理掌握优化用户体验的工作方法和技巧。

四、课程特点

以线下讲师培训和线上自主学习相结合的方式进行。

（续）

五、课程内容

课程内容如下表所示。

课程单元构成以及时间分配表

单元	构成	内容及方式说明	时间
第一单元	用户体验基础	1. 关于用户体验 2. 体验设计 3. 以用户为中心的设计（UCD）	1 小时
第二单元	用户研究	1. 以用户为中心 2. 用户场景分析 3. 用户需求分析 4. 设定用户目标 5. 用户定性研究 6. 用户定量研究	2 小时
第三单元	用户体验设计	1. 产品信息结构设计 2. 信息架构图 3. 页面流程图 4. 视觉设计	1 小时

六、授课讲师

用户体验设计师或行业内专业的培训师。

七、授课方式

讲解 + 案例 + 微课 + 微信文章。

八、课程时间

线下培训时间为 4 小时；线上学习不限定时间，于截止时间前完成即可。

九、授课地点

授课地点为公司内部的多媒体会议室。

（二）编制讲师手册

为了能够顺利、有效地完成培训课程，达到预期的培训效果，课程开发人员应对讲授过程进行预先设计，这就需要编制讲师手册。针对"产品经理用户体验优化"这一课程的讲师手册部分如下所示，供读者参考。

"产品经理用户体验优化"课程讲师手册

第一部分 开场白（略）

第二部分 用户体验基础

熟悉互联网产品用户体验的相关概念，了解产品易用性的重要性。

1. 关于用户体验

讲解用户体验的概念，目的是提升产品易用性，包括独立的用户体验、全局用户体验，以及瞬间体验、情境体验、长期体验等。

2. 体验设计

（1）减少 HTTP 请求数。

（2）感官体验设计。

（3）交互体验设计。

（4）情感体验设计。

（5）目标信息醒目而亲切。

（6）目标信息保持更新。

3. 以用户为中心的设计 UCD

时刻高度关注并考虑用户的使用习惯、预期的交互方式、视觉感受等。

第三部分 用户研究

从了解用户开始，学习 UCD 方法和调研技巧，通过场景分析、需求分析、目标分析精准定义产品需求。

1. 以用户为中心

以用户为中心，以优化用户体验为目的。

2. 用户场景分析

分析用户使用产品的原因、场景以及可能遇到的问题。举例说明：某女士近期有出游计划，分析该女士的年龄、职业、景点偏好、出游时间、出游人数等。

3. 用户需求分析（略）

4. 设定用户目标

根据用户需求，设定用户目标，设计用户使用产品达成目标需要经历的最短路径。

5. 用户定性研究

根据用户注册信息中的个人非结构化数据以及浏览网页内容的信息数据，App 的留言、评论等相关数据，进行定性分析。

6. 用户定量研究

根据用户注册信息中的个人结构化数据以及浏览网页的时间、次数，App 登录时间、关注内容、订单时间及支付金额、地址信息等数据，进行定量分析。

第四部分 用户体验设计（略）

四、评估培训课程

通过调查问卷和产品用户反馈数据统计分析的方式对此次的培训效果进行评估，结合培训内容设计的调查评估表如表9-11所示。

表9-11 培训效果评估调查表

评价对象	具体调查内容	1分	2分	3分	4分	5分
线下课程	课程内容是否清晰明确					
	培训内容对于优化用户体验的帮助力度					
	就用户体验问题与相关人员进行有效沟通的能力是否得到了提升					
线上课程	文章、微课推送是否及时					
	图文编排是否合理，视频录制是否清晰					
	培训内容与需求的符合程度					
	您提出的问题是否得到了有效回复					

负责开发或运营的产品经过优化设计后的一个月内，产品经理对用户的反馈情况进行跟踪，据此评估培训的效果，具体如表9-12所示。

表9-12 用户反馈情况及培训评估表

产品基本信息（由产品经理填写）			
产品名称		产品运行负责人员	
优化点			
优化时间		优化后运行时间	
用户反馈情况评估			
用户反馈情况	评分标准		得分
优化后注册用户同比增长	同比增长达___%，得___分，每低于目标值___个百分点，减___分		
用户因使用问题来电咨询同比减少	同比减少___%，得___分，每高于目标值___个百分点，减___分		
用户因使用问题在线咨询次数同比减少	同比减少___%，得___分，每高于目标值___个百分点，减___分		
优化后用户正向反馈意见比例/表示满意的留言或评论比例	达___%，得___分，每低于目标值___个百分点，减___分		
优化后用户负向反馈意见比例/表示不满意或仍待改善的留言或评论比例	低于___%，得___分，每高于目标值___个百分点，减___分		